Mitten im Leben

Meditationsbücher für Frauen

Maureen Brady

Mitten im Leben

Tägliche Meditationen
zur Selbstbestärkung und
inneren Erfüllung

Aus dem Englischen
von Hedda Pänke

SCHERZ

Die Originalausgabe erschien unter
dem Titel «Midlife – Meditations for Women»
bei HarperSanFrancisco.

Vierte Auflage 1999

Umschlaggestaltung: Gerhard Noltkämper

Keine Frau und kein Mann entgehen der Lebensmitte – es sei denn, sie sterben jung. Und doch gibt es in unserer Kultur keinerlei Rituale für diesen Übergang. In uralten Überlieferungen und einigen anderen Kulturen wurden die Veränderungen in der Mitte des Lebens schon immer als etwas gesehen, das nicht auf den Körper beschränkt bleibt. Was einen Menschen in jüngeren Jahren erfüllte – berufliche Ambitionen, das Verlangen nach sportlichen Höchstleistungen, der Wunsch, eine Familie zu gründen, Genugtuung über Erfolge im sexuellen Bereich –, befriedigt ihn nun nicht mehr so wie bisher. In unserer auf die Jugend fixierten Gesellschaft packt uns leicht Verzweiflung, wenn unsere jugendlichen Ambitionen ihren Reiz verlieren. Und so machen wir unverdrossen weiter wie bisher. Wir bilden uns ein, es bedürfe nur etwas größerer Anstrengungen, um diese Befriedigungen wieder zu empfinden, um «jung und dynamisch» zu sein. Und dann stellen wir irgendwann fest, daß wir sie gar nicht mehr brauchen.

In vielen alten Mythen besteigt man in einer Zeremonie des Eintritts ins Erwachsenenleben einen Berggipfel und versenkt sich in die Betrachtung der von diesem Standpunkt aus sehr viel größeren Welt. Man wird ruhig, empfänglich, sogar ehrfurchtsvoll und offen für das Wirken eines höheren Geistes und der Natur. Wenn man in die alltägliche Welt zurückkehrt, dann mit einer neuen Perspektive. Auch in der Lebensmitte ist es wie vom Gipfel eines Berges aus möglich, in beide Richtungen zu blicken: zurück zur Geburt und nach vorn bis zum Tod. Man erkennt, daß die Sterblichkeit es erfordert, dem Leben einen eindeutigen Sinn zu geben. Und mit dieser Erkenntnis ist es möglich, das Streben nach der Befriedigung früherer Verlangen aufzugeben, um ganz gelassen nach Möglichkeiten der sinnvollen Erfüllung zu suchen, die dem reiferen Alter mehr entsprechen.

Für Frauen markiert die Menopause den Zeitpunkt des Übergangs in die zweite Lebenshälfte. Häufig vernachlässigt oder sogar verheimlicht, wurde das Klimakterium in unserer Kultur eher zu einer mit Ängsten befrachteten Erfahrung als zu einer, die durchaus sehr viel Positives zu bieten hat. Erst in letzter Zeit beginnen wir offener über die Menopause zu sprechen. Warum nutzen wir sie nicht als perfektes Transportmittel für unseren Übergang in die zweite Lebenshälfte? Warum treten wir diese Reise nicht ganz bewußt an, mit einem Gefühl von Abenteuerlust, und sehen in unseren Hitzewallungen Alchimie – ein Feuer, das unserer Veränderung die nötige Energie verleiht? Wir sollten uns unsere Chance zur Weiterentwicklung nicht dadurch verscherzen, daß wir rückwärts gewandt sind und versuchen, jünger auszusehen, zu denken und zu handeln, als wir tatsächlich sind.

Mitten im Leben wurde geschrieben, um Ihre Reise in die zweite Lebenshälfte zu erleichtern und Ihnen dabei zu helfen, all das zu entdecken, was in Ihnen reifen will. Diese Betrachtungen sind positive Reflexionen über die Veränderungen, die vor Ihnen liegen oder die Sie bereits hinter sich haben, und können Tag für Tag gelesen werden. Mögen sie Ihnen dazu verhelfen, jeden Tag freudig zu begrüßen und die Geschenke zu erkennen, die er zu bieten hat.

JANUAR

Neujahr heißt Aufräumen. Jeder möchte ganz neu anfangen. Auch die Menopause ist ein Aufräumen, ein Sichten und Aussortieren, um zu erkennen, wer wir sind, wenn unsere Gebärfähigkeit ihrem Ende zugeht.

Marianne

Zu Beginn des Jahres drängt es uns zur Bestandsaufnahme. Mit Hilfe kleiner Rituale räumen wir in dem Durcheinander der Vergangenheit auf. Wir machen uns unsere Wünsche für das neue Jahr bewußt und werden gleichzeitig daran erinnert, daß unsere Jahre auf Erden begrenzt sind.

Für jene von uns, die sich in ihrer Lebensmitte befinden, ist die Jahreswende eine nützliche Gedächtnishilfe, denn mit jedem vergehenden Jahr wollen wir bewußter leben. Wir überprüfen, ob wir noch auf dem richtigen Kurs sind. Wenn wir davon abgekommen sind, unsere wichtigsten Vorsätze zu erkennen und ihnen treu zu bleiben, werden wir uns neu orientieren. Wir sind wertvoll. Unser Leben hat große Bedeutung. Jedes Jahr ist eine neue Chance, uns selbst gegenüber aufrichtig und liebevoll zu sein.

Ich erneuere mein Versprechen, heute und in diesem Jahr mir selbst gegenüber liebevoll zu sein.

Oft hilft uns die Imagination, unsere verlorenen Güter zu bewahren.

Colette

Welche Vorstellungen können uns Halt geben, wenn die Menopause eintritt? Viele von uns haben tatsächlich das Gefühl, «beraubt» zu werden. Wir können Phasen emotionaler Erregung erleben – Niedergeschlagenheit, Wutausbrüche, Weinkrämpfe –, für die es scheinbar keinen Grund gibt. Vielleicht bekümmert es uns, daß die Monate nicht mehr durch den vorhersehbaren Rhythmus der Periode bestimmt werden. Damals kannten wir unseren Körper sehr viel besser als jetzt. Wir wußten um die Unausgeglichenheit «davor». Wir kannten die Gelassenheit, die uns überkam, sobald die Menstruation einsetzte.

Wir brauchen Symbole der Veränderung. Das Ende des alten Jahres zeugt das neue. Das Ende unserer gebärfähigen Jahre bringt den Beginn unserer «ich-fähigen» Jahre. Wir gebären Klugheit. Stellen wir uns am Ende dieses Tunnels voller Aufruhr und Unsicherheit eine selbstsichere Frau vor, eine Frau, die nicht über den Berg ist, sondern auf dessen Gipfel steht, die Geburt aus einer Perspektive betrachtet und den Tod aus einer anderen.

Ich stelle mir Bilder und Symbole vor, die mich in der Phase meiner Transformation stärken und stützen.

Einfluß übt man durch sein Leben aus und durch das, was man ist.

Eleanor Roosevelt

In der Mitte unseres Lebens beginnen wir die Wechselwirkungen zwischen den Menschen zu verstehen. Wir beeinflussen die uns Nahestehenden durch unsere Meinung von ihnen und die Art, wie wir sie behandeln. Wir beeinflussen die Menschen an unserer Arbeitsstelle. Wir beeinflussen unsere Umgebung – von der kleinen Gemeinschaft unserer eigenen Welt bis zur großen der Erde – durch unser Verhalten und unsere Einstellung bei allem, was wir tun.

Wenn wir eine Midlife-Krise durchleben, besteht die Gefahr, daß wir nicht mehr würdigen, was wir sind. Nehmen wir uns nicht mehr ernst? Handeln wir so, als wären wir unsichtbar, als zählten wir nicht mehr? Unabhängig von irgendwelchen Gefühlen des Verlusts – *jetzt* ist die Zeit, uns selbst zu entdecken und nach Kräften zu fördern. Jetzt ist die Zeit, die Dinge in uns zu aktivieren, die wir bisher vernachlässigt haben. Jetzt ist die Zeit der Erkenntnis, daß wir Bürgerinnen dieser Welt sind und unseren Wünschen entsprechend auf sie einwirken können.

Heute anerkenne und respektiere ich meinen Einfluß auf mich und andere.

Es könnte den Tod erleichtern, daß man andere geboren hat – oder sich selbst. Das wäre ein Argument für das Erdulden all der Beschwerden und Peinlichkeiten, die es mit sich bringt, eine Matrone zu werden. Irgendwie ist es schade, einen eingebauten Übergangsritus zu besitzen, ihn aber zu umgehen, ihm auszuweichen und so zu tun, als hätte sich nichts geändert.

Ursula K. Le Guin

Sollen wir einen der einmaligen Aspekte des Frauseins so ungeniert bejahen, daß wir nach Wegen suchen, die Menopause zu feiern? Obwohl Psychologen darauf verweisen, daß Männer wie Frauen in mittleren Jahren bedeutenden Veränderungen unterliegen, haben viele Frauen erst mit dem Anschwellen der zweiten Woge des Feminismus in den letzten zwanzig Jahren begonnen, diesen Übergang als passenden Zeitpunkt zu begreifen, sich selbst zu Weisen Frauen zu erklären.

Warum versammeln wir nicht unsere Freundinnen um uns, halten eine rituelle Feier ab und betrachten uns in der zweiten Hälfte unseres persönlichen Jahrhunderts als neugeboren? Nutzen wir diese Möglichkeit, um über unser Leben nachzudenken und die Felder zu erkennen, die wir fruchtbarer machen können.

Ich nehme mir die Freiheit, mich eine Weise Frau zu nennen – eine, deren Kräfte mit steigendem Alter immer mehr zunehmen.

Wenn wir unserem unverwechselbaren Ich entsprechend leben, sind wir zu großer Kreativität fähig... Was wir hervorbringen, wird durch Liebe Wirklichkeit. Ich glaube fest, daß das von uns Geschaffene auch die Liebe enthält, die uns erschaffen hat.

Ruth Schweitzer-Mordecai

In der Lebensmitte erblühen viele von uns zu voller Kreativität. Dieses Erblühen kann die Weiterentwicklung künstlerischer Ausdrucksformen bedeuten; es kann die Steigerung der Aufnahmefähigkeit bedeuten, das Öffnen unserer inneren Türen, um von den Kreationen anderer zu lernen. Es kann auch beides bedeuten. Kreative Äußerungen entspringen meist der Sehnsucht nach Ganzheit, nicht nach Perfektion. Unsere Seelen brauchen mehr Raum zum Atmen. Wir streben ständig danach, daß sich die menschliche Natur in Formen ausdrückt, die wir verstehen können. Das bestätigt unsere Existenz und eint uns mit unserem Schöpfer – ganz gleich, wie wir uns diese Macht auch vorstellen.

Heute lasse ich mich von kreativer Energie durchströmen.

Eigentlich habe ich mit der Kuh, die über den Mond sprang, sehr viel gemein. Wußte sie, was sie da machte? Ich bin sicher, daß sie es nicht genau wußte, aber sie wußte, daß sie es tun mußte.

Mary Daly

Oft wünschen wir uns, die Konsequenzen einer Veränderung von vornherein zu kennen. Dann brauchten wir uns nicht verunsichert zu fragen: «Will ich das wirklich?» Mitunter laufen wir monate- oder jahrelang immer nur im Kreis – aus Angst, ein Risiko einzugehen.

Die Menopause nimmt keine Rücksicht auf unsere Wünsche, die Zeit zu beherrschen. Wir treten in sie ein, weil unser Körper uns sagt, daß wir an dieser neuen Lebensphase angelangt sind. Angesichts unserer sich verändernden Physis ist es eine geeignete Zeit, gewissermaßen über den Mond zu springen. Und wenn wir schon völlig durcheinandergeraten – um uns danach wieder zu finden –, warum sollten wir dann nicht die alten Visionen wiedererwecken, die wir so lange vernachlässigt haben, weil sie Risiken beinhalteten?

Woher wußte die Kuh, daß sie springen mußte? Woher wissen wir es? Wir wissen es doch, oder?

Ich wage die Veränderung trotz meiner Angst, die Sicherheit des Status quo aufs Spiel zu setzen.

Jetzt ist meine Monatsblutung kostbar... Diese Gefährtin für mehr als dreißig Jahre bereitet sich darauf vor, mich zu verlassen. Ich spüre ihre Unruhe, das Nachlassen ihrer Aufmerksamkeit, ihre Zerstreutheit. Ich weiß, wie anders mein Leben sein wird, wenn sie nicht mehr da ist.

«Grandmother Growth» (Susun S. Weed)

Vielleicht haben wir unsere Menstruation in früheren Jahren gefürchtet und uns sogar manchmal gewünscht, sie wäre endlich und endgültig vorbei. Aber jetzt, wenn ihre Unregelmäßigkeit unsere Aufmerksamkeit auf die Tatsache lenkt, daß sie bald vorüber sein wird, empfinden wir wehmütiges Bedauern. Wir erinnern uns daran, daß wir Mädchen waren, als die Periode einsetzte, und durch sie «zur Frau wurden».

Ob wir Kinder haben oder nicht – wir alle verspüren Trauer, daß sich unsere Phase der Fruchtbarkeit dem Ende nähert.

Ohne die monatlichen Blutungen wird unser Leben anders sein. Aber wenn wir uns die Bedeutung dieser Veränderung bewußtmachen, können wir sie zum Anlaß nehmen, rückblickend Glück und Zufriedenheit zu empfinden und dann nach vorn zu schauen, um unser Alter mit Weisheit zu erfüllen und zu gestalten.

Anstatt die Zeichen kommender Veränderungen zu mißachten, mache ich sie mir bewußt.

Im Laufe der Jahre ist es ermüdend, der Rolle zu entsprechen, die man sich geschaffen hat, und so fällt man in die Individualität zurück und wird mit jedem Tag mehr man selbst. Das mag verwirrend für die nächste Umgebung sein, ist aber eine große Erleichterung für einen selbst.

Agatha Christie

Wer sollten wir werden, wenn nicht wir selbst? Und was für eine Erleichterung ist das doch! Wenn wir eine falsche Fassade errichten, haben wir nur damit zu tun, sie aufrechtzuerhalten, ihre Wirkung zu überprüfen, sie notfalls zu verbessern – wir schauspielern. Wir leben im Spannungsfeld zwischen vorgespielten und tatsächlichen Gefühlen. Erinnern Sie sich an das Unbehagen, das Sie beschleicht, wenn Sie auf einer Hochzeit oder auf einer Party ein Lächeln zeigen, nach dem Ihnen gar nicht zumute ist?

Es ist eine erfrischende Erkenntnis, daß wir wir selbst sind und daß wir uns und anderen genug sind. In der Lebensmitte veranlaßt uns die Feststellung, daß unsere Zeit beschränkt ist, dazu, unsere Energien nicht zu vergeuden. Wir möchten, daß unsere Handlungen und Empfindungen direkt und spontan sind. Wir wollen unseren Instinkten folgen. Wir begreifen, daß wir nur zu akzeptieren brauchen, was wir früher glaubten, unbedingt ändern zu müssen.

Ich reife zu meinem Ich.

Als Kind hatte ich (beim Betrachten von Wandkarten) den Eindruck, daß Kanada genauso groß war wie die Welt, die irgendwie in es hineinpaßte, oder auch andersherum, und daß in der Welt wie in Kanada stets die Sonne schien und alles trocken und glänzend war. Gleichzeitig wußte ich sehr wohl, daß das nicht stimmte.

Elizabeth Bishop

Als Kinder haben wir eine geradezu schrankenlose Phantasie. Wir versuchen erst gar nicht, ein Problem auf rationale Weise zu durchdenken. Uns jetzt daran zu erinnern, könnte uns unserem eigentlichen Ich wieder näherbringen.

Als Heranwachsende erlernen wir die nötige Beherrschung, die dann zu unnötiger Beherrschung ausufert. Wir erliegen der Illusion, daß wir allem einen Sinn geben müssen. Was keinen Sinn macht, kann nicht real sein. Alles, was nicht erklärt werden kann, beachten wir nicht. Derart vernachlässigt schlafen unsere spirituellen Dimensionen ein.

Unsere Veränderung bietet uns die Gelegenheit, unseren geistigen Dimensionen wieder mehr Aufmerksamkeit zu widmen und uns bewußtzumachen, daß das Unerklärliche ein entscheidender Bereich des wirklich gelebten Lebens ist. Wir brauchen nicht alles zu begreifen; vieles im Leben entzieht sich unserem Verständnis.

Heute schätze ich die geheimnisvolle Art, auf die sich das Leben mir zeigt.

Auf jede trauernde Demeter, die an der Leeres-Nest-Depression leidet, scheint – wie die Anthropologin Margaret Mead feststellte – eine Frau mit akuter PKF (postklimakterischer Freude) zu kommen.

Jean Shinoda Bolen

Wir hören zu wenig von postklimakterischer Freude. Wo sind diese Frauen? Woher kommt diese Energie? Jean Shinoda Bolen – die darüber schreibt, daß die Fähigkeiten der Göttinnen in jeder Frau stecken – stellt sich diese Energie als neue Göttin vor.

Viele Frauen berichten vom Gefühl, einen neuen Energieschub zu erhalten, wenn die Menopause endet. Die heftigen Stimmungsschwankungen lassen nach, und uns erfaßt ein Wohlbefinden, als würden wir in einem ruhigen Meer treiben. Unsere Hormone sorgen für neue Ausgeglichenheit, unser Selbstvertrauen steigt, und wir sind bereit, es mit dem Leben aufzunehmen. Wir konzentrieren uns auf das Erreichen unserer Ziele mit mehr Eigenwillen und weniger Rücksicht auf die Ziele anderer. Wir fühlen uns mit uns selbst wohl. Wir entdecken in uns neue Talente und Wünsche – und es macht uns Freude, diese auszudrücken.

Ich gebe der postklimakterischen Freude in mir eine Chance.

Die Abkehr vom allgemeinen Geschmack und seiner ansteckenden Wirkung ist ein Aspekt der Individualisierung.

Marie-Louise von Franz

Wissen Sie noch, wie ansteckend der Gruppenzwang in der Pubertät auf Sie wirkte? Wenn wir uns selbst nicht mehr daran erinnern können, so sehen wir es mit Sicherheit an unseren Kindern oder Teenagern aus dem Bekanntenkreis. Die Haltung ist alles, und man bemüht sich, der «coolsten» Person nachzueifern, die man kennt. Diese Haltung war am augenfälligsten, als wir uns bemühten, uns unserer Familie und ihren Zwängen zu entziehen.

Im Rückblick erkennen wir, daß unsere Rebellion nicht zur Individualisierung geführt hat. Wir haben lediglich eine Reihe von Wertvorstellungen gegen andere eingetauscht. Eine der Herausforderungen der Lebensmitte ist die Suche nach einem individuelleren Ausdruck des Ich. Dabei hilft uns die Sicherheit unseres Alters und unserer Erfahrungen. Schließlich haben wir inzwischen gelernt, daß wir es überleben, wenn wir von kollektiven Ansichten und Empfindungen abweichen – wie unangenehm das mitunter auch sein mag.

Ich bemühe mich um einen individuellen Ausdruck meines Selbst und genieße die Weite, die eine Offenbarung meines Ich bringt.

Wenn ich meine Hitzewallungen bekomme, erlebe ich sie als Kraftströme. Ich stelle mir vor, daß sie mich für eine großartige Veränderung aufheizen.

Jane

Wenn wir einer Energie Widerstand entgegensetzen, verspüren wir sie nur noch stärker. Aber wenn wir uns ihr hingeben und uns im Einklang mit ihr bewegen, empfinden wir Harmonie.

Wir haben keinen Einfluß darauf, wann und wo uns die fliegende Hitze überfällt. Bei einem Folk-Konzert forderte die Sängerin das Auditorium mitten in einem Song auf, den Refrain zu singen, während sie sich über die Stirn wischte und ihre Zuhörer mit ein paar Gitarrenakkorden begleitete. Danach bekannte sie: «Ich hatte gerade eine Hitzewallung.» Das Publikum applaudierte.

Fliegende Hitze ist keine peinliche Angelegenheit. Sie braucht uns weder zu erschrecken noch zu isolieren. Sie kann und wird uns zustoßen, wo wir auch gerade sein mögen. Wir können über sie reden, wenn uns danach ist, und sie auch als Kraftstrom der Veränderung betrachten, die wir während der Erkundung und Bewertung unserer Lebensmitte durchlaufen.

Ich lasse meine Veränderungen ebenso über mich ergehen wie das Wetter.

Überlegt man, wie gefährlich alles ist, dann ist eigentlich nichts wirklich beängstigend.

Gertrude Stein

Gertrude Steins Einstellung zur Angst kann uns ebenso erheitern wie helfen, denn sie widerspricht der Vorstellung, daß wir furchtlos sein müssen, um handeln zu können. Wir müssen es nicht. Wir sind sogar nur selten furchtlos, wenn wir zur Tat schreiten . Wir lernen ganz einfach zu handeln, indem wir mit unserer Angst verhandeln.

Es ist wichtig, Gefahren zu erkennen und sich nicht kopfüber in heikle Situationen zu stürzen, aber mit den Jahren vermögen wir zwischen wirklichen Gefahren und eingebildeten zu unterscheiden. Wir kennen inzwischen aber auch die Merkmale unserer Ängste sowie unsere Neigung, sie zu bemänteln. Manche von uns brausen auf, um ihre Furcht zu kaschieren; andere ziehen sich in sich selbst zurück. Wenn wir die Landkarte unserer Befürchtungen studieren, können wir unsere Ängste lokalisieren und besser gegen sie angehen.

Heute mache ich mir meine Ängste bewußt und handle nicht aus ihnen heraus, sondern Seite an Seite mit ihnen.

Noch eigenartiger ist, wie besessen ich von dem Gefühl bin, daß ich jetzt, im Alter von fünfzig Jahren, eindeutig bereit bin, meine Pfeile ganz direkt und unumwunden abzuschießen – wie sie auch aussehen mögen.

Virginia Woolf

Mit fünfzig erwähnen viele von uns dieses Gefühl von Entschlossenheit, die Bereitschaft, ohne die alten Zwänge der Jugend einen neuen Start zu wagen. Wir haben ein halbes Jahrhundert gelebt. Wir haben viel Zeit und Energie darauf verwandt, uns durch die Vergangenheit zu kämpfen, und sind nun bereit, sie hinter uns zu lassen.

Wenn wir diese neue Energie in uns verspüren, erkennen wir uns oft zunächst kaum wieder. Als Mädchen wurden wir dazu erzogen, vorsichtig und still zu sein, als wären wir unserer selbst nicht sicher. Wir haben es erlebt, daß mutige, tatkräftige Frauen verunglimpft und in ihre Schranken verwiesen wurden. Aber was macht das schon? Es ist höchste Zeit, uns klar und unmißverständlich auszudrücken und entsprechend zu handeln. Das ist unser Recht, und wir sind begierig, es uns zu nehmen. Nachdem wir fünfzig Jahre durchlebt haben, werden wir uns jetzt das holen, was uns zusteht.

Ich lasse mich nicht durch Unsicherheit von der Eindeutigkeit meiner Chancen ablenken.

Kann es sein, daß – auch wenn man in seinen Lebensraum hineinwächst – man sich doch nicht weiterentwickelt, solange es keinen Raum gibt, um sich entwickeln zu können?

Rita Dove

In der Kindheit entwachsen wir unseren Kleidungsstücken; sie müssen durch größere ersetzt werden. Unser Körper hört in einem bestimmten Alter auf zu wachsen, aber unsere Seele und unser Geist entwickeln sich weiter – besonders, wenn wir ihnen den nötigen Raum lassen.

Wir kennen das Gefühl der Einengung, das Gefühl, einem oder mehreren Menschen so nah zu sein, daß es erdrückend ist und man sich nach mehr Bewegungsfreiheit sehnt, um wieder atmen zu können. In der Mitte unseres Lebens benötigen wir Zeit und Raum, um einen Schritt zurück zu machen, fort von anderen, um Inventur zu machen und uns auf die tiefen Veränderungen einzustellen, die in uns vorgehen.

Danach stellen wir fest, daß wir uns neue Räume geschaffen haben, die es zu füllen gilt. Vielleicht einen Raum mit einem Altar für Meditationen. Vielleicht einen Raum zur Befriedigung unseres kreativen Ich. Vielleicht einen Raum, um endlich lesen zu können, was uns schon immer interessiert hat.

Ich verschaffe mir mehr Bewegungsfreiheit und genügend Raum für die Richtungen, in die ich mich weiterentwickeln möchte.

Wenn du eine Leiche im Keller hast, dann hol sie herauf und tanz mit ihr.

Carolyn McKensie

Lassen Sie sich vom äußeren Schein nicht täuschen. Jeder hat eine Leiche im Keller. Ob wir ein erfülltes Leben leben, hängt weniger davon ab, daß wir etwas zu verbergen haben, sondern davon, wie wir damit umgehen.

Wenn wir in der Mitte unseres Lebens anlangen und bisher um unsere Leichen nur herumgetanzt haben, dann ist es jetzt höchste Zeit, *mit* ihnen zu tanzen. Sie könnten durchaus die dunkleren Eigenschaften unseres Ich hervorbringen – wie Eifersucht, Neid oder Zorn –, die nicht leicht zu umarmen sind. Vielleicht ist es an der Zeit, mehr über die Ursachen dieser Gefühle in Erfahrung zu bringen, damit wir die verborgenen und belasteten Räume in uns von ihnen befreien können.

Jetzt sollten wir so offen sein, alles zu umarmen, das in uns ist. Wir wollen umherstreifen und wandern – ohne gegen hemmende Barrieren oder verschlossene Kellertüren zu stoßen.

Ich genieße die Tatsache, daß ich nichts zu verbergen habe.

Es ist eine grundlegende Wahrheit, daß jedes Lebewesen Respekt verdient. Wir sichern den uns gebührenden Respekt – wird er verweigert – durch passiven Widerstand; den Respekt, der anderen gebührt, sichern wir durch unseren Verzicht auf Gewalt.

Barbara Deming

Der Geburtstag von Martin Luther King läßt uns über die Macht des gewaltlosen Widerstands nachdenken. Bewußt oder unbewußt haben viele Frauen auf diese Art gekämpft. Sie sind auf die Straße gegangen, um sich den ihnen zustehenden Respekt zu sichern. Durch Demonstrationen oder Friedensmärsche haben sie von ihren Regierungen gefordert, mit dem Bau von Atomwaffen aufzuhören und das nukleare Wettrüsten zu beenden. Sie konnten erleben, daß bedeutende Initiativen Richtung Frieden ergriffen wurden.

Wir können uns nicht selbst achten, wenn wir nicht auch jedes andere menschliche Lebewesen respektieren. Denn wir sind alle miteinander verbunden. In jüngeren Jahren glaubten wir vielleicht, daß man nur auf Kosten anderer zu beruflichem Erfolg kommt. Aber Zeit und Erfahrung haben uns gelehrt, daß die größten Erfolge aus innerer Harmonie entstehen, und die kann es nur geben, wenn keinem der nötige Respekt versagt wird, wenn wir uns selbst und andere lieben. Wir brauchen nicht über jemanden hinwegzusteigen – unsere Prinzipien sind unsere Stufen.

Heute würdige ich den Respekt, den ich allen Lebewesen und mir selbst entgegenbringe.

In einem einzigen Moment unseres Lebens wird uns unsere ererbte und persönliche Geschichte, unsere Zukunft, selbst unser Tod eingepflanzt und wächst bereits der Erfüllung entgegen.

Linda Hogan

Der Eintritt der Menopause ist ein guter Zeitpunkt, um uns zurückzulehnen und neue Perspektiven zu gewinnen. Wir können uns auf diese Phase mit ihren beunruhigenden Veränderungen so konzentrieren, daß wir den Eindruck gewinnen, sie mache unser ganzes Sein aus. Wir können sie aber auch in einem größeren Zusammenhang sehen: Wir bewegen uns von unserer eigentlichen Geburt über eine erneute Geburt auf den Tod zu – die letztliche Erfüllung unseres Lebens.

Wenn wir uns im Kontext unserer Lebensspanne sehen, verbunden mit unseren Vorfahren und allen, die uns begegnet sind, erkennen wir, wie sehr unser Leben von einer Kraft bestimmt worden ist, die unseren Willen übersteigt und uns für verantwortlich genug hält, unsere Bestimmung auch zu erreichen. Wir fühlen uns demütig und erleichtert, wenn wir unser Leben aus der Distanz betrachten.

Ich finde Ruhe in dem Wissen, daß ich in jedem Augenblick meines Lebens ein sich stetig weiterentwickelndes Wesen bin.

Tief in mir kommt Energie zur Ruhe, um meine Wechseljahre auszulösen.

Frances

Der Morgen nach dem ersten Schnee bietet ein Bild makelloser Reinheit. Wir sehen die Schönheit der Farben: das Blau des Himmels, die in der Sonne strahlende weiße Decke und die feinen Rottöne von fest geschlossenen Knospen. Die Skelette der laublosen Bäume spiegeln sich auf dem Schnee wider. Die Zeit scheint stillzustehen.

Unsere Menopause kann ein Winter sein, eine Zeit zum Innehalten im sich stündlich verändernden Licht. Wir lassen das Klimakterium über uns ergehen, erkennen Bereiche, von denen wir gar nicht wußten, daß es sie in uns gibt. Wir bereiten unsere Weisheit vor. Vielleicht fühlen wir uns irritiert durch Hitzewallungen und Launenhaftigkeit, aber wir wehren uns nicht, denn es ist eine Herausforderung für uns, sie in uns aufzunehmen.

Ich lebe im Einklang mit dem, was sich in mir vorbereitet.

Traurigkeit ist an den Tod gebunden. Trauer ist an den Tod gebunden. Ein Augenblick ist nicht so fragil und flüchtig, wie ich einst dachte. Jeder Augenblick ist widerstandsfähig und dauerhaft und enthält so vieles, das ich zu beklagen habe.

Jamaica Kincaid

Mit den Jahren begreifen wir, daß ein Augenblick gerade deshalb so kostbar und bedeutend ist, weil man ihn nicht festhalten kann. Früher hatten wir vielleicht nicht den Mut, uns an Orte zu binden, die wir ohnehin bald wieder verlassen würden, oder an Menschen, von denen wir wußten, daß sie sterben oder sich auf andere Weise von uns trennen würden. Jetzt erkennen wir, daß das ganze Leben in ständiger Veränderung ist. Wir streben nach Sicherheit, indem wir das Wesen des Lebens akzeptieren und versuchen, mit ihm in Einklang zu leben.

Wir alle trauern um unsere Verluste, auch wenn manche von uns bemüht sind, das zu umgehen oder zu verleugnen. Wahrscheinlich fürchten wir uns davor, dem Tod zu begegnen, weil er uns unsere eigene Sterblichkeit bewußtmacht. Aber die Trauer verfolgt uns, bis wir aufhören, vor ihr davonzulaufen, und uns ihr stellen. Während dieses Prozesses erkennen wir unsere eigene Vergänglichkeit und lernen die Gegenwart zu schätzen.

Jeder vergangene Augenblick ist für immer vorüber. Ich trauere um ihn und gehe zur Tagesordnung über.

Es gibt einen merkwürdigen Widerspruch zu der demographischen Verschiebung, die besagt, daß immer mehr Menschen weit über ihr sechzigstes Jahrzehnt hinaus leben. Gleichzeitig mit der Zunahme von TV-Sendungen, die sich mit dem «Problem» des Alterns befassen, steigen auch die Absatzzahlen für Produkte, die angeblich das Altern aufhalten. Das läßt den Schluß zu, daß Alter nur akzeptabel ist, wenn es Jugend vortäuscht.

Betty Friedan

Wir alle werden durch die Medien beeinflußt, da wir Zeitungen lesen und fernsehen. Die Werbung in der Presse und im Fernsehen wendet sich fast ausschließlich an junge Menschen, auch wenn viele von uns in der Lebensmitte über ein weit höheres Einkommen verfügen.

Warum unterhalten wir eine Gesellschaft, die keine Achtung vor dem Alter aufbringt, obwohl immer mehr Menschen immer älter werden? Warum sind Sätze wie «Aber Sie sehen gar nicht aus wie fünfzig... sechzig... siebzig...» die einzigen Komplimente, die dem Altern gemacht werden? Wäre die Lebensmitte nicht sehr viel rosiger, wenn wir uns auf die Stärken und Wunder freuen könnten, die sich in älteren Jahren entfalten? Aber wie sollen wir die kennenlernen, wenn sie verborgen bleiben?

Dies ist ein guter Zeitpunkt, unsere Gesellschaft auf ihre falsche Darstellung des Alterns aufmerksam zu machen.

Heute weigere ich mich, mich an der Diskriminierung des Alterns zu beteiligen.

Endlich, mit fünfundfünfzig Jahren, kann ich sagen, daß ich jüngere Frauen nicht mehr beneide.

Susanna

Fragen Sie eine Reihe von Frauen über fünfundvierzig nach ihrer ehrlichen Meinung über ihre jüngeren Geschlechtsgenossinnen, und viele von ihnen werden Ihnen sagen: «Ich verabscheue sie», «Ich traue niemandem unter vierzig», «Ich möchte so sein wie sie», «Ich kann ihren Anblick nicht ertragen».

Unser Verstand sagt uns, wie sinnlos es ist, gegen das Altern aufzubegehren. Daher verleugnen wir häufig unsere Neidgefühle. Aber genau diese Empfindungen können uns helfen, Dinge zu erkennen, die wir bisher nicht akzeptieren wollten.

Unbewußter Neid zeigt sich, wenn wir mit unseren Töchtern wetteifern, unbedingt mit den Jungen mithalten wollen oder jugendliches Verhalten imitieren. Eingestandener Neid läßt sich mit einem Scherz bagatellisieren oder auf einem Nebengleis unseres Bewußtseins parken, aber er verliert seine Kraft, uns zu vergiften und zu hemmen.

Heute lasse ich mir von meinem Neid die Dinge zeigen, nach denen ich mich schon lange sehne.

Ich sehe mich in meinen Freundinnen und Arbeitskolleginnen – nicht in den Frauen der Werbung und ganz bestimmt nicht in jenen des Films. An meinen Freundinnen sehe ich, wie wir alle mit Würde altern, und daraus schöpfe ich Freude und Kraft.

Lace Jackson

Warum deprimieren wir uns selbst, indem wir nach positiven Vorstellungen von uns ausgerechnet dort suchen, wo sie nicht zu finden sind? Warum vergleichen wir uns mit künstlichen Schönheiten des Films oder perfekt gestylten Models in Magazinen?

Wir alle brauchen Spiegel, um uns selbst zu erkennen. In unserer medienbestimmten Kultur vergessen wir aber leicht, daß die prominenten Gesichter und Körper wenig mit der Wirklichkeit gemein haben. Wir sollten uns an Frauen messen, die unserem Alter entsprechen.

Wenn wir unsere Freundinnen betrachten, sehen wir ihre äußerlichen Veränderungen nicht, ohne gleichzeitig die Veränderungen auf der ganzen Bandbreite ihres Lebens zu erkennen. Nur auf diese Weise bekommen wir ein zutreffendes Bild.

Ich suche im facettenreichen Leben meiner gleichaltrigen Freundinnen nach meinem Spiegelbild.

Die Reise führte mich nach Hause, und dort sah ich mich als Frau in den Wechseljahren mit allen Aufgaben der Wiedereingliederungsphase konfrontiert: der Anpassung, der Integration und dem Bemühen, das Erlebte mitzuteilen ... Ich suchte nach keinem Zuhause: Ich war zu Hause.

Christine Downing

Zur Feier ihres Klimakteriums unternahm Christine Downing eine Reise um die Welt, und diese Reise führte sie nach Hause – an einen Ort, den sie bei ihren Vorbereitungen nicht einmal in Erwägung gezogen hatte; an einen Ort «in der Obhut von Hestia», der griechischen Göttin von Heim und Herd.

Viele von uns haben unseren Familien ein Heim geschaffen, sind aber dennoch auf der Suche nach dem Ort, an dem wir so fest wurzeln können, daß wir uns sicher verankert fühlen, nach dem Ort, der uns im Gleichgewicht hält, nach dem Ort, der die unterschiedlichen Teile unseres Ich unter einem Dach vereint.

Ist unsere Sehnsucht nach einem Zuhause nicht das Verlangen nach Integration all dessen, was wir sind? Könnte es sein, daß wir einen solchen Regenbogen jenseits der Menopause finden? Stellen wir uns vor, daß wir mit Freude heimkehren!

Mit jedem Schritt meiner Suche nach dem Zuhause komme ich diesem Ort näher.

Warum wird einer sechzigjährigen Frau nicht die gleiche Wertschätzung entgegengebracht wie einem sechzigjährigen Orientteppich? Wie lange müssen wir denn noch auf uns herumtrampeln lassen, um als wirklich wertvoll betrachtet zu werden?

Sybil Adelman Sage

In unserem Kulturkreis wird älteren Frauen nicht die verdiente Achtung entgegengebracht. Wir sollten diese Tatsache nicht länger leugnen, sondern etwas zu deren Veränderung tun. Wir könnten damit beginnen, unseren Seniorinnen endlich den schuldigen Respekt zu erweisen – das wird nicht leicht sein, da wir seit langem gewohnt sind, uns mit der Jugend zu identifizieren.

Auch wenn wir vorbildliche ältere Frauen aufstöbern, um sie nachzuahmen und als Rollenmodell zu benutzen, so stellen wir sie nichtsdestotrotz auf den Sockel des Außergewöhnlichen. Das mag uns vielleicht helfen, ändert aber nichts am gegenwärtigen Image der alternden Frau. Es ist höchste Zeit, gegen die Vorstellungen unserer Gesellschaft anzukämpfen und mit der Achtung aller älteren Frauen zu beginnen.

Ich schaffe für meine Töchter und jüngeren Schwestern ein neues Verständnis des Alterns, indem ich ältere Frauen respektiere und das schätze, was sie zu bieten haben.

Ich lege Wert auf die Feststellung, daß Fünfzig keine verspäteten Vierzig sind... Ich wünsche mir weniger Bewunderung für unsere wunderbare Konservierung, sondern mehr Achtung vor der Reife unseres Geistes und unseres Verstandes... Fünfzig sind fünfzig, wer das verleugnet, verleugnet Weisheit, Erfahrung und das Leben an sich.

Jane O'Reilly

Wer ein halbes Jahrhundert gelebt hat, kennt den Unterschied zwischen fünfzig und vierzig. Vierzig ist die Zeit der eher vagen Entschlüsse. Vielleicht fehlen Leidenschaft, produktivere und befriedigendere berufliche Aufgaben oder auch eine gewisse geistige Erfüllung. Viele von uns stellen fest, daß ihr Leben mit vierzig in einen Strudel gerät – ausgelöst durch die bewußte oder unbewußte Erkenntnis, daß die Zeit unaufhaltsam vergeht.

Mit fünfzig blicken wir auf das vergangene Jahrzehnt mit einem gewissen Mitgefühl zurück. Wir sind alt genug, wir haben unsere Lektionen gelernt. Unser Verlangen nach geistigen Dimensionen – wenn wir es geweckt und genährt haben – könnte uns neue Wege der Befriedigung offenbaren: die Erkenntnis eines höheren Lebenssinnes oder eine spirituelle Beschäftigung, die uns regelmäßige Erfüllung bringt.

Ich vertraue darauf, daß mir jedes Alter all das bringt, was es zu bieten hat.

«Nun, es könnte dir nicht schaden, eine Vorliebe für Salate zu entwickeln, gewürzt mit Essig und Knoblauch. Das stärkt die Knochen, und die brauchst du, wenn du alt wirst.»

«Grandmother Growth» (Susun S. Weed)

Einer der Gründe für eine Östrogenbehandlung während und nach der Menopause besteht darin, dem Schwund der harten Knochensubstanz vorzubeugen. Allerdings müssen diese Hormone über einen langen Zeitraum regelmäßig eingenommen werden. Bei manchen von uns ist das wegen einer früheren Krebserkrankung nicht möglich, und andere ziehen wiederum natürlichere Methoden vor.

Mit einer gesunden Ernährung können wir viel für einen kräftigen Knochenbau tun. Wir brauchen kalzium- und ballaststoffreiche Nahrung, die für gute Verdauung sorgt (daher auch der Essig). Wir sollten spazierengehen, joggen oder auch Gewichte heben – sportliche Übungen, die unsere Knochen «trainieren».

Es gibt heute viele Möglichkeiten, darüber Auskunft zu erhalten, wie man seine Knochen gesund und kräftig hält. Wir müssen unseren Körper besser kennenlernen – und welcher Zeitpunkt wäre für eine Ernährungsumstellung günstiger als unsere Wechseljahre?

Heute bemühe ich mich um eine gesündere Ernährung und sportliche Betätigung.

Ich bin weder über den Berg noch am Ende der Fahnenstange – zumindest nicht wirklich. Aber was bin ich?

Jewelle Gomez

Wenn wir all die unnützen Beschönigungen beiseite lassen, die mit zunehmendem Alter auf uns einströmen, dann sehen wir uns häufig einem Vakuum gegenüber. Wir wollen aber nicht gegen diese banalen Floskeln aufbegehren, denn das zeigt nur, daß wir sie ernst genug nehmen, um ihnen zu widersprechen. Selbst jene von uns, die verdrängte Vorstellungen davon haben, was wir in diesem Stadium sind, werden mit diesem Moment konfrontiert und müssen sich ein eigenes Bild schaffen, das sie weiterbringt.

Unser Gewinn aus der Erkenntnis, wie unzutreffend all diese Vorstellungen sind, ist der vor uns liegende Freiraum. Um ihn auszufüllen, brauchen wir nur unsere Phantasie anzustrengen. Unsere Körper leiten uns an, sie richten unser Denken nach innen und bereiten uns auf die Veränderungen vor. Wenn wir dem Verlangen unseres Geistes Gehör schenken, werden wir eine innere Stimme vernehmen, die uns eine Richtschnur sein kann.

Wer möchte ich sein? Wenn ich diese Frau klar vor mir sehe, kann ich sie auch sein.

Ich rechne damit, sterben zu müssen, aber ich habe nicht vor, mich zur Ruhe zu setzen.

Margaret Mead

Eine unserer Befürchtungen in der Lebensmitte ist die Angst vor dem Ruhestand, aber nehmen wir uns ein Beispiel an Margaret Mead. Selbst wenn unser Alter den offiziellen Abschied vom Arbeitsalltag verlangt, so können wir uns dennoch andere produktive Bereiche suchen, die unseren Wunsch nach Betätigung erfüllen.

Geplante und vielfältige Aktivität ist ein entscheidender Faktor für Langlebigkeit. Das könnte auch einer der Gründe sein, warum Männer früher sterben als Frauen. Nach dem Eintritt in den Ruhestand wissen viele Männer nicht, was sie mit ihrem Alltag anfangen sollen. Demgegenüber neigen Frauen – deren Betätigung zu Hause von derjenigen am Arbeitsplatz nie wirklich getrennt werden kann – weniger dazu, nach der «Pensionierung» ganz mit der Arbeit aufzuhören.

Produktive Betätigung ist für uns alle ein Segen. Sie befriedigt uns und verleiht uns das Gefühl von Nützlichkeit. Sie regt unseren Geist an und gibt uns die Chance, neue Menschen kennenzulernen.

Ich stelle mir vor, ganz unabhängig von meinem Alter, mein Leben lang aktiv zu sein.

Wenn man jung ist, kommt es einem so vor, als gehöre man noch nicht dazu... Alles ist in der Probe und wird geübt, damit es sitzt, wenn der Vorhang wirklich aufgeht. Eines Tages erkennt man, daß der Vorhang immer offenstand. Das war die Vorführung.

Sybille Bedford

Wann erkennen wir, daß der Vorhang offen ist? Plötzlich, mit einem Mal, oder nach und nach? Irgendwann erkennen wir, daß wir voll im Leben stehen. In der Mitte des Lebens blicken wir nicht mehr unsicher über unsere Schulter und sehen der Probe zu.

In der Jugend verschwenden wir viel Energie darauf, uns gegen das aufzulehnen, was andere sagen. Es paßt uns nicht, Regeln aufoktroyiert zu bekommen. Trotzdem beschweren wir uns weit häufiger, als daß wir wirklich etwas verändern. Wir stehen voll im Leben, wenn wir dazu fähig sind, es von einer höheren Warte aus zu betrachten; wenn wir eine Vorstellung davon bekommen, welchen Stellenwert wir Menschen in der Natur haben und wie wir lernen können, mit ihr in Einklang zu leben, und wenn wir erkennen, wie wir den Verlauf unseres Lebens beeinflussen. Wir sind weder unbedeutend, noch stehen wir im Mittelpunkt.

Ich bin ein Teil des Lebens und erkenne meine wahre Beziehung zu ihm.

Ich stelle mir vor, daß die Menschheit, die die Unschuld des Gartens Eden verließ, um die Weisheit der Erfahrung zu gewinnen, in diesen Garten zurückkehren könnte, um die Erkenntnis mit der Unschuld zu vereinen, den Körper mit dem Geist, und um ein Paradies auf Erden zu schaffen.

Shakti Gawain

Vielleicht finden wir diese Vorstellung einer Reise der Menschheit in jedem von uns wieder, wenn wir die Lebensmitte erreichen. Wir haben die Unschuld der Jugend hinter uns gelassen, um ein paar schmerzliche Erfahrungen zu machen, aber auch um unsere Leidenschaften auszuleben und unseren Anteil an Glück und Freude zu erhalten.

Jetzt ist es unsere Aufgabe, Weisheit mit Unschuld zu vereinen. Viele von uns sind desillusioniert, benutzen Gleichgültigkeit als einen Schild und geben vor, sich nicht um die Zukunft zu scheren. Doch diese Einstellung beraubt uns auch unserer Leidenschaft. Wir müssen unsere Unschuld, unser ungeduldiges Ich wieder aufspüren, fördern und an die Seite unserer Lebenserfahrung stellen.

Ich habe eine bessere Verwendung für meine Lebenserfahrung, als mich von ihr desillusionieren zu lassen.

FEBRUAR

Wie wir unsere Tage verbringen, so verbringen wir unser Leben. Was wir mit dieser oder jener Stunde anfangen, ist ein Spiegel unserer Existenz. Ein Stundenplan bewahrt vor Chaos und Zufälligkeiten.

Annie Dillard

Gerade in der Lebensmitte werden wir uns des «ungelebten Lebens» in uns immer bewußter: der Kunstrichtung, der wir uns einst widmen wollten, der vernachlässigten Arbeit oder Karriere, der Innerlichkeit, für die wir uns schon immer ein wenig mehr Zeit nehmen wollten.

Jetzt ist der Moment gekommen, innezuhalten und uns zu fragen: Verbringen wir unsere Stunden wirklich so, wie wir uns das wünschen? Halten wir uns an die Disziplin eines ausgeglichenen Stundenplans – eines Stundenplans, der Chaos vermeidet, aber Spontaneität zuläßt?

Wenn wir feststellen, daß es Dinge gibt, die wir gern tun würden, aber dennoch nicht tun, so sollten wir Schritte zur Veränderung vornehmen – wohl wissend, daß sie unser ganzes Leben verändern können.

Jetzt ist die richtige Zeit, mich meiner Stunden zu erfreuen, indem ich meine Ideen verwirkliche und mir meine Wünsche erfülle.

Lehre uns zuhören! Wir können es im Wasser hören, im Wald, selbst im Stein: Wir sind Erde von dieser Erde, wir sind Gebein von ihrem Gebein.

Barbara Deming

In der Mitte unseres Lebens haben wir den Wunsch, ruhiger zu werden und zuzuhören. Wir wollen die Signale hören, die uns unser Körper gibt, wenn er den natürlichen Prozeß des Klimakteriums durchläuft. Wir wollen die Erde spüren und mit ihr in Harmonie leben.

In unserer Verwirrung über die Veränderungen in der Lebensmitte verspüren wir vielleicht den Drang, auf einen Berg zu steigen, um dem Wind, den Bäumen und den Steinen zu lauschen. Wir müssen das Durcheinander der vielen Stimmen in uns loswerden. Dann erst können wir die Erde und unseren Körper wirklich hören.

Heute ist Mariä Lichtmeß – die Mitte zwischen Wintersonnenwende und Tagundnachtgleiche. Die Sonne kehrt zurück, und wir beginnen, uns nach unserer inneren Transformation wieder nach außen zu wenden. Es ist ein guter Tag, um einen Berg zu besteigen und zu lauschen.

Ich höre auf die Erde und weiß, daß ich ihr entstamme.

Eines Winters, mit achtundvierzig Jahren, setzte nach einem Schock meine Periode ohne Vorwarnung für drei Monate aus. Nie hätte ich gedacht, daß ich mich nach der Periode sehnen würde, aber jedesmal, wenn ich das Badezimmerschränkchen öffnete und die Tamponschachtel sah, trauerte ich.

Ginger

Im Anfangsstadium treten die Perioden nur noch sporadisch auf und ändern häufig ihren Charakter. Wir werden uns des Verlusts der Regelmäßigkeit bewußt, da wir damit rechnen, daß die nächste Periode nach unserem Kalender pünktlich eintritt.

Nach sechs oder acht Wochen des Ausbleibens beginnen wir uns vielleicht zu fragen, ob das nun die allerletzte gewesen ist. Und wenn dann die nächste eintritt, sind wir so verwundert wie eine Heranwachsende, die mit ihrer ersten Periode konfrontiert wird. In dem Bewußtsein, daß es bald endet, wollen wir diese Erfahrung ganz in uns aufnehmen. Welchen Einfluß haben unsere Monatsblutungen auf uns gehabt? Werden wir uns die Erinnerung an die körperliche Empfindung der Periode bewahren, nachdem sie aufgehört hat? Mit jeder Menstruation wurden wir uns unserer inneren Verletzlichkeit bewußt. Es kommt uns nun eigentümlich vor, daß unsere Monate nicht länger von diesen Daten gekennzeichnet sein werden.

Ich schätze das erweiterte Bewußtsein, das der bevorstehende Verlust mit sich bringt.

Mitgefühl für einen selbst und andere öffnet die Tür zur Barmherzigkeit, zu einer geistigen Dimension unserer Existenz, die den Alltag einschließt und übersteigt. Für Frauen besteht das Problem darin, daß ihnen beigebracht wurde, Mitgefühl für andere aufzubringen: ein Kind, einen Freund, einen Liebhaber, einen Ehemann, die Eltern oder die leidende Menschheit.

Virginia Beane Rutter

Das Einsetzen der Menopause ist ein geeigneter Zeitpunkt, sich in Erinnerung zu rufen oder sogar erstmals zu erkennen, daß Mitgefühl für einen selbst lebensnotwendig ist. Der symbolische Eintritt in ein zweites Erwachsenenstadium könnte das Kind in uns dazu provozieren, sich verlassen zu fühlen, bis wir ihm unser Mitgefühl zuwenden. Dieses Kind braucht unser Mitgefühl aufgrund der Verletzungen, die ihm in einem Alter zugefügt wurden, als es damit noch nicht fertig werden konnte.

Das Licht des Mitgefühls auf uns selbst zu richten, kann sich als nicht ganz einfach erweisen. Es könnte uns Leiden zeigen, die wir lieber im dunkeln gelassen hätten. Es könnte eine tiefe Melancholie beleuchten. Aber nur wenn wir uns dem Leiden stellen, können wir zu Ganzheit und Barmherzigkeit finden.

Heute gilt mein Mitgefühl mir selbst.

Was würde geschehen, wenn eine Frau die Wahrheit über ihr Leben erzählte? Die Welt würde auseinanderbrechen.

Muriel Rukeyser

Häufig denken wir, daß die Welt auseinanderbricht, wenn wir die Wahrheit über unser Leben erzählen. In unserer Gesellschaft wurde und wird die Wahrheit über die Lebensmitte der Frauen hinter den negativen Vorstellungen verborgen, die das Klimakterium und die Furcht vor dem Altern umgeben.

Es ist unser Trumpf, daß wir vor zwanzig Jahren gelernt haben, unsere eigenen Erfahrungen zu machen und anderen davon zu berichten. Und wenn wir das jetzt tun, stellen wir fest, daß die Lebensmitte viel Angenehmes zu bieten hat. Wir haben zu uns selbst gefunden, empfinden weniger Furcht vor anderen und äußern uns bereitwilliger. Natürlich gibt es auch Nachteile. Unsere nächtlichen Schweißausbrüche und Hitzewallungen schätzen wir ebensowenig wie unsere Stimmungsschwankungen. Aber wenn wir uns die ganze Bandbreite unserer Lebensveränderungen bewußtmachen, müssen diese Nachteile, diese Unbequemlichkeiten nicht das Kernstück unserer Transformation sein.

Ich sage die volle Wahrheit über mein Leben und gebe sie an meine Schwestern und Töchter weiter.

Wenn sich mein Leben verändert, kann ich nicht zurückgehen und das ausgraben, was früher einmal meine Wirklichkeit war.

Judith Jamison

Es ist unbestreitbar: Das Leben ändert sich. Wir haben dynamische, sich regenerierende Körper, die alte Zellen abstoßen und täglich neue aufbauen. Wir tendieren dazu, an allem festzuhalten, was uns nützt oder glücklich macht. Beim Übergang in die zweite Lebenshälfte entdecken wir jedoch, daß uns die Erfüllungen früherer Jahre nicht mehr befriedigen. Das versetzt uns in nostalgische Stimmung.

Nostalgie kann eine angenehme Flucht vor der Gegenwart sein, die aber nichts zur Befriedigung unserer aktuellen Bedürfnisse beiträgt.

Wir fürchten Veränderungen, aber wie würde unser Leben ohne sie aussehen? Veränderungen bieten uns beständige Erneuerung und die Erregung neuer Entdeckungen.

Ich begrüße die Möglichkeit, das Alte vergangen sein zu lassen und mich den Veränderungen der Gegenwart hinzugeben.

Es ist... ein Befehl – uns allen erteilt, nicht nur den Begabten –, der Flugbahn zu folgen, in die wir von Zufall und Schicksal geschossen werden – wie ein Dichter, der Vertrauen zu seiner Muse hat.

Mary McCarthy

Ein Dichter vertraut darauf, daß seine Muse zu ihm spricht. Er wird ganz Ohr und greift zu Stift und Papier, um das aufzuzeichnen, was er vernimmt. Wir alle haben einem Pfad zu folgen, einer Stimme zu lauschen. Wir können nicht in uns ruhen, wenn wir nicht aufmerksam sind und reagieren.

Die Lebensmitte ist eine Zeit, in der unser Bedürfnis zunimmt, mit dem Sinn unseres Lebens im Einklang zu sein. Wir wollen unsere Begabungen weiterentwickeln und nutzen. Wir wollen uns die Ernsthaftigkeit unserer Absichten beweisen. Wir wollen erkennen, daß unsere Taten die Leben anderer berühren und Einfluß haben auf die allgemeine Evolution der Menschheit.

Während wir in unserer Jugend vielleicht zur Nabelschau neigten, so möchten wir jetzt mehr über uns hinausblicken, um zu erkunden, wo unser Platz in der Welt ist.

Mein Lebensweg ist einmalig. Ich erkenne meine Verpflichtung, ihm zu folgen.

Ein spirituelles Ritual muß nicht unbedingt etwas mit jenseitigen Dingen zu tun haben, sondern könnte die Heiligkeit des Realen und Natürlichen feiern: Frauen, Erde, Fleisch, alltägliches Leben, menschliche Beziehungen.

Barbara G. Walker

Rituale sind eine Form des Bekennens und Bestätigens. Ein Ritual hilft dabei, einen Moment deutlich zu machen: wenn alte Kleidung abgestreift und neue angelegt wird, wenn wir unsere Beziehung zur Erde erneuern oder mit der Jahreszeit in Einklang leben.

Rituale vermögen uns zu fesseln und zu befreien. Wir können unseren Bedürfnissen entsprechend eigene Rituale entwickeln. Eine schwierige Phase in unserer Menopause können wir vielleicht dadurch bewältigen, daß wir täglich eine Kerze anzünden und uns ein paar Minuten lang auf diese Veränderung konzentrieren. Wir könnten einen kleinen Stein in der Tasche tragen, um uns an unsere Fundamente zu erinnern, wenn wir uns verunsichert oder allein fühlen. Wir könnten jede unserer Hitzewallungen zu dem Ausruf nutzen: «Ja, Veränderung, ich höre dich.»

Kleine Rituale bieten mir die Chance, größere Energien zu erschließen.

Vor allem ist es das Nichtwissen, das Frauen in Angst hält. Hätte ich damals gewußt, daß meine Beschwerden klassische Symptome der Menopause sind, hätte ich mir die Zeit, das Geld und die Unbequemlichkeit eines Arztbesuchs ersparen können.

Lonnie Barbach

Die Angst vor dem Klimakterium hält uns davon ab, seine ersten Anzeichen zu bemerken, die unter Umständen vage und undeutlich ausfallen, mit ein paar Kenntnissen jedoch durchaus erkennbar wären. So könnten Schlafstörungen durch die Veränderung im FSH-Spiegel verursacht sein. Eine Zunahme dieser follikelstimulierenden Hormone bewirkt eine Hirntätigkeit, die zur Abnahme der REM-Phasen führt. Wenn uns jedoch «Traumschlaf» entzogen wird, fühlen wir uns müde und gereizt.

Krankheitsorientiert beschränkt die Medizin die Definition des Klimakteriums auf ihr dramatischstes Wechseljahr – das erste Jahr ohne Perioden – und schenkt der Perimenopause kaum Beachtung. Viele von uns unterziehen sich mit achtundvierzig oder neunundvierzig Jahren aufwendigen Untersuchungen, um den Ursachen ihrer Schlafstörungen, Depressionen und Erschöpfungszuständen auf die Spur zu kommen. Obwohl es andere Gründe für unsere Beschwerden geben kann, sollte die Menopause auf der Liste der Möglichkeiten ganz oben stehen, tut das aber häufig nicht.

Es ist meine Pflicht, mich über die Menopause zu informieren.

Mein größter Zukunftsbeitrag besteht darin, voll in der Gegenwart zu leben.

Camille

Die meisten von uns träumen davon, eines Tages berühmt zu werden, irgendeine Leistung zu vollbringen, die uns auszeichnet. Doch in der Realität zeichnet sich unser Leben durch den Anteil aus, den wir an der Gegenwart nehmen.

Wenn wir heute unser Verhältnis zu Natur und Umwelt nicht überdenken, werden unsere Kinder und Enkel den Preis dafür zahlen müssen. Wenn wir jetzt beginnen, die Dinge wieder ins Lot zu bringen, werden unsere Bemühungen zu einer besseren Zukunft führen.

Denken Sie an die Menschen, die wir verehren: Marie Curie, Mutter Teresa, Martin Luther King... Sie alle warteten nicht auf ihren Auftritt in der Zukunft. Sie hatten ihn im Jetzt.

Heute widme ich meine ganze Kraft der Gegenwart und widerstehe der Versuchung, auf die Zukunft zu warten.

Ich muß die Uhr beherrschen und darf mich nicht von ihr beherrschen lassen.

Golda Meir

Vom Aussichtspunkt der Lebensmitte blicken wir auf die Jahre zurück, die inzwischen vergangen sind. Vermutlich stellen wir fest, daß wir selbst in unseren schwersten Jahren Freude empfunden haben. Vielleicht erkennen wir auch, wie überflüssig viele unserer Sorgen gewesen sind.

Unsere Befürchtungen halten uns davon ab, die tröstende Wirkung der Zeit zu erkennen, die alle Wunden heilt und uns stets Weisheit verleiht.

Ich löse mich von meinen Ängsten und lasse mich von der Zeit heilen.

Es ist mein Leben und jede Stunde eine Chance, die nicht aufgeschoben werden kann. Die Tage sind keine Vorbereitung aufs Leben, keine nötige, aber im Grunde belanglose Abzweigung vom Hauptverlauf meines Lebens. Sie sind mein Leben... Dieses Wissen gibt allem, was ich bewußt tue, eine wundervolle Größe.

Audre Lorde

Unheilbar Kranke entwickeln ein klares Bewußtsein dafür, wie sinnlos das Warten darauf ist, das ungelebte Leben zu leben, denn dazu könnte ihre Zeit nicht ausreichen. Unsere auch nicht. Statt uns noch immer auf die Zeit unseres «wahren» Lebens vorzubereiten, sollten wir besser damit beginnen, unser wahres Leben jetzt zu leben.

Viele von uns erkennen, daß sie sich – zumindest in einigen Lebensbereichen – auch in der Lebensmitte noch so verhalten, als wären sie zum richtigen Leben noch gar nicht berechtigt. Nach und nach setzt ein neues Bewußtsein ein. So jung sind wir nicht mehr, als daß wir noch immer auf die Zeit der Reife warten könnten. Wir sind längst reif.

Wenn wir leben, als könnte jeder Tag unser letzter sein, erkennen wir den Reichtum jeder einzelnen Stunde, jedes Gefühls, jedes Zusammenseins mit anderen. Wir werden von unserem Warten erlöst, wenn wir von unserer eigenen Vitalität erfüllt sind.

Ich lebe im Heute und verschiebe nichts auf morgen.

Was ist es, das wir in den Augen eines Menschen sehen, der ein erfülltes Leben führt? Was fehlt, ist leichter zu sagen: unausgesprochene Rechtfertigung, Angst, die Notwendigkeit der Verstellung.

Bonnie Myotai Treace

Ganzheit bedeutet Vollständigkeit. Wir können nicht ganz sein, ohne in uns zu gehen und das anzuerkennen, was Jung unseren «Schatten» genannt hat – die dunkle Seite, die wir so gern auf andere projizieren. Unser Schatten enthält unsere unterdrückten Energien, die häufig jene Gefühle sind, die wir als negativ erachten: Zorn, Traurigkeit, Eifersucht, Neid. Wenn wir älter werden und gewillt sind, uns diesen Gefühlen zu stellen, sie anzunehmen und zu verinnerlichen, dann erkennen wir, welchen Beitrag sie zu unserer Ganzheit leisten.

Wenn wir mit uns und unserem Universum eins sind, können wir anderen klar und direkt in die Augen blicken. Wir brauchen weder unsere Mitmenschen zu kritisieren, noch geraten wir aus der Fassung, wenn sie an uns Kritik üben. Wir wissen, wer wir sind. Unser Gefühl für Sinn und Richtung befindet sich im Einklang mit dem Willen unseres besseren Ich. Das gibt uns eine ruhige, aber sichere und große Kraft.

Heute achte ich auf die Momente, in denen meine Augen Erfüllung ausstrahlen.

Ich habe lieber Rosen auf meinem Tisch als Diamanten um meinen Hals.

Emma Goldman

Blumen sind Lebewesen, und auf dem Tisch sind sie ein Ausdruck der Liebe und des Lebens. Wenn unser Leben ohne Liebe ist, können uns andere Reichtümer nicht befriedigen.

Der Valentinstag gibt uns die Gelegenheit, an alle zu denken, die wir lieben, und dieser Liebe Ausdruck zu verleihen. Lassen wir unseren Blick weiterschweifen, so werden wir feststellen, daß auch wir von vielen Menschen geliebt werden.

In der Lebensmitte sehnen sich manche Unverheiratete nach einer festen Bindung, während andere große Probleme in einer Beziehung hatten und nun ganz zufrieden mit ihrer neugewonnenen Unabhängigkeit sind. Achten wir auf unsere Sehnsüchte. Gestehen wir uns ganz ungeniert ein, daß das Wichtigste die Liebe zu uns selbst ist.

Ich schenke mir Blumen als Zeichen meiner Liebe zu mir selbst.

Erinnerung ist eine Geschichte, die wir aus Bruchstücken der Vergangenheit zusammenstellen.

Lynne Sharon Schwartz

Ist es nicht verblüffend, wie unterschiedlich zwei Menschen sich an ein Ereignis erinnern können? Ein Ereignis kann viele Geschichten entstehen lassen, und jede von ihnen sagt viel über ihren Erzähler aus.

Je älter wir werden, desto mehr neigen wir dazu, unsere Erinnerung an die Vorkommnisse in unserem Leben zu einer kohärenten Geschichte zusammenzufügen. Vielleicht berichtet unsere Geschichte davon, wie ungestüm wir mit jungen Jahren aufgebrochen sind, unsere Identität zu suchen, und nach den ersten Erfolgen sicher waren, die Welt gehöre uns. Dann kamen Rückschläge und das Gefühl der Entmutigung, aber letztendlich diente das alles dazu, uns und andere besser zu verstehen.

Im Klimakterium werden wir vielleicht feststellen, daß unser Erinnerungsvermögen für Einzelheiten nachläßt. Das kann beunruhigend sein – wie ein Vorbote des Gedächtnisschwundes späterer Jahre. Aber trösten wir uns mit der Feststellung, daß wir auf allen Gebieten selektiver werden. Wir sind in dem Alter, mit unseren Energien sparsamer umzugehen. Auch unser Gedächtnis möchte sich vor allem auf das konzentrieren, was wirklich wichtig ist.

Ich vertraue darauf, daß mein Gedächtnis sich an die Geschichte erinnert, die mir ein verläßliches Fundament ist.

Vielleicht ist das «Sichselbstsein» immer ein anerzogener Geschmack.

Patricia Hampl

Zu uns selbst zu finden ist eine Aufgabe, die uns ein Leben lang beschäftigt. Wir werden in eine Familie hineingeboren, von der wir in unseren ersten Jahren irgendwie nicht zu unterscheiden sind. Wir werden in eine Gemeinschaft mit Regeln, Einschränkungen und einer kollektiven Identität hineingeboren.

Der Prozeß unserer Selbstfindung ist ein allmählicher und in der Mitte des Lebens noch längst nicht abgeschlossen. Jahrelang haben viele von uns die Rolle einer Ehefrau und/oder Mutter ausgefüllt, und nach dem Auszug unserer Kinder bietet uns unsere Lebensmitte eine Chance, andere Seiten an uns zu entdecken und zu fördern.

Unter Umständen erkennen wir uns gar nicht, wenn wir beginnen, all das aufzudecken, was verdrängt wurde oder verborgen war. Aber mit der Zeit ändert sich das, und wir genießen das Auftauchen dieses neuen Wesens.

Ich schätze das Auftauchen meines Ich.

Menschen können vital oder still sein, schillernd oder schlicht, frei oder gebunden. Wir können entscheiden, ob wir unsere Lebensenergie entwickeln, unsere Lebensrichtung, unsere Freude am Leben. Das heißt, wir können ein geistiges Leben führen oder uns selbstauferlegten Beschränkungen unterwerfen.

Sheila Ruth

Mit zunehmendem Alter werden wir mehr von dem, was wir sind. Frauen, die sich mit geistigen Dingen beschäftigt haben, werden das verstärkter und mit größerer Freude tun – trotz der Ängste, die ein voll ausgelebtes Leben mit sich bringt. Haben wir es versäumt, unsere geistigen Kapazitäten zu entwikkeln, so werden wir uns immer weiter einschränken, wo wir doch frei sein könnten.

Ganz unabhängig davon, wie wir es bisher gehalten haben, bietet uns die Lebensmitte eine Möglichkeit, unserem geistigen Leben mehr Aufmerksamkeit zu widmen. Wie der erste Schritt dazu aussieht? Es könnte die Teilnahme an einem Jogakurs sein, Meditationsübungen oder einfach nur eine ruhige Stunde täglich, in der wir uns einem Bereich zuwenden, der uns ruft.

Wenn wir unseren Geist pflegen, werden wir mit Vitalität belohnt und entdecken, daß wir glücklich sind und frei, dorthin zu gehen, wohin es uns zieht.

Heute pflege ich meinen Geist.

Das Schreiben hat in mir eine dauernde Achtung vor dem Unbekannten im Leben eines Menschen geweckt und ein Gespür dafür, wo nach den Fäden zu suchen ist, wie man ihnen folgen muß und wie sie verknüpft werden müssen, wie im Gewirr die klare Linie zu finden ist. Die einzelnen Elemente sind alle da: Der Erinnerung geht nichts wirklich verloren.

Eudora Welty

Jede von uns findet ihren eigenen Weg aufzuspüren, was unser Leben ausmacht. In der Lebensmitte entwickeln wir Hochachtung vor dem geheimnisvollen Prozeß des Erkennens.

Wir haben inzwischen so viele Kreuzungen überquert und entscheiden müssen, ob wir nach links abbiegen, nach rechts oder geradeaus weitergehen. Woher haben wir gewußt, welche Richtung wir einschlagen müssen? Manchmal haben wir uns bei Fachleuten und Freunden Rat geholt. Oft sind wir unserer Eingebung gefolgt oder haben uns einfach dem Zufall überlassen. Kein Weg ist ein Irrtum – auch wenn sich mancher als Umleitung erweist.

Mein Weg öffnet sich vor mir, wenn ich meiner Intuition und den Ratschlägen meiner Berater folge.

Die Lebensmitte könnte eine neue Konfiguration von Göttinnen hervorbringen oder die neue Prominenz einer Göttin. Diese potentielle Verschiebung ereignet sich in jeder größeren neuen Lebensphase.

Jean Shinoda Bolen

Jean Shinoda Bolen will uns beweisen, daß wir mit den Energien einer besonderen Göttin oder einer Reihe von Göttinnen ausgestattet sind, und benutzt dazu Gestalten aus der griechischen Mythologie: Hestia, die Hüterin des Herdes und des Herdfeuers, Demeter, die Erdmutter, und Aphrodite, die Göttin der Liebe.

Die Kenntnis dieser Archetypen kann uns dazu verhelfen, unsere eigenen Energien als Bestandteil eines größeren, universelleren Reservoirs zu begreifen. Vielleicht sind wir dann weniger überrascht, wenn andere, neue Kräfte von uns ausgehen.

Wenn wir in der Lebensmitte anlangen, könnten wir uns mitunter selbst fremd sein. Vielleicht verspüren wir eine Woge von Kreativität, oder mütterliche Instinkte regen sich gerade rechtzeitig, damit wir uns um unsere Enkel kümmern können.

Heute reagiere ich auf die wechselnden Aspekte der Göttinnen in mir.

Wer könnte weitere Stürme, weitere eiskalte Tage und Nächte ertragen? Ich nicht.

Freida

In nördlichen Breiten setzt uns der Winter hart zu. Selbst wenn wir ihn mögen und freudig begrüßen, ist unsere Geduld Ende Februar ziemlich am Ende. Unser Körper sehnt sich nach mehr Licht und dem kräftigeren Sonnenschein des Frühlings. Wenn uns der Februar mit einem oder zwei linden Tagen beglückt, um uns dann um so tiefer in den Winter zurückzustoßen, reagieren wir besonders heftig.

Die Menopause ist wie der Winter unseres Körpers, trotz der Hitze, die sie häufig begleitet. Auch sie setzt uns zu. Wir ersehnen uns einen schnelleren Übergang, stellen aber fest, daß es auf unsere Wünsche nicht ankommt. Wenn wir glauben, es nicht mehr ertragen zu können, müssen wir nach einem Weg suchen, dennoch weiterzumachen. Dieser Weg heißt Akzeptanz – Gelassenheit, anstatt Dinge ändern zu wollen, die nicht zu ändern sind.

Sobald ich die augenblickliche Situation akzeptiere, kann ich sie auch ertragen.

Wir haben so viele Menschen begraben, die wir liebten; das ist der Nachteil, so lange zu leben. Fast jeder, den wir kannten, ist zu Staub geworden. Nun, es muß wohl einen Grund dafür geben, daß wir immer noch da sind. Deshalb haben wir auch zugestimmt, dieses Buch zu schreiben; es gibt uns Zielbewußtheit.

Sarah Delaney

Sarah und Bessie Delaney schrieben ihre Biographie *Having Our Stay* im Alter von einhundert und einhundertundzwei Jahren. Sie beeindrucken uns mit ihrem trockenen Humor, ihrer sachlichen, bescheidenen Lebenseinstellung und ihrer vitalen Langlebigkeit.

Die Vorstellung, daß alte Frauen stark sein können, ist in unserer Gesellschaft eher selten. Wir denken häufiger an die alten Frauen, die mit leerem Gesichtsausdruck durch die Flure von Pflegeheimen schlurfen, als an jene, die auch weiterhin sehr gut allein zurechtkommen und ihren Nachbarn und Freunden helfen – und das, obwohl nur ein geringer Prozentsatz der alten Menschen in Pflegeheimen lebt.

Zielbewußtheit ist eine starke Motivation. Indem wir uns unsere Ziele vor Augen führen, ist unser Leben auch für das Unerwartete und Erhabene offener. Wir sind dankbar für die Zeit, die uns bleibt.

Meine Zielbewußtheit sagt mir, warum ich da bin.

Das Wort «allein» setzt sich aus den alten Worten «al» und «ein» zusammen: «ganz für sich». Genau das ist der Sinn des Alleinseins: ganz für sich zu sein. Es ist das Heilmittel für den erschöpften Zustand der modernen Frau, die «auf allen Hochzeiten gleichzeitig tanzt», wie man so schön sagt.

Clarissa Pinkola Estés

Wir brauchen das Alleinsein, um zu uns selbst zu kommen. Nur wenn wir ganz für uns sind, begegnen wir unserem Ich. Es ist aber etwas anderes als Isolation, denn der Rückzug aus unseren Beziehungen zu anderen Menschen ist eine Abwendung von uns selbst.

In der Lebensmitte könnte sich für viele von uns erstmals die Chance ergeben, längere Zeit allein zu verbringen. Vielleicht hatten wir lange Jahre Kinder im Haus. Vielleicht haben wir in jeder verfügbaren Stunde nahezu besessen gearbeitet. Jetzt ist die Zeit gekommen, vermehrt allein zu sein und uns als eigenständiges Ich zu erkennen. Diese Vorstellung könnte uns erschrecken: Was ist, wenn wir in uns gehen und mit dem Gefühl konfrontiert werden, daß in uns niemand zu Hause ist?

Seien wir uns gegenüber aufrichtig, finden wir heraus, daß wir uns – zeitweise – selbst genug sind.

Heute sehe ich im Alleinsein eine Chance, mich selbst besser kennenzulernen.

Ich lerne, in mir selbst vollständig zu sein und das zu schätzen, was mich umgibt. Wie jede Kunst ist die Schaffung des Selbst sowohl selbstverständlich als auch scheinbar unmöglich, sie verlangt Übung ebenso wie Magie.

Holly Near

Die Hervorbringung des Ich ist eine große Kunst. Wir finden heraus, wie sehr wir mit anderen Menschen verbunden sind. Wir formen uns ein bißchen hier, ein wenig da, nehmen uns ein Beispiel an anderen und hören auf eine innere Stimme, die uns sagt, wer wir sind. Wir sind auf der Suche nach uns selbst und finden unser Glück ebenso wie das, was uns schmerzt.

Vielleicht kann Liebe als Würdigung der Eigenart eines Menschen definiert werden. Um einander lieben zu können, müssen wir uns selbst lieben und an unserer Eigenart festhalten. Wir müssen dazu fähig sein, mit anderen eine Verbindung einzugehen, ohne sie verändern zu wollen.

Ich fördere meine Eigenart und anerkenne diejenige anderer Menschen.

Obwohl Feministinnen schon früh erkannten, daß das Private das Öffentliche ist, wurden die Ausübung von Macht und Kontrolle durch Frauen, das dazu benötigte Zugeständnis von Zorn und dessen Ausdruck bis vor kurzem für unakzeptabel erklärt.

Carolyn G. Heilbrun

Darf eine Frau ihren Zorn zeigen? Zorn ist so menschlich wie Freude, dennoch wurde uns beigebracht, unseren Zorn zu verbergen und nur uns selbst einzugestehen. Zorn ist ein Gefühl, das Distanz schafft, einen Schritt Abstand von der Person oder dem Ereignis, die/das es auslöst. Zorn läßt uns wissen, wann uns auf die Zehen getreten wurde, und sagt uns, wann und wo wir uns wehren müssen.

Glücklicherweise gehören wir, die wir jetzt in die Lebensmitte eintreten, zu einer Frauengeneration, die damit begonnen hat, zu ihren Empfindungen zu stehen und sie auch zu zeigen. Wenn uns die gängigen Vorstellungen von unserer neuen Lebensphase nicht gefallen, so brauchen wir sie nicht zu übernehmen. Protestieren wir dagegen. Lassen wir uns von unserem Zorn anfeuern. Wir werden feststellen, daß unsere Zornesausbrüche Veränderungen bewirken können.

Heute nutze ich meinen Zorn als Antriebskraft.

Ein Archetypus ist ein überkommenes, vorgeformtes Bild, das aus einer Reihe bestimmter Attribute besteht. Wir haben viele dieser Archetypen in unserem Unterbewußtsein. Einer davon ist die Weise Alte.

Diane Mariechild

Wen sehen wir vor uns, wenn wir uns die Weise Alte vorstellen? Sehen wir ein primitives Wesen, eine Frau mit wirrem Flatterhaar und langen Zähnen und Krallen, die in einer Höhle lebt? Das wäre kaum verwunderlich, denn dieses Bild hält sich hartnäckig im allgemeinen Bewußtsein. Wir könnten aber auch eine moderne Großmutter sehen – unsere eigene vielleicht – oder eine alte Frau, die wir nicht kennen, deren Stärke wir aber spüren können.

Sich ein Bild von der Weisen Alten zu machen könnte uns dabei helfen, zu jener in uns selbst in Kontakt zu treten. Sie lebt in jeder von uns. Vielleicht haben wir zu lange jeden Gedanken an sie verdrängt, so daß sie jetzt nur sehr zögerlich auf uns reagiert. Aber wenn wir ihr genügend Aufmerksamkeit schenken, wird sie sich bemerkbar machen.

Die Weise Alte kann uns durch die klimakterischen Veränderungen geleiten und uns dabei helfen, alte Vorstellungen loszuwerden und unsere Werte neu zu bestimmen.

Ich stelle mir die Weise Alte in mir vor und suche ihren Rat.

Nur wer Mutter Natur begreift, kann auch ihre vielen Kinder verstehen. Wenn wir Fehler vermeiden wollen und Verlangen nach einem klugen Berater in allen Lebenslagen verspüren, sollten wir die Weisheit von Mutter Natur studieren.

Merlin Stone

Mutter Natur hält stets eine Lektion für uns bereit. Wir brauchen nur einen Spaziergang zu unternehmen, um das zu erkennen. Trotz unseres Mißmuts über den langen Winter könnten wir in diesen Tagen vielleicht die ersten blühenden Weidenkätzchen sehen, die uns an den bevorstehenden Frühling erinnern. Wir sehen den Schnee tauen, Bäche und Flüsse zum Ansteigen bringen und die Wasserreservoire auffüllen. Der gleiche Schnee, der unseren Verkehr behinderte und mehr als lästig war, versorgt uns nun mit dem benötigten Wasser.

Mutter Natur läßt uns unsere Bedürfnisse und ihre Vorsorge erkennen. Sie macht uns unser kurzsichtiges Denken bewußt. In der Lebensmitte verhilft sie uns zu Geduld mit unserem sich verändernden Körper.

Mutter Natur ist mein Ratgeber. Ich ehre sie und lerne von ihr.

Ich bin davon überzeugt, daß nichts unsere Fähigkeiten so fördert, als gezwungen zu sein, mit der Welt zu ringen.

Mary Wollstonecraft

Oft fragen wir: «Warum ist mein Leben so kompliziert? Warum werden mir so viele Steine in den Weg geworfen? Zumindest jetzt, in der Mitte des Lebens, sollte ich es doch ein bißchen leichter haben.»

Wieviel von uns bliebe verborgen, wenn wir nicht kämpfen müßten? Wie viele unserer Fähigkeiten blieben ungenutzt? Wie oft sind wir an unsere Grenzen geraten – um sie dann zu überwinden?

Das Klimakterium bedeutet für viele Frauen ein heftiges Ringen. Wir müssen uns mit den negativen Vorstellungen von unserer neuen Lebensphase auseinandersetzen. Manche von uns haben mit den körperlichen Veränderungen zu kämpfen. Andere sehen sich einem spirituellen Bankrott gegenüber, der sie nach neuer Erfüllung verlangen läßt. Werden wir uns der Chancen unserer Anstrengungen bewußt: Sie setzen Kräfte in uns frei, von denen wir bisher vielleicht gar nichts wußten.

Heute sehe ich meine Anstrengungen in einem positiven Licht.

Und so sterben wir vor unseren eigenen Augen; wir sehen, daß einige Kapitel unseres Lebens ihr natürliches Ende finden.

Sarah Orne Jewett

Wir fürchten den Tod, weil wir glauben, von ihm nichts zu wissen, weil wir ihn für ein Ereignis halten, über das man nichts wissen kann. Und doch sehen wir ihn täglich in der Natur; wir erfahren ihn an uns, wenn wir uns durch die verschiedenen Stadien unseres Lebens bewegen.

Wir bekommen einen Eindruck von der Vergänglichkeit, wenn wir alte Verhaltensweisen ablegen, die nicht mehr zu uns passen. Wir halten so lange wie möglich an ihnen fest, bevor wir uns von ihnen verabschieden und ihren Verlust betrauern. Dann überlassen wir uns der neuen Ausgangslage und ihren Chancen.

Wir verlieren Menschen, die wir lieben. Sie sterben oder werden uns auch nur fremd. Der Verlust mag uns ungerecht erscheinen, aber schließlich erkennen wir das Natürliche dieses Vorgangs, wie sich dieses Kapitel vor unseren Augen schließt. Aber wir sehen auch die Geburten, die diesen Toden folgen.

Ich lerne aus der Erfahrung des Verlustes.

Laßt die Frau die Beseitigung aller Hindernisse auf dem Weg zu ihrer Erhöhung auf der menschlichen Wertskala fordern – nicht erbitten –, ermutigt sie zur Ausbildung ihrer Kräfte, damit sie nutzbringend in das aktive Geschäft des Lebens eintreten kann.

Lucretia Mott

In unseren jüngeren Jahren haben wir um unser Recht gekämpft, «nutzbringend in das aktive Geschäft des Lebens» eintreten zu können. Jetzt ringen wir darum, unsere Persönlichkeiten in unsere mittleren Jahre zu führen – in einer Gesellschaft, die jugendliche Schönheit noch immer als Maßstab für den Wert einer Frau betrachtet.

Wer uns in der Ausbildung unserer Kräfte unterstützen wird? Wir selbst! Wenn wir einander schätzen und ermutigen, werden wir stärker und sicherer. Unsere Haltung ermutigt andere Frauen unseres Alters, sich mit ihrem Handeln und Aussehen positiv auseinanderzusetzen. Je mehr wir uns unserer Realität stellen, desto mehr Geschenke hält diese für uns bereit.

In dieser Phase bedeutet das «aktive Geschäft des Lebens», unsere unterschiedlichen Aspekte – unsere Kenntnisse der menschlichen Natur, unsere Begabungen, unsere Überzeugungen und Prinzipien – zusammenzufassen und nutzbringend zu bündeln.

Ich mache von meinem Recht Gebrauch, meine Kräfte und Möglichkeiten zu entwickeln.

MÄRZ

(Mythische) Bilder vermitteln profunde Erkenntnisse von der mentalen und emotionalen Entwicklung der Menschheit. Beispielsweise stehen Körper und Welt in der Mythologie so füreinander, daß jede Geschichte des Jüngsten Gerichts als furchterregende Auflösung des Ich im Tod betrachtet werden kann, während jede Schöpfung eine verborgene Erinnerung an die Geburt enthält.

Barbara G. Walker

Im Mythos von Inanna beschließt eine Frau, die alles hat, was sie sich wünschen könnte, in die Unterwelt zu gehen, um sich mit ihrer Schwester, der Königin der Unterwelt, zu vereinen und tiefer zu sich selbst zu finden. Bei ihrem Abstieg muß sie sich all ihrer materiellen Besitztümer entledigen. Nackt und gebückt betritt sie die Unterwelt.

In der Unterwelt kommt Inanna dem Tod nahe; durch die Intervention bescheidener Diener darf sie wieder aufsteigen. Doch um in die Oberwelt entlassen zu werden, muß sie einen anderen Menschen auswählen, der an ihrer Stelle in die Unterwelt zurückkehrt.

Die Reife, die wir in der Lebensmitte erreichen, verlangt von uns Entscheidungen, damit wir uns besser kennenlernen können. Wir müssen in unseren Tiefen forschen, um von den vielen Wegen den richtigen zu wählen und die anderen beiseite zu lassen.

Die Weisheit der Mythen kann mich anleiten und bereichern.

Ich mag Bäume, weil sie sich mit der Art und Weise, wie sie leben müssen, besser abzufinden scheinen als andere Lebewesen.

Willa Cather

Bäume kennen keine Rastlosigkeit. Sie wurzeln tief an dem Platz, an dem sie geboren wurden. Sie scheinen damit zufrieden zu sein, ihr Leben lang mit denselben Nachbarn auskommen zu müssen. Sie ertragen die Jahreszeiten ohne zu klagen, ziehen sich in sich zurück, wenn es angeraten scheint, und zeigen ihre ganze Pracht, sobald die Zeit neuen Wachsens gekommen ist.

Im Gegensatz dazu werden wir von Sehnsüchten geplagt, die Bäumen fremd zu sein scheinen. Häufig haben wir das Gefühl, daß unser tiefes Verlangen nach Beziehungen zu anderen und nach Nähe zu uns selbst nicht befriedigt wird. Das weckt in uns einen großen Hunger.

Ein Baum kann uns ein beruhigendes Beispiel sein: Je bescheidener wir sind und das schätzen, was wir haben, desto weniger konzentrieren wir uns auf jenes, was wir nicht haben.

Heute habe ich alles, was ich zu meiner Zufriedenheit brauche.

Trotz seiner Kosten ist das Leben noch immer beliebt.

Kathleen Norris

Es braucht eine gewisse Zeit, die Kosten des Lebens zu erkennen, und noch etwas länger, sich damit abzufinden. In der Lebensmitte sind wir für Akzeptanz geradezu prädestiniert. Wir hatten unser gerüttelt Maß an Kummer und Leid und wissen, daß es anderen nicht anders ergangen ist. Kein Mensch ist gegen Rückschläge gefeit. Nicht das Unheil zählt, das uns zustößt, sondern wie wir damit umgehen.

Vielleicht haben wir Zeiten erlebt, in denen uns die Kosten des Lebens als zu hoch erschienen. Aber wir sahen, wie andere mit ihren Schwierigkeiten zu tun hatten, und begannen einzusehen: Wenn uns jemand anbieten würde, unsere Probleme gegen die seinen einzutauschen, so würden wir vermutlich lieber unsere eigenen behalten.

Sobald wir dies erkennen, können wir uns unseren Problemen geduldig stellen und akzeptieren, wie sie unsere Persönlichkeit geformt haben.

Alles hat seinen Preis, aber jede Anstrengung macht sich bezahlt.

Jene, die nicht wissen, wie man aus tiefstem Herzen weint, können auch nicht lachen.

Golda Meir

Traurigkeit gehört zum menschlichen Leben. In der Lebensmitte wissen wir das. Wir wissen auch, was geschieht, wenn wir sie verdrängen. Sie weitet sich aus, schwillt unter der Decke an, die wir über sie gebreitet haben, bis sie unser ganzes Sein durchdringt.

Wenn wir aus tiefstem Herzen weinen, gestehen wir uns unseren Schmerz ein. Wir gestehen uns ein, ein Herz zu haben – selbst wenn es im Moment gebrochen ist. Wir umarmen unser Leid. Wenn wir unseren Gefühlen nachgeben und unseren Tränen freien Lauf lassen, werden wir schon bald aufhören zu weinen, neue Hoffnung schöpfen und wieder lachen können.

Freude empfinden wir nicht zuletzt deshalb, weil wir unsere Traurigkeit kennen und sie zulassen. Das zeigt uns, daß das Licht nicht mehr fern ist.

Ich lasse meine Traurigkeit zu und werde durch Lachen belohnt.

Glücklicherweise ist Psychoanalyse nicht die einzige Möglichkeit, innere Konflikte zu lösen. Das Leben selbst bleibt ein sehr erfolgreicher Therapeut.

Karen Horney

Wir leben im Zeitalter der Therapie, und viele von uns haben Psychiatern einiges zu verdanken. Wir sollten aber nicht vergessen, daß letztendlich das Leben unser verläßlichster Lehrer ist. Das ist eine Sache, die uns in der Lebensmitte bewußt wird. Wir haben eine beachtliche Lebenserfahrung angesammelt. Wir kennen unsere Konturen. Wir wissen, wann wir verloren sind und wie wir uns wiederfinden können.

Die inneren Konflikte, die wir noch nicht gelöst haben, präsentieren sich regelmäßig von selbst. Mitunter laufen wir direkt an ihnen vorbei, ohne sie zu sehen. Nun sind wir bereit, sie zu bemerken. Da sind sie und starren uns ins Gesicht. Indem wir ihre Existenz zur Kenntnis nehmen, machen wir den ersten Schritt auf die Lösung zu. Er führt zum nächsten und immer weiter, bis wir die Lösung endlich gefunden haben.

Ich anerkenne das Leben als meinen Lehrer – heute und immer.

Wenn man keine Beiträge mehr leistet, beginnt man zu sterben.

Eleanor Roosevelt

Je älter wir werden, desto mehr Klugheit und Hilfe können wir anderen bieten – vorausgesetzt, wir sind bereit, das zu teilen, was wir gelernt haben. Aber warum sollten wir das nicht tun? Welcher Sinn läge im Horten? Keiner, dennoch neigen wir dazu, nicht zu teilen. Befürchten wir, eines Tages «leer» zu sein, wenn wir unser Wissen nicht für uns behalten? Im Gegensatz zu dieser Annahme können wir jedoch feststellen, daß sich der Quell unseres Wissens neu auffüllt, wenn wir von ihm großzügigen Gebrauch machen.

Falls wir über unsere mittleren Jahre deprimiert sind, könnte uns ein Blick auf die Leistungen, die wir erbracht haben, eine neue Richtung geben. Tragen wir wirklich aktiv zur Verbesserung der Dinge bei, die wir in der Welt – der persönlichen und der allgemeinen – für falsch erachten? Nutzen wir unsere Begabungen? Nehmen wir an unserem Umfeld auf eine Weise Anteil, die anderen dient, nicht nur uns selbst?

Unser Einsatz gibt uns ein lebendiges, gutes Gefühl und stets die Möglichkeit zur positiven Weiterentwicklung.

Meine geleisteten Beiträge bringen reichen Lohn.

Nach großem Schmerz stellt sich ein erhabenes Fühlen ein.
Emily Dickinson

Schmerz ist ein Katalysator für die tiefsten Veränderungen in uns, ausgelöst zum Beispiel durch die Akzeptanz verletzender Ereignisse in unserer Vergangenheit, die Aufgabe selbstzerstörerischer Gewohnheiten, die uns hemmen und frustrieren, und die Disziplin, nach neuen positiven Verhaltensmustern zu suchen.

Welche Empfindung folgt großen Schmerzen? Vielleicht abgeklärte Ruhe oder ein Gefühl für die Schönheit in uns – wie ein Regenbogen nach dem Gewitter. Wir sind geläutert und bereit für das Neue.

Wenn Neues in uns auftaucht, ist uns stets feierlich zumute. Wir sind mit ihm noch nicht vertraut. Wer ist diese Frau, fragen wir uns, die so offen über ihre Gefühle spricht und sich verhält, als hätte sie nur das Beste verdient – und es daraufhin für gewöhnlich auch erhält.

Es gibt mir ein feierliches Gefühl, mein neues Ich der Welt zu präsentieren.

Freiheit ist immer die Freiheit des Andersdenkenden.

Rosa Luxemburg

Auch wenn wir in einer Gemeinschaft leben und gewisse allgemeine Regeln zu beachten haben, so müssen wir uns dennoch unser selbständiges Denken bewahren. Gegen jede Autorität aufzubegehren, sich mutwillig gegen alle Beschränkungen aufzulehnen, ist keine Freiheit, sondern Rebellion. Konstante Rebellion liefert uns ebenso den kollektiven Mächten aus wie blinder Gehorsam.

Freiheit liegt im uneingeschränkten Ausdruck unserer Persönlichkeit. Dazu müssen wir in uns gehen und uns erforschen. Dann müssen wir so frei sein, auch zu zeigen, wer wir sind. Wenn wir uns hinter einer Maske verbergen, kennen wir keine Freiheit.

Aus unserem Wunsch heraus, dazuzugehören, folgen wir oft dem Impuls, so zu denken wie andere. Wir sind nur frei, wenn wir das nicht mehr nötig haben. Gerade in der Lebensmitte wissen wir, daß wir uns vertrauen und unseren eigenen Vorstellungen folgen können. Wir brauchen weder zu gehorchen, noch zu rebellieren.

Heute trete ich auf die offene Wiese der Freiheit.

Menschen, die Feuer mit Feuer bekämpfen, bleibt üblicherweise nur die Asche.

Abigail van Buren

Seinem Zorn Ausdruck zu verleihen ist vernünftig, aber ebenso vernünftig ist es, das mit Maß zu tun. In der Lebensmitte fangen wir an, diese Lektion zu lernen. Uns ist oft genug nichts als die Asche geblieben.

Zorn läßt uns oftmals schnaubend auf Distanz gehen oder ausholen, um denjenigen zu verletzen, der uns provoziert hat. Diese Reaktionen sind ganz natürlich. Aber als reife Erwachsene sollten wir in der Lage sein, diesen Impulsen zu widerstehen, ohne ihre Existenz zu leugnen. Mit zeitlichem Abstand und mehr Durchblick können wir die Gefühle besser begreifen, die in uns geweckt wurden. Dann sind wir bereit, mit dem Urheber unseres Zorns ein Gespräch zu suchen, das den anderen nicht vernichten will, sondern sich innerhalb der Grenzen gegenseitiger Achtung bewegt.

Ich leugne meinen Zorn nicht, noch lasse ich mich von ihm beherrschen.

Es ist mein Notizbuch, das mich über Wasser hält.
Anna Tsetsaeyva

Das Schreiben eines Tagebuchs verleiht unseren Erlebnissen Stimme, wenn wir die Veränderungen der Lebensmitte durchlaufen. Wenn wir unsere Deutung der Ereignisse aufzeichnen, bringen unsere Worte Unbewußtes ans Licht und verleihen uns eine klarere Sicht.

Manchmal zucken uns Gedanken und Empfindungen durch den Kopf, rasen herum und vermitteln uns das Gefühl, ein Hamster im Laufrad zu sein. Diesem beunruhigenden Zustand können wir Einhalt gebieten, indem wir unsere Überlegungen aufschreiben.

Dieses Niederschreiben bringt uns auch dazu, uns selbst zuzuhören, und wer hätte uns Wichtigeres zu sagen als wir selbst? Besonders wenn wir uns in einem dunklen Korridor befinden, können die Klarheit und Direktheit der Worte ein Halteseil sein, an dem wir uns tastend vorwärtsbewegen.

Worte können meinen Gefühlen Gestalt verleihen.

Du bist an dem Tag erwachsen, an dem du zum ersten Mal richtig lachst – über dich selbst.

Ethel Barrymore

Über sich selbst lachen zu können, ist ein Geschenk. Häufig sind wir so intensiv mit unseren Problemen und Katastrophen beschäftigt, daß wir nicht fähig sind, sie objektiv zu betrachten. Täten wir es, würden wir sehen, daß wir zwar unvollkommene, aber liebenswerte Menschen sind. Über die eigenen Schwächen zu lachen, ist ein Zeichen für Reife. Unser Lachen gilt unseren Grenzen ebenso wie unserem Bemühen, diese Grenzen nicht zu akzeptieren. Auch wenn es uns nicht verändert, so kann Lachen doch dazu beitragen, negative und sinnlose Verhaltensmuster zu beseitigen.

Jedes Lachen trägt zu unserem Wohlbefinden bei. Es drückt Akzeptanz aus. Und mit der Akzeptanz kommt die Hoffnung.

Ich weiß die stärkende Kraft des Lachens über mich selbst zu schätzen.

Ich glaube, der Moment, da ich erkannte, daß auch alle anderen Angst haben, war für mich ein Wendepunkt, weil ich nicht mehr befürchten mußte, ängstlich zu erscheinen.

Lucille Clifton

Wie oft stellen wir fest, daß auch andere Angst haben. Aber nutzen wir dieses Wissen dazu, unsere eigene Angst nicht länger zu kaschieren?

Lassen Sie uns den Eintritt in die Mitte des Lebens dadurch erleichtern, daß wir uns unsere Furcht eingestehen und sie auch zeigen. Dann steht sie uns nicht mehr im Weg und beeinflußt auch nicht mehr unser Handeln.

Unsere Angst sollte uns nicht davon abhalten, in irgendeinen Bereich vorzudringen, nach dem uns der Sinn steht. Wenn wir Hand in Hand mit ihr gehen, werden wir uns vielleicht langsam und vorsichtig bewegen, aber wir kommen dennoch voran – und kein Teil von uns bleibt zurück.

Ich anerkenne die Angst in mir selbst und in anderen.

Die Trauer läßt dich nie dort, wo sie dich gefunden hat.
«Grandma Mac»

Trauer ist ein Gefühl, das uns niederschmettert. Wir werden von Leid und Erinnerungen überwältigt. Es ist ein schwerer Weg vom Festhalten zum Loslassen. Kein Wunder, daß wir durcheinander sind.

Wir betrauern nicht nur den Tod der Menschen, die wir lieben. Wir trauern um einen Ort, den wir aufgeben müssen, Beziehungen, die zerbrechen, und Lebensstadien, die wir hinter uns lassen. Anstatt uns diesen Trauer- und Verlustgefühlen zu stellen, versuchen wir mitunter in der Vergangenheit zu verharren. Haben wir beispielsweise einen Elternteil verloren, so versuchen wir vielleicht unbewußt, ihm ähnlich zu werden, um die endgültige Trennung zu vermeiden. Doch das läßt uns nur stagnieren, bis wir uns schließlich unausweichlich gezwungen sehen, uns unserem Verlust zu stellen.

Wenn wir den Trauerprozeß überwunden haben, sind wir nicht mehr ganz dieselben. Wir sind reifer geworden, akzeptieren die Naturgesetze und lernen mehr über uns selbst.

Heute gebe ich mich meiner Trauer hin.

Die Risiken, die du eingehst, sagen etwas über deinen Wert aus.

Jeanette Winterson

Würden Sie eine gute feste Beziehung für eine berauschende neue Liebe opfern? Würden Sie einen sicheren Job aufs Spiel setzen, um bisher ungenutzte Begabungen zu fördern? Würden Sie Ihre Empfindungen ganz offen äußern, obwohl Sie damit eine Beziehung gefährden könnten?

Jeden Tag werden wir vor Entscheidungen gestellt, die für unser Leben weichenstellend sind. Diese Entscheidungen beinhalten Risiken und werden unseren Wertvorstellungen entsprechend getroffen. Dennoch könnten wir feststellen, daß wir uns plötzlich an Dingen orientieren, denen wir bisher keine Beachtung schenkten. Mit der Zeit stellen wir dann fest, daß wir die Neuorientierung dringend nötig gehabt haben – die Selbstfindung oder die Suche nach unserem leidenschaftlichen Ich.

Risiken einzugehen, läßt mich meine Grenzen überschreiten.

Manche Dinge tun wir einfach, weil sie gut gelingen. Wir versuchen andere Menschen fair zu behandeln, wir versuchen unser Leben in Würde zu leben, wir versuchen – mit Herz und Kopf – «Felder zu betreten, die noch kein Mensch betreten hat». Und ist das nicht der größte Beitrag, den wir dem Experiment Mensch beisteuern können?

Nikki Giovanni

Wir wollen unseren Beitrag zum Gemeinwohl leisten. Wir wollen, daß die Menschheit durch Selbsterkenntnis weiter vorankommt. Wir wollen, daß auch wir bessere Menschen werden.

Manchmal bringen uns soziale und politische Kräfte von diesem Verlangen ab. Wir erliegen dem Reiz materieller Güter, streben nach individueller Anerkennung oder konzentrieren uns allzusehr auf unsere persönlichen Probleme. Die Mitte des Lebens ist der ideale Moment für eine gründliche Bestandsaufnahme und Neuorientierung. Lassen Sie uns diesen Zeitpunkt dazu nutzen, uns auf unser würdevolles Benehmen zu konzentrieren.

Wenn wir andere gerecht behandeln und niemanden ausnutzen, finden wir zur Würde unseres Seins.

Heute benehme ich mich anderen und mir selbst gegenüber würdevoll.

Die Erinnerung sieht tausendmal schärfer als das menschliche Auge.

Mary Meigs

Was ist Erinnerung, und warum verändert sie sich derart im Lauf der Zeit? Erinnern Sie sich noch an die Zeit, als Sie Ihre beste Freundin für das edelste Geschöpf auf Erden hielten? Wissen Sie auch noch, daß Sie kein gutes Haar an ihr ließen, nachdem sie Sie enttäuscht hatte? Und ist es nicht verblüffend, daß auch dieser Unmut wieder verschwunden ist?

Wir sehen unsere Vergangenheit aus einem sich im Lauf der Zeit ständig verändernden Blickwinkel. Aber müssen wir daraus schließen, daß unsere Erinnerung unzuverlässig ist? Unser Gedächtnis ist mit einem Sparkonto zu vergleichen, von dem wir unserer aktuellen Situation entsprechend nur bestimmte Summen abheben können. Die menschliche Psyche ist erstaunlich: Sie öffnet die Fenster zu den Bereichen unserer Erinnerung, die für das von Bedeutung sind, was wir heute erleben.

Einer der Vorzüge der Lebensmitte ist die Chance, ein breiteres Spektrum auf einmal wahrzunehmen.

Ich vertraue meiner Erinnerung, bin mir aber ihrer Grenzen bewußt.

Wir müssen aufhören, uns etwas vorzumachen. Die Bedeutung unseres Lebens in der Zukunft steht auf dem Spiel. Wenn wir nicht wissen, was wir werden, können wir auch nicht wissen, wer wir sind. Wir sollten uns in diesem alten Mann oder jener alten Frau erkennen. Das ist unvermeidlich, wenn wir die Gesamtheit unseres Menschseins auf uns nehmen wollen.

Simone de Beauvoir

Es ist nicht gut, uns der Illusion hinzugeben, wir wären die Ausnahme, die nicht altert. Damit betrügen wir uns um unser Menschsein und bringen uns um unsere Reife und Vollständigkeit.

Selbsttäuschung hat stets Konsequenzen. Wenn wir so tun, als wüßten wir bereits alles, wie sollen wir dann offen sein, um wirklich zu lernen? Wenn wir die Art einer anderen Person imitieren, wie sollen wir dann je unsere eigene finden? Wenn wir auf das Altern damit reagieren, daß wir jeder «verjüngenden» Creme nachrennen und uns nur mit jungen Menschen umgeben, wie soll unser Inneres da nicht welken?

Indem ich mein Alter akzeptiere, bin ich auf dem Weg zu meiner Vollständigkeit.

Ja, jetzt bemerke ich meine Fältchen sowie die ersten grauen Haare und denke erstmals seit meiner Pubertät wieder darüber nach, was es bedeutet, «normal» zu sein.

Susan Turner

In der Lebensmitte ertappen wir uns bei Gefühlen, die uns an unsere Unsicherheit während der Pubertät erinnern. «Wer bin ich nur?» war damals die brennendste Frage. Wir strebten nach der Unabhängigkeit von unseren Eltern, und die Veränderungen unseres Körpers überraschten uns: die schwellenden Brüste, die Haare in den Achseln.

Jetzt staunen wir erneut: Falten, graue Haare sowie neue Pölsterchen um Taille und Hüften. Und wieder stellt sich die Frage: «Wer bin ich nur?» Aber wir dürfen nicht vergessen, daß wir heute im Gegensatz zu früher die Antwort kennen. Uns steht eine zweite Geburt bevor, und wir werden bald unser neues Leben beginnen.

Ich erlebe das normale Recycling einer Frau in den besten Jahren.

Es ist nie zu spät, das zu werden, was du sein könntest.

George Eliot

Müssen wir in Wehmut und Bedauern verfallen, wenn wir bei der Rückschau auf unser bisheriges Leben meinen, etwas versäumt zu haben? Was hält uns denn davon ab, unsere Wünsche jetzt zu verwirklichen?

Mary Ann Evans schrieb im Alter von vierzig Jahren unter dem Pseudonym George Eliot ihren ersten Roman und wurde danach eine ebenso berühmte wie produktive Schriftstellerin. Viele Frauen sind Spätzünder, die ihre Talente und Begabungen lange vernachlässigen und dann in der Lebensmitte plötzlich explodieren.

Für eine Frau, die erst spät aufblüht, brauchen wir kein Bedauern zu empfinden; unser Mitleid gilt jenen, die ihre Begabungen ungenutzt mit ins Grab nehmen. Wir brauchen es ihnen nicht nachzutun. Wir können die Hürden, die uns bisher behindert haben, aus dem Weg räumen.

Ich klage nicht über verpaßte Möglichkeiten, ich ergreife meine Chance – jetzt!

Das Leben ist ein Prozeß des Werdens, eine Folge von Stadien, die wir durchlaufen müssen. Wenn Menschen scheitern, dann mit dem Bemühen, sich ein Stadium auszuwählen und in ihm zu verharren. Das ist eine Art von Tod.

Anaïs Nin

Wie viele von uns sind wirklich bereit, den nächsten Schritt zu tun? Als Kinder waren wir es vielleicht, als das ganze Leben noch vor uns lag. Erst wollten wir unseren ersten Schritt machen, dann gleich rennen. In der dritten Klasse sehnten wir uns nach der vierten. Als Grundschüler gab es für uns kein höheres Ziel als die Oberschule.

Unsere jugendorientierte Gesellschaft verführt uns geradezu zu dem Verlangen, so lange wie möglich jung zu bleiben. Fast verzweifelt klammern wir uns an unsere «Jugendlichkeit». Vielleicht suchen wir bewußt jüngere Freunde und Liebhaber oder verwenden viel Zeit darauf, jünger aussehen zu wollen, als wir sind. Aber schließlich können wir der Erkenntnis nicht mehr ausweichen, daß wir uns gegenüber nicht aufrichtig sind. Wir halten an unserem alten Ich fest und hindern so unser neues Ich an seiner Entfaltung.

Ich lasse meine Lebensstadien hinter mir wie die wechselnden Jahreszeiten.

Ich bin zu der Überzeugung gelangt, daß in der Lebensmitte einige radikale Veränderungen vonnöten sind, da wir nach einem tieferen Verständnis für uns selbst suchen. Mitunter hatte ich das Gefühl, mich selbst nicht mehr zu kennen, als andere Person wiedergeboren worden zu sein. Dann wieder empfand ich, daß mein Körper und Geist eine neue Verbindung eingegangen waren und ich vollständiger geworden war.

Matile Rothschild

Man bezeichnet das Klimakterium gemeinhin als «Wechseljahre». Auch wenn dieser Begriff auf beträchtliche Veränderungen hinweist, sagt er doch nichts darüber aus, daß wir eine aktive Rolle bei diesen Veränderungen übernehmen können und müssen, und vermittelt den Eindruck, daß wir ganz der Gnade unseres Körpers ausgeliefert sind.

Natürlich finden diese Veränderungen in unserem Körper statt, aber wir stellen fest, daß auch andere Ebenen davon betroffen sind. Und auf jeder Ebene können wir an diesen Vorgängen direkt Anteil nehmen, einige von ihnen bedürfen größerer Aufmerksamkeit. Vielleicht fühlen wir uns zur Erforschung unserer Spiritualität veranlaßt, oder wir benötigen die Hilfe eines Beraters oder Therapeuten, der uns unsere Empfindungen erläutert, damit wir diese Erkenntnisse in alle Bereiche unseres Lebens integrieren können.

Ich bin kein hilflos schaukelndes Schiff auf hoher See. Ich kann auf meine klimakterischen Veränderungen ganz bewußt einwirken.

Die Diskriminierung alter Menschen ist das letzte Korsett, von dem sich die Frauen befreien müssen.

Cathleen Rountree

Als wir gegen den Sexismus aufbegehrten, mußten wir an verschiedenen Fronten gleichzeitig kämpfen. Wir taten es und standen Männern gegenüber, die uns kleiner und unbedeutender erscheinen lassen wollten, als wir waren. Aber wir mußten uns auch untereinander darüber klarwerden, wer wir waren und wer wir werden konnten. Durch diese Solidarisierung mit uns selbst trennten wir uns von den allgemeinen Anschauungen und entwickelten eigenständige Überzeugungen.

Auch die Diskriminierung der Alten ist in unserer Gesellschaft latent vorhanden. Jeder von uns hat entsprechende Ansichten und Haltungen in sich aufgenommen. Wenn wir uns der Überwindung dieser letzten Barriere zuwenden, können wir aus unserem Kampf gegen den Sexismus Kraft und Mut beziehen. Indem wir älteren und alten Frauen vertrauen, können wir die Überzeugungen in Frage stellen, die uns verletzen. Wir können Allianzen bilden, die uns dabei helfen, sie zu überwinden, um freier und selbständiger in unsere zweite Lebenshälfte einzutreten.

Ich trenne mich von Ansichten und Überzeugungen, die meiner Weiterentwicklung hinderlich sind.

Ungeteilte Aufmerksamkeit, heißt es, sei das größte Geschenk, das wir einander machen können. Gleichermaßen verdient auch unser Leben unsere ungeteilte Aufmerksamkeit, um es seiner Widrigkeiten und Wonnen, seines Leids und seines Glücks voll bewußt zu leben. Nichts mehr, aber auch nichts weniger wird von uns erwartet.

Anonym

Wenn wir in der Lebensmitte noch nicht gelernt haben, im Heute zu leben, jeden einzelnen Augenblick zu schätzen und voll auszukosten, dann liegt unsere Aufgabe klar vor uns. Mehr noch als jedes Ereignis oder jeder Höhepunkt, auf den wir noch warten, garantiert uns diese Neuorientierung ein erfüllendes Leben – jetzt, nicht irgendwann.

Was ist Liebe anderes als die absolute Aufmerksamkeit anderen und uns selbst gegenüber? Wir verschenken zahllose Chancen, wenn wir unsere Aufmerksamkeit abschweifen lassen. Zuhören ist nicht immer einfach. Wir müssen uns auf uns selbst konzentrieren und lernen, uns wieder auf das Wesentliche zu besinnen. Aber mit ein wenig Disziplin wird unsere Aufmerksamkeit mit dem Geschenk reicherer und tieferer Beziehungen belohnt.

Heute schenke ich dem meine Aufmerksamkeit, was direkt vor mir liegt.

Ich möchte nicht sterben, bevor ich nicht getreulich das Beste aus meinen Talenten gemacht und die Samen kultiviert habe, die in mich gelegt wurden, bis auch der kleinste Zweig gewachsen ist.

Käthe Kollwitz

Wir alle verfügen über besondere Begabungen, die es wert sind, kultiviert zu werden. Häufig beneiden wir andere, weil sie größere Chancen als wir zu haben scheinen. Vielleicht kommen sie aus einflußreichen Familien, hatten genügend Geld, um sich ihre Wünsche zu erfüllen, oder vielleicht verfügen sie auch nur über mehr Selbstvertrauen.

Es hat wenig Sinn, uns mit anderen zu vergleichen. Wir alle entwickeln uns innerhalb sichtbarer oder unsichtbarer Beschränkungen. Das wirkliche Verlangen nach der Förderung unserer Talente kommt aus uns selbst. Wenn wir auf unsere innere Stimme hören, so werden wir unsere nächsten Schritte auch erkennen. Wie ein liebevoll gepflegter Garten wächst unsere Persönlichkeit mit jedem Jahr und mit jedem Beitrag, den wir zur Weiterentwicklung unserer Begabungen leisten.

Ich konzentriere mich auf den nächsten Schritt zur Kultivierung meiner ganz besonderen Talente und Fähigkeiten.

Alt zu werden ist bedauerlich, aber zu reifen ist schön.
Brigitte Bardot

Um reifen zu können, müssen wir älter werden. Und das ist sehr bedauerlich, denn nach der Reife kommt der Tod. Welche Auswirkungen hat diese Erkenntnis auf uns? Erschreckt sie uns? Oder verstärkt sie unseren Wunsch, uns jetzt zu vervollkommnen?

In der Lebensmitte sind viele von uns zumindest mit einigen Bereichen ihres Lebens zufrieden. Vielleicht erfüllen uns unsere beruflichen Erfolge, vielleicht haben wir ein angenehmes Zuhause, das unserer Persönlichkeit entspricht, oder vielleicht befriedigt uns die Entwicklung unserer Kinder. Das alles sind Beweise für unser Reifen. Aber viele von uns stellen auch fest, daß es Gebiete gibt, auf denen wir uns seltsam leer und unreif fühlen. Das sind die Bereiche, die wir bislang vernachlässigt haben und denen wir jetzt unsere Aufmerksamkeit schenken, die wir reifen lassen sollten, da sie unsere Persönlichkeitsentwicklung sonst nur weiterhin hemmen und behindern würden.

Ich widme mich jenen Bereichen meines Lebens, die noch nicht reifen konnten.

Veränderungen regen mich an. Mit meinen fünfzig Jahren bin ich in dem Stadium, in dem die Seele den Körper einholt.

Raquel Welch

Veränderungen können anregend oder hemmend wirken. Mit fünfzig können wir jedoch kaum noch ignorieren, daß wir an einem Wendepunkt angekommen sind. Aber wissen wir die Anregungen zu schätzen, die er für uns bereithält?

Für manche von uns holt die Seele den Körper ein. Andere denken, ihr Körper verliere an Bedeutung. An welchem Punkt unserer Reise durch die Zeit wir uns auch gerade befinden mögen, die tiefe Veränderung in uns wird uns bewußt. Wir alle kennen den Wunsch, an alten Gewohnheiten festzuhalten, aber wir kennen auch die Freude, mit der wir beschenkt werden, wenn wir uns von Altem trennen und für Neues befreien.

Konzentrieren wir uns auf das Positive, das das Eintauchen in den Fluß der Veränderung mit sich bringt, und beziehen wir Kraft aus Erinnerungen an frühere Erfahrungen, als wir uns ebenfalls einer Veränderung hingaben und reich belohnt wurden.

Ich lasse zu, daß meine Seele und mein Körper zu stärkender Harmonie zusammenfinden.

Wir müssen uns eine Welt vorstellen, in der jede Frau die Gestalterin ihres Körpers ist. In dieser Welt werden Frauen tatsächlich neues Leben schaffen, nicht nur Kinder aufziehen, wie und wann wir das wollen, sondern auch die Visionen und das Denken entwickeln, die nötig sind, um die menschliche Existenz zu erhalten, zu sichern und zu verändern sowie eine neue Beziehung zum Universum zu schaffen.

Adrienne Rich

Viele von uns konnten im Laufe ihres Lebens nicht immer ausschließlich allein über ihren Körper bestimmen. Manche wurden als Kinder sexuell mißbraucht, andere vergewaltigt. Wir alle mußten Mißhandlungen anderer Frauen mitansehen, ohne diese Übergriffe verhindern zu können. Uns wurde unsere Einstellung zu unserem Körper aufoktroyiert und häufig auch gesagt, wie wir mit ihm umzugehen haben. Wir müssen selbst die Verantwortung für unseren Körper übernehmen – ganz gleich, in welchem Alter wir sind.

In der Mitte des Lebens werden wir vor die Wahl gestellt, die Welt und uns selbst durch die Brille anderer oder mit unseren eigenen Augen zu sehen. Lassen Sie uns die Verantwortung übernehmen und die Veränderungen bewirken, die wir uns aus tiefster Seele wünschen. Die Seele ist es, die jetzt vor allem befriedigt werden muß.

Heute übernehme ich die Kontrolle über meinen Körper und höre auf seine Bedürfnisse.

Um empfangen zu können, muß man das Leben geschehen lassen, muß offen sein für Liebe und Glück, Trauer und Verlust.

Marion Woodman

Jenen von uns, die als Mütter lange Jahre in der Rolle der Gebenden waren, mag es zunächst Mühe bereiten, sich zurückzulehnen und die Geschenke zu empfangen, die das Universum zu bieten hat. Sie könnten sich selbstsüchtig vorkommen oder vielleicht nicht bemerken, was da geschieht. Doch wenn die Schleusen erst einmal geöffnet sind, könnten sie auch begierig reagieren, alles auf einmal haben wollen – und das sofort.

Wenn wir zu empfangen bereit sind, erleben wir die Spontaneität, die das Leben lebenswert macht. Zumindest vorübergehend legen wir die überkommenen Vorstellungen davon ab, was, wie und wann wir etwas tun sollten, und lassen unserem eigentlichen Ich mehr Freiraum. Indem wir den durch unsere rigiden Maßstäbe und Erwartungen bedingten Einschränkungen entfliehen, entdecken wir Bereiche in uns, die wir bislang unter Schloß und Riegel gehalten haben, und neue Formen der Selbstverwirklichung.

Ich empfange die Energie, die heute auf mich zukommt.

Ich möchte nicht als Kind in die mittleren oder älteren Jahre kommen.

Dorothy

Manche unserer Mütter sind nie erwachsen geworden. Unfähig dazu, sich in ihrer Realität zu verwirklichen, flüchteten sie sich in Traumwelten. Vielleicht wurden sie unersättliche Leserinnen von Liebesromanen. Vielleicht sammelten sie Puppen, die sie so elegant wie möglich kleideten, um mit ihnen die Abenteuer nachzuvollziehen, die ihnen selbst versagt blieben. Sie führten kein wirkliches Leben und befanden sich auch nicht im Einklang mit ihrem Körper.

Wir müssen unserem Alter entsprechend leben und dürfen nicht so tun, als wären wir noch jung und unschuldig genug, um uns in Phantasiewelten flüchten zu können. Um das zu erreichen, könnten wir uns zu einer klaren emotionalen Trennung von unseren Müttern gezwungen sehen. Das mag mitunter schmerzlich sein und uns das Gefühl vermitteln, als würden wir unseren Müttern gegenüber einen Treuebruch begehen. Doch letztendlich werden wir reich belohnt, weil wir uns die Fülle unseres Alters nicht selbst verweigern.

Ich unternehme die nötigen Schritte, um in mein Alter hineinzuwachsen und mich an ihm zu erfreuen.

Im Alter von fünfzehn Jahren hat mich das Leben gelehrt, daß Verzicht ebenso ehrenwert sein kann wie Widerstand – besonders wenn man keine Wahl hat.

Maya Angelou

Häufig bleibt einem keine andere Wahl. Eines der eindrücklichsten Beispiele dafür ist unsere Machtlosigkeit, die Zeit anzuhalten. Unser unaufhaltsamer Alterungsprozeß gibt uns täglich Gelegenheit, uns in Akzeptanz zu üben.

Die Menopause führt uns die Notwendigkeit des Sichabfindens noch deutlicher vor Augen. Jetzt durchlaufen wir eine Phase, die uns unser Alter ebensowenig vergessen läßt wie unsere Hitzewallungen, emotionalen Erschütterungen und anderen klimakterischen Symptome.

Akzeptanz erleichtert unsere Bürde und öffnet für uns die Arme von Mutter Natur. Sie gestattet uns, unsere Energien auf die Dinge zu konzentrieren, die wir verändern möchten, und läßt uns Lichtquellen außerhalb unseres eigenen Ich erkennen – beispielsweise die Sonne oder die leuchtende Persönlichkeit eines anderen Menschen.

Ich finde zu Ruhe und Gelassenheit, wenn ich mich damit abfinde, daß ich die Zeit nicht anhalten kann.

Nach Hollywood zu gehen, um über die Menopause zu sprechen, ist ungefähr so, als wollte man in Las Vegas für Sparkonten werben.

Gail Sheehy

Es ist nahezu sinnlos, einen Abhängigen davon überzeugen zu wollen, daß es ein anderes und gesünderes Verhalten als das seine gibt. Das Verlangen nach immer mehr und Besserem ist ebenso ein Merkmal der Abhängigkeit wie die Verweigerung jeglicher Veränderung.

Wenn wir der Reife einen größeren Wert beimessen, wenn wir demonstrieren, wie sehr wir die Weisheit unserer Jahre zu schätzen wissen, werden andere Frauen sich von unserem Beispiel angezogen und zur Nachahmung angeregt fühlen.

Das einseitige Bild, das einschlägige Gesellschaftskolumnen von älteren Frauen zeichnen, kann uns zu Recht zornig machen: Wir sehen Frauen, die sich krampfhaft an ihre Jugend klammern, indem sie versuchen, jüngere Männer an sich zu ziehen, und deren Gesichter so sehr geliftet wurden, daß sie aussehen, als könnte ihre Haut jeden Moment platzen. Wir sollten uns durch derartige Oberflächlichkeiten nicht von den tiefergehenden Erfahrungen ablenken lassen, die wir in unserem Alter machen können.

Ich beziehe Kraft und Stärke aus den Bildern, die mich so widerspiegeln, wie ich bin.

APRIL

Erfahrung ist ein Kamm, den dir das Leben schenkt, nachdem dir die Haare ausgefallen sind.

Judith Stern

Ist dieses Zitat etwa ein Aprilscherz? Wenn ja, dann nur insofern, daß uns die Absurditäten des Lebens dann und wann doch zum Lachen bringen können.

Unsere Erfahrung nimmt laufend zu, wir befürchten aber, daß uns die Zeit fehlt, sie auch nutzbringend anzuwenden. Wir haben das Gefühl, uns beeilen zu müssen, unser Wissen einzusetzen, um nichts zu versäumen. Das ist eine Illusion, wir sind voller Erfahrungen – aber mitunter sind wir versucht, ihnen die Wertmaßstäbe unserer Jugend zugrunde zu legen.

Unsere Erfahrung fördert unsere Weiterentwicklung auf allen Gebieten. Wir könnten feststellen, daß wir so liebesfähig sind wie nie zuvor. Unsere Kreativität könnte ebenso aufblühen wie unser Mitgefühl und das Verständnis für die Probleme anderer. Wenn wir aufhören, Zeit nach Quantität zu bemessen, sondern die Qualität jedes einzelnen Tages zu schätzen wissen, werden wir uns dankbar und erfüllt fühlen.

Meine Erfahrung hilft mir in allem, dem ich mich zuwende.

Ich scheine den schönen Schein zugunsten wirklichen Formats abgelegt zu haben.

Anonym

Eins der größten Geschenke des Älterwerdens ist die Absage an Prahlerei und andere Formen des schönen Scheins. Haben wir bisher nicht häufig eine schützende Fassade errichtet – aus Angst, selbst nicht genügend Format zu haben?

Inzwischen können wir uns so geben, wie wir sind. Wir können zulassen, daß unsere Lebensgeschichte ihren Lauf nimmt. Wir können von unseren Erfahrungen profitieren. Unser Leben wird unverkrampfter, weil wir sicher in uns ruhen, weil wir sagen, was wir wünschen und wollen, und weil wir danach trachten, an jedem einzelnen Tag unsere Erfüllung zu finden. Wir sorgen uns weniger darum, was andere von uns denken könnten. Und deshalb brauchen wir auch kein unzutreffendes Bild von uns aufzubauen. Wir können gelassen den Weg betreten, den wir vor uns sehen.

Heute bin ich mir meines Formats bewußt.

Wenn man am Ende des Lebens alle Überlegungen und Empfindungen zusammenfassen würde, die einen beschäftigt haben, könnte man drei Stapel bilden: die liebevollen, harmonischen Gemütszustände, die neutralen Gemütszustände und die angstvollen, negativen Gemütszustände – dieser letzte Stapel ist häufig größer als die anderen beiden.

Charlene Spretnak

Die Vorstellung, unser Leben unseren Gemütsverfassungen entsprechend in Stapel aufzuteilen, ermutigt uns zur Entscheidung zwischen einer positiven und einer negativen Einstellung. Aber das ist keine Entscheidung, die am Monatsanfang getroffen und bis zum Monatsende strikt eingehalten wird. Es ist eher eine Entscheidung, die wir an jedem Morgen und im Verlauf des ganzen Tages immer wieder von neuem fällen.

Warum geben wir uns so häufig negativen Gemütsverfassungen hin? Fürchten wir uns davor, Angst zu zeigen? Haben wir eine Mauer um einige Schichten unseres Ich errichtet, die wir nun Stein um Stein abtragen müssen, um unserem Kern näherzukommen? Hegen wir irgendeinen Groll, der sich schon als «begründet» herausstellen wird, wenn wir lange genug daran festhalten? Wenn wir uns dazu entschließen, von unseren negativen Einstellungen Abstand zu nehmen, wird deren Ursprung deutlich.

Ich beschließe heute, meine negative Einstellung aufzugeben, um zu sehen, was sich dahinter verbirgt.

Ich bin davon überzeugt, daß die zweite Hälfte des Lebens besser ist als die erste. In der ersten findet man heraus, wie man lebt, in der zweiten genießt man es.

Frances Lear

Nur selten wünscht man sich, in eine frühere Lebensphase zurückzukehren – es sei denn, man könnte seine inzwischen gemachten Erfahrungen mitnehmen. Ist das nicht Beweis genug, daß die zweite Hälfte des Lebens besser sein muß als die erste?

Beim Eintritt in die zweite Lebenshälfte müssen wir lernen, die guten Dinge auf uns zukommen zu lassen. Manche von uns müssen dies bewußt üben, um die Freuden und Vergünstigungen unseres Lebens genießen zu können.

Wie erkennen wir unsere Wünsche und Bedürfnisse? Wie sehen sie aus? Wie können wir sie befriedigen? Häufig sehen wir uns von alten Vorsätzen eingeengt, die uns nicht erlauben, die Aktivitäten zu verfolgen, die uns Freude machen würden. Jetzt ist der richtige Zeitpunkt gekommen, neue Vorsätze zu fassen, um unsere Persönlichkeit zur vollen Entfaltung zu bringen.

Ich genieße die Erfahrungen meiner zweiten Lebenshälfte.

Am liebsten gehe ich dorthin, wo ich noch niemals gewesen bin.

Diane Arbus

Welche Geschichten von Forschern und Entdeckern haben Sie als Kind fasziniert? Eine Reise in die Antarktis? Graf Zeppelins Erkundungen mit dem Luftschiff? Edmund Hillarys Erstbesteigung des Mount Everest? Als Kinder und Jugendliche hatten wir alle eine enge und lebhafte Beziehung zum Abenteuer. Manche mögen sich dieses Gefühl besser bewahrt haben als andere, aber wir alle können die Abenteuerlust in uns wiederentdecken.

Wir können die Lebensmitte und das Klimakterium als ein unvermeidliches Übel betrachten oder uns ihnen als Entdeckerin und Forscherin nähern. Mit Sicherheit kommen wir in der Mitte unseres Lebens an Orte, an denen wir noch nie gewesen sind. Mit einem entdeckungsfreudigeren Geist werden wir unserem neuen Ich mit Begeisterung begegnen und uns nicht als Opfer unserer Veränderungen fühlen.

Ich lasse mich in meiner Lebensmitte von meiner Abenteuerlust beflügeln.

Wenn Frauen ungehemmter schimpfen könnten, würden sie ihre Gesundheit zehnmal mehr genießen können. Ich fürchte, sie leiden unter dieser Verdrängung.

Elizabeth Cady Stanton

Wir leiden noch immer unter der allgemein verbreiteten Vorstellung, daß Frauen den Ärger und Zorn, den sie empfinden, nicht zeigen sollten. Wir haben gelernt, Verbitterung und Empörung zurückzuhalten, zu verdrängen oder mit Selbstkritik und einem negativen Selbstbild gegen uns selbst zu wenden. Aber damit geben wir unserem Zorn eine falsche Richtung und können unserer Gesundheit auf Dauer Schaden zufügen.

In der Menopause endet unsere Fähigkeit, in regelmäßigen Abständen etwas von uns zu geben – unser Blut. Nehmen wir das zum Anlaß, nicht alles für uns zu behalten: Sorgen wir dafür, daß unsere Verärgerung nicht in uns verbleibt, suchen wir nach gesunden und direkten Ausdrucksformen für sie.

Ich suche Wege, um meine Vitalität und meine Verärgerung auszudrücken.

In diesem Monat werde ich achtzig. Wenn schon nichts anderes, so berechtigt mich doch mein Alter dazu, Rechenschaft abzulegen, bevor ich ins Grab sinke. Ich habe über meine Memoiren weit gründlicher nachgedacht als über jede meiner Ehen. Von einem Buch kann man sich nicht scheiden lassen.

Gloria Swanson

Verspüren wir nicht alle von Zeit zu Zeit den Drang, Rechenschaft abzulegen, unsere Lebensgeschichte aufzuschreiben oder sie doch zumindest jemandem zu erzählen? Vielleicht bedrückt uns das Gefühl, von anderen nicht richtig beurteilt worden zu sein, da nur wir wissen können, was in uns vorging und vorgeht. Ein weiterer Beweggrund könnte der Wunsch sein, unser Leben uns selbst gegenüber deutlich aufzuzeichnen und verständlicher zu machen.

Die Erkenntnis, daß wir uns unserem Lebensende nähern, führt zu dem Bedürfnis, reinen Tisch zu machen. Wir brauchen uns nicht mehr zu verstellen. Wenn wir Geheimnisse hatten, so wurden sie längst zur Last. Sie waren es nicht, die uns weiterbrachten, sie haben uns gehemmt und ließen uns verschlossenen Türen gegenüberstehen. Wir wollen zu uns selbst finden. Wir wollen uns offenbaren.

Ich nehme mir die Freiheit, Rechenschaft abzulegen, wenn ich das Bedürfnis dazu verspüre.

Ich will ihr nicht ausweichen. Ich will sie leben. Ich will sie nicht «behandeln» oder «heilen», auch wenn ich ihr die Neugierde und Aufmerksamkeit entgegenbringen möchte, die man geheiligten Mysterien zuwendet. Ich möchte, daß die Menopause ein seelisches Erlebnis wird, das mich ganz durchdringt und verändert.

Christine Downing

Die Probleme, die sich der transformativen Wirkung des Klimakteriums in den Weg stellen, sind die negativen Vorstellungen in uns. Wir befürchten, wenn wir unserem Alterungsprozeß Aufmerksamkeit schenken, könnte er auch sofort einsetzen, als ob unser Aufbegehren, unser Ignorieren die Zeit stillstehen lassen könnte. Und doch fühlen wir uns von Christine Downings Wunsch, daß die Menopause ein seelisches Erlebnis wird, angezogen.

In unserem Innern wissen wir, daß tief in uns ein Fluß vom Hauptstrom unserer Vergangenheit abzweigt. Um unsere Seele zu erforschen, müssen wir ihn befahren und dürfen uns unserem Alter und unserer Geschichte nicht verweigern. Unsere Mütter sprachen nur hinter vorgehaltener Hand über die Menopause. Wir haben diese Zurückhaltung nicht mehr nötig. Wir lassen die Zeit unserer Mütter mit allem Respekt hinter uns und stellen uns unserer eigenen mit Dankbarkeit.

Ich trete mit meinem ganzen Sein in meine Menopause ein.

Die Menopause ist eine unsichtbare Erfahrung. Die Menschen wollen von ihr nichts wissen. Aber sie ist die Zeit, in der Ihnen alles gut zu Gesicht steht: Ihr Humor, Ihr unverwechselbarer Stil, Ihr Unmut.

Germaine Greer

Die Fähigkeit, tiefer in unserem Körper zu ruhen als je zuvor, bildet die Basis, von der aus wir unseren Humor, unseren ureigenen Stil und selbst unseren Unmut offen zeigen können. Denn wir sind ohne jede Anstrengung ganz wir selbst. Auch die Quelle unserer Kreativität sprudelt unentwegt. Trotz gelegentlicher Stimmungsschwankungen und Müdigkeit sind unsere Energien für Dinge, die wir wirklich wollen, nahezu unerschöpflich.

Der Schleier, der sich vor unser wahres Alter gelegt hat, ist aus falschen Vorstellungen und Ansichten über «mittelalterliche» Frauen gewoben, die nicht von Frauen in der Lebensmitte stammen. Aber wir kommen gerade jetzt zu uns selbst, und was könnte das anderes sein als ein freudiges Ereignis? Zeigen wir diese Freude! Lassen Sie uns diesen neuen Frühling feiern, auch wenn mit ihm alte Verhaltensweisen von uns absterben.

Heute erfreue ich mich meiner neuen Stärken und Möglichkeiten.

Humor ist eine Möglichkeit, unsere Grenzen zu akzeptieren und zu überwinden – Hoffnung eine andere.

Kathleen Fischer

Auch wenn uns die Lebensmitte unsere Grenzen aufzeigt, so können wir doch auch lernen, diese zu überwinden. Und genau diese Fähigkeit läßt das Altern zu einer Erweiterung, einer Bereicherung werden, nicht zu einem Rückzug, einer Verengung.

Woher kommt die Hoffnung? Manchmal von anderen Menschen und unseren Beziehungen zu ihnen, manchmal von einer höheren Macht, die in und durch uns wirksam wird. Wenn wir verzweifelt sind, beispielsweise aufgrund unseres Unvermögens, die Zeit anzuhalten, sehen wir nur unsere eigenen Unzulänglichkeiten. Wir sehen nicht, daß wir uns in den Armen einer höheren Macht befinden, die für uns sorgt.

Hoffnung ist ein Gefühl der Unbeschwertheit in unseren Herzen. Mit ihr durchdringen wir die Verzweiflung. Wir verspüren Hoffnung, sobald wir bereit sind, sie zu empfangen.

Hoffnung verhilft mir dazu, meine Grenzen zu überschreiten.

Halte fest am Bleibenden, Guten und Wahren, und du wirst dies in deine Lebenserfahrung einbringen.

Mrs. E.

Wer wohnt mit Ihnen in Ihrem Haus? Haben Sie ein Zimmer an die Verzweiflung vermietet? An die kritische Einstellung Ihrer Mutter Ihnen gegenüber? An jemanden, der dauernd klagt: «Warum ausgerechnet ich?» An die Überzeugung, daß «ohnehin alles verloren ist»? Jeder sieht sich dann und wann mit Problemen konfrontiert. Das gehört zum Leben. Wie wir auf diese, aber auch auf die Geschenke des Lebens reagieren, hängt von unserer Einstellung ab.

Zum «Bleibenden, Guten und Wahren» gelangen wir, indem wir immerwährende, wirkliche Werte zu schätzen lernen, anstatt jeder Modewelle und oberflächlichen Annehmlichkeiten nachzujagen. Sobald wir das können, erkennen wir die vielen positiven Dinge, die uns begegnen. Wir ziehen Menschen an, die für uns dasein und uns helfen wollen. Wenn wir für uns selbst einstehen, finden wir auch Menschen, die uns unter die Arme greifen wollen. Unsere Zweifel kommen und gehen, aber wir gehen mit ihnen nicht unter. Wir halten an unseren Werten fest und lassen Enttäuschungen an uns abperlen.

Ich kündige allen lästigen Untermietern und vermiete meine Zimmer positiven Einstellungen.

Wenn wir diese wichtige Phase in unserem Leben erreichen, erkennen wir, daß das Leben auf unsere Illusionen ebensowenig Rücksicht nimmt, wie es auf unsere Erlaubnis wartet. In dieser Hinsicht ist die Menopause wie der Tod. Uns allen ist mehr oder weniger bewußt, daß wir sterblich sind, aber dieses Wissen ist für die meisten von uns sehr irreal.

Connie Batten

Die meisten erfaßt eine Art Ungläubigkeit, wenn sich die ersten Anzeichen des Klimakteriums zeigen. Irgendwie scheinen wir davon auszugehen, daß dieser Kelch an uns vorübergeht. Bei einer unserer Gruppentherapien erklärte eines unserer lesbischen Mitglieder: «Ich habe es lange Zeit erfolgreich verdrängt und mir allen Ernstes eingebildet, daß nur heterosexuelle Frauen ins Klimakterium kommen.»

Das Wissen um unsere Sterblichkeit und deren Verdrängung gehen Hand in Hand. Wir wissen um die Unausweichlichkeit, verschließen aber unsere Augen. Nur selten sind wir bereit, über die Tatsache zu sprechen, daß wir sterben müssen. Die meisten von uns befürchten, daß es uns dem Tod näher bringt, an ihn zu denken und über ihn zu sprechen. Doch in Wahrheit erkennen wir uns selbst. Und hier, in uns, finden wir die Stärke, die Reise durch unsere Lebensstadien zu akzeptieren.

Mein Leben ist eine Reise, ich genieße jede einzelne Phase davon in vollen Zügen.

Schon immer hatte ich viel Selbstvertrauen, und es nimmt im Alter weiter zu. Dazu gehört auch die Fähigkeit, an mir zu zweifeln, ohne gleich in Panik zu geraten. Je reifer ich werde, je mehr Erfahrungen ich sammle, desto mehr stelle ich mich selbst in Frage.

Charlayne Hunter-Gault

Einer der großen Vorzüge des Älterwerdens ist ein tiefes Selbstvertrauen. Während wir früher vielleicht das Bedürfnis nach Bestätigung verspürten, wissen wir inzwischen längst, wer und wie wertvoll wir sind. Wir brauchen uns nichts mehr zu beweisen, sondern unsere Aufgabe ist es nun, uns selbst den Raum für eine sinnvolle Existenz zu schaffen.

Uns selbst in Frage zu stellen, ist unverzichtbar für die Erforschung des neuen Terrains, das wir nun betreten. Indem sie uns verändern, zeigen uns unsere Körper ohne Rücksicht auf unsere Wünsche, wie unvermeidlich Veränderungen in unserem Leben sind. Sie scheinen darauf hinzuweisen, daß es Zeit für uns ist, innezuhalten und die für ein neues und ausgeglicheneres Leben notwendigen Schritte einzuleiten. Vielleicht haben wir das Bedürfnis, offener zu sein. Vielleicht wollen wir eine anstrengende Tätigkeit verschieben – etwa die Renovierung unseres Zuhauses. Mit Selbstvertrauen und Klugheit können wir die nötigen Anpassungen vornehmen.

Mein Selbstvertrauen ist das Rückgrat meines Älterwerdens.

Die tödliche Phase unseres Lebens ist eine Zeit, in der wir uns leb- und machtlos fühlen. Wenn wir uns in die Sicherheit und Behaglichkeit hinter unseren Burgwällen zurückziehen, übersehen wir viele der Ressourcen, die uns den Mut zum Weitermachen geben. Dann hilft uns nur eine kleine, schwache und bebende Stimme... Das ist die Stimme des Ich, die innere Manifestation Gottes.

Jean Benedict Raffa

In der Lebensmitte haben viele von uns den Eindruck, in ein tiefes schwarzes Loch hinabgeschleudert zu werden. Wir müssen einige unserer Gewohnheiten aufgeben, die uns jetzt mehr schaden als nutzen. Wir kommen uns entblößt vor. In unserer Verletzlichkeit verspüren wir Unsicherheit in vielen Dingen und trauern um unsere Verluste sowie jene Bereiche unseres Lebens, die wir noch immer nicht aktiviert haben.

In den dunkelsten Stunden formt sich unsere Weisheit, wir bereiten uns auf eine Wiedergeburt vor. Wir müssen der kleinen und zaghaften Stimme in uns lauschen, die wir kaum erkennen, der Stimme unseres Ich. Denn sie besitzt den Schlüssel zu der Tür, die wieder ans Licht führt.

Selbst in meinen dunkelsten Momenten vertraue ich darauf, daß ich neu und umfassender wiedergeboren werde.

Ich freue mich auf die «Alte». Ich glaube, sie ist das Geschenk, der Ausgleich für all die Dinge, die wir während des Alterns aufgeben. Dafür werden wir zur «Weisen Alten». Und auf die freue ich mich.

Ellen Burstyn

Es ist der Lohn für die Aufgabe von Unschuld und Jugend. Unsere Gesellschaft sagt uns, daß wir mehr geschätzt werden, wenn wir unsere Aufmerksamkeit darauf richten, unsere Jugendlichkeit zu bewahren, deshalb müssen wir uns selbst und anderen zeigen, daß es einen Weg gibt, den es zu beschreiten gilt: den in Richtung Weise Frau.

Unsere Weise Frau ist die Summe aller Erfahrungen, die wir im Laufe der Jahre gesammelt haben und die uns das Leben und die Natur besser verstehen lassen. Die Weise Frau geleitet uns in eine erfüllte Existenz und zeigt uns, wo wir am sinnvollsten tätig werden können.

Ich bewege mich voller Zuversicht auf die Weise Frau zu.

Es gibt keine Abkürzungen. Wir müssen alle diese Straße entlang. Unser Leben ist ein Weg des Lernens – und der Erkenntnis, bevor wir sterben.

Natalie Goldberg

Wie oft denken wir, daß wir unsere Schulaufgaben längst gemacht haben und daß das Leben jetzt leichter wird? Aber wir sind noch immer auf der langen Straße und lernen, um zu größerer Erkenntnis zu gelangen, einer Erkenntnis, die dazu dient, uns die Bereiche zu zeigen, in denen wir noch immer schlafen.

Der Weg ist das Ziel. Unsere Vitalität zeigt sich nicht am Ziel, sondern unterwegs. Kein einzelnes Ereignis wird in unser Leben treten und uns ein endgültiges Gefühl von Befriedigung geben. Statt dessen bieten sich uns täglich neue Gelegenheiten, im Heute bewußt zu leben, wir müssen nur bereit sein, sie zu ergreifen.

Heute höre ich auf, über das Ziel nachzudenken, und widme mich statt dessen dem Weg dorthin.

Es ist ein herrliches Gefühl, eine langgehegte Theorie bestätigt zu bekommen. Das verleiht dem Leben im allgemeinen einen sehr angenehmen Glanz.

M. F. K. Fisher

Mitunter müssen wir erleben, daß andere einen scheinbar leichteren Weg einschlagen und vor uns ans Ziel kommen. Dies führt uns in Versuchung, die Sache abzukürzen und unsere Theorie aufzugeben. Aber wir wissen um die Wichtigkeit, zu unserer Intuition und zu dem Wissen zu stehen, das unsere Erfahrung angehäuft hat. Und wenn wir damit auf Bestätigung von außen stoßen, werden wir durch ein tiefes Gefühl des Wohlbefindens belohnt.

Unser vorrangiges Ziel sollte nicht sein, so schnell wie möglich von Punkt A zu Punkt B zu kommen, sondern «unterwegs» soviel wie möglich zu lernen, Bescheidenheit und Lernbereitschaft zu bewahren sowie uns selbst und andere mit Respekt zu behandeln. Wenn wir unseren Prinzipien treu bleiben und Vertrauen zu uns selbst haben, werden wir häufig durch einen «sehr angenehmen Glanz» belohnt.

Heute vertraue ich meiner Intuition und lasse mich von ihr leiten.

Wenn alte Menschen einsam sind und darüber klagen, daß sie niemand mehr besucht, antworte ich ihnen: Lassen Sie sie. Sie brauchen sie nicht. Sie haben die Erde, die Sonne, den Himmel, das Gras... Beobachten Sie das Gras, und Sie werden sehen, wie es der Erde entwächst und wieder mit dem Geist in Berührung kommt, der uns leitet.

Martha St. John

Mitunter vergessen wir, daß außer uns Menschen noch andere Lebewesen existieren. Manchmal ist es unverzichtbar für uns, mit anderen Menschen zusammenzusein. Aber es gibt auch Zeiten, in denen wir – freiwillig oder unfreiwillig – von ihnen Abstand halten. Das sind die Zeiten, in denen wir den vorbildlichen Geist der Natur am meisten schätzen.

Besonders fasziniert uns das Wachsen des Grases im Frühling. Wir haben uns an die kahle Erde des Winters gewöhnt. Doch plötzlich, nach ein paar Regenfällen, breitet sich vor unseren Augen ein saftiger grüner Teppich aus. Während wir kaum noch Vertrauen in die Erneuerung aufbringen, widerspricht das Gras unserer negativen Einstellung.

In meiner Lebensmitte lasse ich mich von der Kraft der Natur und ihrer Zyklen inspirieren.

Zwänge engen das Leben ein, bis es kein Leben mehr ist: Wir existieren vielleicht, aber wir leben nicht.

Marion Woodman

Je größer unsere Enttäuschungen und Ängste sind, desto mehr sind wir bemüht, anderen ein erfolgreiches Leben vorzuspielen. Wir unternehmen alle erdenklichen Anstrengungen, um die dunkle Leere in uns zu kaschieren. Wir wagen es nicht, abends nach Hause zu gehen und uns dort unserem Ich zu stellen. Und so arbeiten wir weiter wie besessen, bis wir erschöpft ins Bett fallen. Oder wir stopfen uns zwanghaft voll oder trinken bis zur Bewußtlosigkeit.

Die Lebensmitte zeigt uns durch Anzeichen nachlassender Energie, daß wir nicht endlos weitermachen können wie bisher. Es ist höchste Zeit, uns von unseren Zwängen zu befreien – notfalls mit der Hilfe von Fachleuten. Es ist an der Zeit, uns mit unserem Ich zu vereinen, selbst wenn das bedeutet, uns unseren Ängsten zu stellen.

Meine Zwänge sind nicht länger meine Freunde, ich trenne mich von ihnen.

Idealisten, die töricht genug waren, jede Vorsicht in den Wind zu schlagen, haben die Menschheit weitergebracht und die Welt bereichert.

Emma Goldman

Glauben wir, unsere Ideale in der Lebensmitte aufgeben zu müssen, weil wir es uns nun nicht mehr leisten können, «blauäugig» zu sein? Oder haben uns jene Erfahrungen erschöpft, die uns nicht brachten, was wir uns von ihnen erhofften? Unser Verzicht auf Naivität braucht nicht auch den Verlust unseres Idealismus zu bedeuten, solange wir zwischen beiden unterscheiden können.

Unsere Ideale schenken uns Visionen. Sie lassen uns die Welt so sehen, wie wir sie gern hätten. Durch diese Vorstellungen bewegen wir uns in die richtige Richtung. Allerdings wäre es naiv anzunehmen, wir könnten unsere Vision sofort in die Wirklichkeit umsetzen. Doch das braucht uns nicht zu entmutigen. Das Leben präsentiert uns ständig Hürden, um unsere Energien zu testen.

Lassen Sie uns zu einer idealen Sicht der Dinge kommen, die uns die Lebensmitte und die Jahre danach zu bieten haben, und diese verfolgen – ganz gleich, welche Berge wir dafür auch zu versetzen haben.

Ich bemühe mich, meinen Idealismus lebendig zu halten.

Ignorierte Bereiche der Psyche reagieren ähnlich wie ignorierte Organe des Körpers. Unregelmäßiges Essen führt zu Magenverstimmungen. Alle unsere physischen Organe brauchen ein gewisses Maß an Aufmerksamkeit; wir dürfen sie nicht ignorieren. Das gleiche trifft auch auf die Bereiche der Psyche zu.

Marie-Louise von Franz

In der Mitte des Lebens scheint sich jeder Bereich von uns, den wir durch Einseitigkeit vernachlässigt haben, lauter zu beklagen als je zuvor: «Kümmere dich um mich! Ich brauche deine Zuwendung!» Das ist ein wichtiger Impuls für ein ausgeglicheneres Leben. Vielleicht arbeiten wir zu hart und lassen uns keine Zeit für Gefühle. Vielleicht trainieren wir unseren Körper, vernachlässigen aber unsere Spiritualität.

Wenn wir in unserer einseitigen Orientierung so richtig festgefahren sind, können wir häufig nur durch eine Erkrankung oder ein verletzendes Ereignis zur «Vernunft» gebracht werden. Sobald wir flach auf dem Rücken liegen, verlieren auch unaufschiebbare Dinge plötzlich viel von ihrer Wichtigkeit. Wir müssen und können Pläne verschieben – ohne die befürchteten dramatischen Konsequenzen. Andere springen in die Lücke, die unsere Abwesenheit hinterlassen hat. Das Leben geht weiter, und in uns regt sich das Verlangen, uns um Dinge zu kümmern, die wir bislang ignoriert haben.

Heute ersetze ich meine einseitige Ausrichtung durch eine Rundumsicht.

Ihre Befürchtungen im Hinblick auf diese natürliche Lebensphase übersteigen sehr wahrscheinlich die tatsächlichen Beschwerden, die Sie erleben werden. Also sind die ungeheuren Ängste und Sorgen überflüssig. Das Mittel zur Bewältigung dieser Ängste ist ein umfassendes Verständnis für die Bedeutung der Menopause.

Carol Landau / Michele G. Cyr / Anne W. Moulton

Wenn die ersten Perioden ausfallen, wir dann aber mit achtundvierzig plötzlich unter unmäßigen Blutungen leiden, gelangen wir zu dem voreiligen Schluß, daß es nur schlechter werden kann, bevor wir auf Besserung hoffen dürfen. Wenn wir noch nie unter fliegender Hitze gelitten haben, so könnten wir uns das als erschütterndes Ereignis vorstellen.

Und dann sitzen wir eines Tages in einem Restaurant und es kommt uns so vor, als sei der Raum überheizt. Wir ziehen die Kostümjacke aus und fächern uns mit der Speisekarte Luft zu. Gerade wollen wir den Geschäftsführer bitten, die Heizung herunterzudrehen, als uns auffällt, daß sich unsere Begleitung in ihrem Rollkragenpullover ganz wohl zu fühlen scheint. Nach einer Minute wird es kühler. Hat jemand ein Fenster geöffnet? Nein. Wir hatten nur unsere erste Hitzewallung. Wir reagieren überrascht und erleichtert: überrascht, daß es nicht so schrecklich war wie befürchtet, und erleichtert, daß sich unsere Vorahnungen nicht bestätigt haben. Wir leben immer noch.

Ich lasse meine Vorahnungen und Ängste fallen und lasse die Menopause gelassen auf mich zukommen.

Sogar der konservative American Medical Association's Council on Medical Services versichert kühn, daß wir bei einer gesunden Lebensführung neunzig oder hundert Jahre alt werden können. Das heißt, daß die durchschnittliche Frau nach dem Klimakterium genauso lange leben könnte wie vor ihm.

Linda Ojeda

Wie töricht und verhängnisvoll für unser Wohlbefinden wäre die Vorstellung, daß wir uns dem Verfallsdatum nähern, nur weil wir die Menopause begonnen oder gerade beendet haben. Auch wenn wir über unseren neunzigsten Geburtstag nicht weit hinauskommen sollten, so haben wir doch unser Erwachsenenleben erst rund zur Hälfte hinter uns. Und das ist nun wirklich keine Zeit, den Laden bereits zu schließen. Wir befinden uns auf dem Höhepunkt unseres Lebens.

Wir wissen nicht, wann wir sterben werden, wir wissen aber, daß noch jede Menge Zeit vor uns liegt. Und die sollten wir nutzen. Wir haben Zeit für Veränderungen. Wir haben Zeit, unsere Interessen zu fördern, die bislang in uns geschlummert haben. Stellen wir uns unsere Zukunft als weites Feld vor, in dem Zeitzwänge keinen Platz haben.

Ich lasse mir Zeit beim Eintritt in meine zweite Lebenshälfte.

Wir haben die Ära durchlebt, in der das Glück ein kleiner Hund war, wir haben die Ära hinter uns gelassen, in der ein trockener Martini Glück für uns bedeutete, und nun kommen wir in die Ära, in der Glück heißt, über unseren Uterus Bescheid zu wissen.

Nora Ephron

Das Wissen über unsere Welt hat sich in den letzten paar Jahren dramatisch verändert. Auch der Zugang zu diesem Wissen. Die meisten von uns sind sehr viel besser über ihre Körper informiert als ihre Eltern und Großeltern. Wir wissen, was ihm schadet und wessen es bedarf, um ihn gesund zu erhalten. Aber wir bleiben herausgefordert, unablässig zu lernen, damit wir noch bessere «Körperpfleger» werden können.

Unsere Mütter und Großmütter blieben häufig im ungewissen über ihren Körper, besonders ihre «weiblichen» Organe, die mit Sex assoziiert wurden und über die man nicht offen sprach. Wir haben heute die Möglichkeit, uns ein umfassenderes Bild unseres Körpers zu verschaffen. Wir können uns ohne jedes Gefühl von Peinlichkeit äußerlich und innerlich studieren. Wir können unseren Ärzten die Ergebnisse unserer Beobachtungen ohne jede Scham mitteilen. Wir sind ebenso verpflichtet wie befähigt, mehr über unseren Körper zu erfahren.

Ich informiere mich umfassend über meinen Körper.

Leben ist Veränderung. Dieser Veränderung zu widerstehen, wirkt dem Lebensfluß mehr entgegen, als sich ihr zu ergeben. Die Essenz des Lebens ist dessen Verlauf: die Ereignisse, Bedingungen und Erfahrungen, die uns formen und zeitweise auch aus der Bahn werfen.

Susan L. Taylor

Warum sträuben sich so viele von uns gegen Veränderungen, wenn sie doch ganz natürlich sind? Wünschen wir uns den Stillstand, weil wir denken, es gehe uns dabei gut? Es mag vielleicht angenehme Momente geben, in denen wir uns wohl und sicher fühlen, aber fast unmittelbar danach verspüren wir den Drang voranzuschreiten, weil wir am Leben teilhaben wollen. Wir spüren, daß es vergeht. Wir spüren, wie sich die Welt um uns weiterdreht.

Um Veränderungen akzeptieren zu können, müssen wir uns von der Vorstellung trennen, unser Sicherheitsgefühl entstamme dem Bemühen, die Dinge so zu belassen, wie sie sind. Um uns sicher zu fühlen, müssen wir nach anderen Kräften Ausschau halten: auf die Vorsehung vertrauen oder uns auf unsere Konstitution verlassen, darauf, daß wir nicht untergehen, sondern sicher durch den Strom des Lebens geleitet werden, wenn wir zu dieser Reise bereit sind.

Ich lasse mich von der Veränderung treiben und gebe mein Verlangen auf, die Zukunft bestimmen zu wollen.

Die meisten von uns haben törichte Vorstellungen davon, wer wir sind, und viele, viele sehr strikte Regeln, wie das Leben zu führen ist.

Louise L. Hay

Es ist wie ein Schock, wenn wir an uns unangenehme Eigenschaften entdecken, die wir nur bei anderen vermutet haben. Und es ist recht demütigend, wenn wir erkennen, daß wir innerhalb sehr enger Grenzen leben, die niemand anders errichtet hat als wir selbst.

In der Lebensmitte ergibt sich die Chance, aus allen Gefängnissen auszubrechen, die wir um uns errichtet haben. Wenn wir es beispielsweise für verwerflich halten, mehr als acht Stunden zu schlafen, geben wir einmal nach und warten ab, was geschieht. Vielleicht schenkt uns die neunte Stunde einen wunderschönen Traum. Schmollen wir vielleicht seit Jahren, weil unser Ehepartner nicht an die Orte reisen möchte, die wir gern besuchen würden? Wer sagt denn, daß wir nicht allein reisen können? Vielleicht ist genau das unsere Bestimmung.

Welche Vorstellungen haben wir von uns selbst? Bei aller Dankbarkeit für die Erkenntnisse, die wir bereits über uns ansammeln konnten, sollten wir die Bereiche von uns nicht vernachlässigen, die noch verborgen sind. Lassen Sie uns offen bleiben für weitere Informationen über uns.

Ich schätze die Bescheidenheit, die aus der Erkenntnis erwächst, wie viel und dennoch wie wenig ich über mich weiß.

Isoliert von anderen Frauen und nach knapp zehn Jahren Schulbildung im ländlichen Mittelwesten war meine Mutter davon überzeugt, das Klimakterium könne das Leben einer Frau ruinieren. Das ging so weit, daß sie Krankheit und Tod einer Nachbarin damit begründete, die Frau hätte sich «einfach nicht von ihren Wechseljahren erholt».

Judy Grahn

Viele unserer Mütter durchlitten die gleichen Ängste, die wir jetzt durchleben, doch ihre Situation wurde durch die Tatsache verschärft, sich nahezu nie mit Freundinnen austauschen zu können. Und ist es ein Wunder, daß auch wir gewisse Befürchtungen vor dem Klimakterium in uns tragen, nachdem wir als Kinder und Heranwachsende miterlebten, was mit unseren Müttern geschah?

Glücklicherweise erleben wir unsere Menopause in einer Zeit, in der Tabus fallen. Wir brauchen unsere Erfahrungen nicht für uns zu behalten. Wir werden mit unseren Ängsten nicht allein gelassen, sondern können uns mit Freundinnen offen darüber unterhalten. Vielleicht fällt uns das zunächst nicht leicht, aber wenn wir unsere Hemmungen erst einmal überwunden haben, stellen wir nicht nur erleichtert fest, nicht allein zu sein, sondern beziehen auch Informationen aus den Erfahrungen der anderen.

Meine Ängste für mich zu behalten, vergrößert sie nur. Heute werde ich sie jemandem mitteilen.

Ich freue mich über meine Fältchen und betrachte sie als Verdienstabzeichen. Ich habe hart für sie gearbeitet.

Maggie Kahn

Wie ist es Maggie Kahn gelungen, sich über ihre Fältchen zu freuen? Hatte auch sie zunächst Momente des Erschreckens, wenn sie sich im Spiegel betrachtete? «O nein, das kann ich nicht sein!» Hat sie versprochen, sich selbst besser zu pflegen und regelmäßiger Hautcremes aufzutragen? Wahrscheinlich durchlaufen wir im Prozeß des Sichabfindens alle bestimmte Phasen, die denen der Trauer ähneln. Denn es ist ganz natürlich, daß wir um unsere vergangene Jugend trauern. Wie lange diese Phasen auch dauern mögen: Wir wissen, daß wir uns dem Zeitpunkt der Akzeptanz und Gelassenheit nähern, dem Zeitpunkt, an dem wir unsere Fältchen als Zeichen unserer Lebensweisheit bewundern können. Diese Verdienstabzeichen stehen uns gut und fordern uns dazu auf, uns wie die reifen Wesen zu verhalten, die wir nun einmal sind.

Heute betrachte ich mich im Spiegel und blicke mit Stolz auf meine Fältchen.

Es ist falsch, sich das Alter als Gefälle vorzustellen. Ganz im Gegenteil: Man klimmt mit den Jahren immer höher, und das mit überraschend energischen Schritten. Geistige Betätigung fällt dem alten Menschen so leicht wie die körperliche dem Kind. Sicher, man bewegt sich auf das Lebensende zu, aber dieses Ende ist jetzt ein Ziel und kein Riff, an dem das Schiff zerschellen könnte.

George Sand

Je älter man wird, desto weniger sieht man im Tod eine Tragödie, desto mehr wird er zu einem natürlichen Abschluß. Wie oft hören wir alte Menschen sagen: «Ich habe lange genug gelebt, ich hoffe, das Ende kommt bald.» Aber häufig widersprechen wir ihnen dann und versuchen, ihnen wieder eine Zukunftsperspektive zu geben: «So dürfen Sie nicht denken», sagen wir ihnen. «Sie haben noch viele Jahre vor sich.»

Was geschieht, wenn wir das Leben als langen Aufstieg betrachten, den wir in verschiedenen Etappen bewältigen? Wir erkennen, daß sich uns ein natürlicher Ausgleich eröffnet. Wenn unsere körperliche Leistungsfähigkeit nachläßt, könnten unsere mentalen Kräfte ebenso zunehmen wie unsere spirituellen Möglichkeiten.

Die Natur hat mich mit bestimmten Lebenszyklen ausgestattet. Meine Aufgabe ist es, sie zu akzeptieren.

Der Frühling lädt ein! Alle, die daran teilnehmen wollen, mögen sich melden.

Maureen Brady

Was lehrt uns der Frühling über die Lebensmitte? Er zeigt uns das Wiedererwachen nach dem Winterschlaf. Wir können uns unsere Menopause als Winter vorstellen, als nach innen gerichtete Jahreszeit, in der wir nach unserem stürmischen Wachstum in Kindheit und Jugend Gelassenheit und Beherrschung lernen. Sporadisch, vielleicht allmählich, hören unsere Blutungen auf. Und während dieses Prozesses verlieren wir die Tatsache nicht aus den Augen, daß wir schließlich verändert wiedergeboren werden.

Im Frühling sehen wir die Knospen schwellen, bis sie zu neuen Blättern und Blüten aufbrechen. Bei all ihrer Zartheit sind sie widerstandsfähig und wachsen unermüdlich größerer Stärke und Kraft entgegen. Auch wir werden so aus unserem Klimakterium hervorgehen. Mit jedem verfliegenden Moment wird unsere neue Identität kräftiger. Genießen wir die Eigenart unseres Frühlings.

Frühling ist die Jahreszeit des Übermuts. Ich lasse mich von dieser Stimmung mitreißen.

MAI

Ich scheine in diesem Jahr nicht älter geworden zu sein, sondern zufriedener mit meinem Alter... Die 365 Stufen zum Gipfel des Kukulkan-Tempels in Chichén Itzá fordern noch immer heraus, aber die Gewißheit, daß ich sie nie wieder erklimmen werde, beunruhigt mich nicht mehr.

Doris Grumbach

Gewisse Geburtstage werden zu Tagen der Besinnung und Anpassung an unser neues Alter. Vielleicht haben wir das bereits mit vierzig, fünfundvierzig und fünfzig empfunden und werden es mit sechzig, siebzig und achtzig wieder verspüren. Diesen Geburtstagen nähern wir uns nur zögernd. Wir werden nicht gern an unsere körperlichen Unzulänglichkeiten erinnert. Wir denken mit Wehmut an die gute alte Zeit, in der wir einen ganzen Tag im Garten arbeiten konnten, abends zwar erschöpft waren, aber immerhin noch gerade stehen konnten.

Oft ist es leichter, in der Vergangenheit zu leben, als sich mit der Gegenwart auseinanderzusetzen. Doch damit würden wir uns viel von der Fülle des Lebens vorenthalten. Bewußt in der Gegenwart zu leben, ist oft alles, was wir brauchen, um unseren Mißmut zu verlieren und uns an dem zu erfreuen, was wir haben.

Ich lasse mir Zeit zur Anpassung und weiß, daß ich irgendwann mit meinem Alter zufrieden sein werde.

Würde man Männern Östrogene verschreiben, würde das Medikament mit Sicherheit in Fachzeitschriften erörtert, von Experten diskutiert, im Repräsentantenhaus debattiert, vom Senat untersucht, vor Gericht gebracht und zu Bußgeld, Gefängnis und gemeinnütziger Arbeit verurteilt.

Gayle Sand

Östrogene gehören zu den meistdiskutierten Medikamenten unserer Zeit. Zu ihren Vorzügen gehören die Verhinderung (oder zumindest Verzögerung) von Osteoporose, die Herabsetzung von Hitzewallungen und die Verhütung vaginaler Trockenheit. Ihre Gegner verweisen auf eine Steigerung des Brustkrebsrisikos sowie auf die Tatsache, daß unser Körper beim Entzug künstlicher Östrogene damit beginnt, diese Hormone außerhalb der Eierstöcke zu produzieren: in Fettzellen und den Nebennierendrüsen.

Wir müssen anhand unserer individuellen Probleme und unserer persönlichen Einstellung selbst entscheiden, ob wir Östrogene nehmen wollen oder nicht. Aber nehmen Sie sich ausreichend Zeit, die Vor- und Nachteile sorgfältig gegeneinander abzuwägen. Wir sollten auch von der Wissenschaft fordern, sich ausführlicher zu diesem wichtigen Thema zu äußern.

Ich informiere mich gewissenhaft über die Wirkung von Östrogenen und treffe dann erst meine Entscheidung.

Vergebung ist das Eingeständnis, daß wir nicht anders sind als andere Menschen.

Christina Baldwin

Die Lebensmitte regt dazu an, uns als menschliche Wesen mit allen individuellen Schwächen und Unzulänglichkeiten zu akzeptieren. Falls wir einen Berg von Ressentiments mit uns herumschleppen, so können wir uns jetzt die Zeit nehmen, sie einer gründlichen Überprüfung zu unterziehen, um hinter ihre Ursprünge zu kommen. Setzten wir übermenschliche Erwartungen in andere, die dann logischerweise enttäuscht wurden? Werden wir in unserer Selbstgerechtigkeit durch die Überzeugung bestärkt, daß wir andere nie auf diese Weise im Stich lassen würden?

Uns selbst und anderen zu verzeihen, erfordert Größe, und wir sind nur dazu fähig, wenn wir uns unsere Menschlichkeit eingestehen. Schon wenn wir uns sagen: «Ich möchte ihr/ihm verzeihen», setzt sich der Prozeß in Gang und unsere festgefahrenen Ansichten geraten ins Wanken. Wo wir uns für leuchtende Beispiele gehalten haben, erkennen wir nun, daß auch wir – wenngleich unabsichtlich – andere enttäuscht haben könnten. Schon bald merken wir, daß sich einige unserer verhärteten Ansichten aufgelöst und wir größere Freiheit erhalten haben – sowohl uns selbst als auch der-/demjenigen gegenüber, der/dem wir verzeihen konnten.

Verzeihen setzt einen Entschluß voraus. Heute gehe ich das Risiko ein, es zu versuchen.

In der Cherokee-Kultur war der größte Fluch, der einen Menschen treffen konnte, nicht der Tod, sondern die Einsamkeit. Vielleicht ist es in jeder Gesellschaft der schlimmste Fluch. «Einsam und traurig» – wie oft höre ich auf meinen Reisen diese Klage. Sie ist ein Bestandteil des modernen Lebens.

Marilou Awiakta

Wenn wir unsere Ängste vor dem Altern Revue passieren lassen, steht die Furcht vor der Einsamkeit vermutlich an erster Stelle. In unserer urbanen Industriegesellschaft leben viele ältere Menschen nach dem Tod ihres Ehepartners allein. Obwohl wir wissen, daß man auch in der Gesellschaft anderer einsam sein kann, unterstellen wir die größte Einsamkeit doch jenen, die allein leben.

Wenn wir die Lebensmitte erreicht haben und uns unseren späteren Jahren zuwenden, können wir unsere Angst vor der Einsamkeit damit abbauen, daß wir uns bewußt ein Betätigungsfeld suchen, das uns mit anderen in Kontakt bringt. Wir können uns an Projekten beteiligen, die den Senioren in unserer Gemeinde dienen. Wir können uns für soziale und politische Veränderungen einsetzen, die größere Sicherheit für ältere Menschen bringen. Und wir können der Einsamkeit mit der Erkenntnis begegnen, daß es dazu nur kommen wird, wenn wir uns abseits halten.

Heute übernehme ich eine aktive Rolle bei der Schaffung einer Gemeinschaft.

Heute bezeichnen wir die selbstheilenden Kräfte als Immunsystem. In Indien werden sie prana *genannt und mit dem Hauch des Lebens verglichen. In Japan und China wird ein ähnliches Konzept* chi *genannt. Beide Vorstellungen beinhalten eine umfassendere Vision des menschlichen Organismus als die westliche Auffassung des Immunsystems, aber vermutlich meinen wir alle das gleiche.*

Rima Handley

Unabhängig davon, ob eine schwierige oder leichte Menopause vor uns liegt, ist eine gute gesundheitliche Konstitution immer von Nutzen. Die Abnahme der Östrogene bedingt zwar eine gewisse Knochenschwächung, aber wenn wir entsprechend essen und vernünftig Sport treiben, beginnen wir unser Klimakterium mit gesunden Knochen und werden auch weniger Schaden nehmen.

Ähnlich ist es mit unserer mentalen Konstitution. Wenn wir ein ausgeglichenes Leben führen und unsere emotionalen und geistigen Bedürfnisse befriedigen, können wir damit zwar nicht unbedingt alle Stimmungsschwankungen und Anfälle von Depressivität vermeiden, aber wir werden sie leichter bewältigen. Indem wir uns unserem Ich zuwenden, tun wir viel für unser Immunsystem.

Ich pflege meine Gesamtpersönlichkeit, um mein Immunsystem zu fördern.

Unsere Gefühle sind unsere ursprünglichsten Wege zum Wissen.

Audre Lorde

Wenn wir nicht wissen, welcher Weg einzuschlagen ist, sollten wir unserem Herzen folgen. Mitunter verlangt das, eine Vielfalt von Gefühlen auszuforschen, die Gründe unserer Ängste zu erkennen und uns ihnen zu stellen sowie bei anderen Rat zu holen. Aber jedes unserer Gefühle ist ein verläßlicher Weg, dem wir folgen sollten.

Manchmal sind wir uns gar nicht sicher, was wir im Hinblick auf dieses oder jenes Thema fühlen. Ein Beispiel ist unser Alterungsprozeß. «Das sehe ich ganz unverkrampft», hören wir uns anderen versichern. Aber wenn wir uns ein bißchen genauer erforschen, stellen wir fest, daß wir unsere Gefühle verdrängt haben. Zuversichtlich, fast arrogant tun wir so, als würden wir unsere Richtung genau kennen, während in Wahrheit der Weg zu unserem Herzen verschlossen ist. Wir fühlen uns unsicher, unausgeglichen und müssen zunächst einmal zu uns selbst finden, bevor wir voranschreiten können.

Anhand dieser Erkenntnis können wir auf die Suche nach unseren Gefühlen gehen, um festzustellen, daß sie auf uns warten.

Ich vertraue darauf, daß mir meine Gefühle gute Berater sind.

Wo immer die Erde und weibliche Mächte respektiert werden, wird auch der weibliche Körper in all seinen Transformationen respektiert.

Jane Caputi

So wie der weibliche Körper durch verfälschte Darstellungen und Verbrechen wie Vergewaltigung mißbraucht worden ist, wird auch die Erde immer wieder bedroht und geschändet.

Die Geschichte von der Mißachtung und dem Mißbrauch «weiblicher Mächte» reicht so tief, daß wir ihren Einfluß auf uns häufig nicht erkennen. Je mehr wir uns unserer Kräfte bewußt werden, desto größer ist die Chance, wegen unserer Solidarisierung mit ihnen verspottet oder bestraft zu werden.

Wir können unsere Mitte wiedergewinnen, indem wir für die Wahrheit und unsere Kräfte einstehen, indem wir für die Erde einstehen, ihre Wunder und ihre ungeheure Macht.

Ich lasse mich nicht von Vorstellungen verletzen, die mich oder die Erde unserer Macht berauben.

Wir müssen ein wenig lauter werden, auch wenn sie dir sagen: «Das paßt so gar nicht zu dir.» Unsichtbarkeit ist kein realer Zustand.

Mitsuye Yamada

Frauen hatten auf vielen Gebieten lange gegen die Unsichtbarkeit anzukämpfen. Unsere Schönheit und unsere Mutterinstinkte wurden zwar begrüßt, doch was ist mit dem Rest? Mit unserer Intelligenz, unseren Fähigkeiten im künstlerischen und beruflichen Bereich, unserer Stimme in Politik und weltlichen Dingen? Wir haben hart darum ringen müssen, auf diesen Gebieten «sichtbar» zu werden. Häufig mußten wir besser sein als die Männer, um endlich Anerkennung zu finden.

Jetzt nähern wir uns der Lebensmitte und informieren uns darüber, wie es älteren Frauen ergeht. Wir erkennen, daß wir in absehbarer Zeit wieder mit dem Problem der Unsichtbarkeit konfrontiert sein werden. Lassen Sie uns die Stimme erheben, um ein besseres Klima für die Älteren zu schaffen. Wir brauchen Raum, damit unsere Klugheit Früchte tragen kann. Mit jeder neuen Lebensphase müssen wir unser Wissen mitteilen können und erfahren, was ältere Frauen über die ihre zu berichten haben.

Ich sorge dafür, daß ich gehört und gesehen werde.

Im größeren Zusammenhang der Dinge verlangt das Universum von uns nicht, etwas zu tun, sondern etwas zu sein. Das ist ein großer Unterschied.

Lucille Clifton

Das Universum verlangt von uns, etwas zu sein... Was heißt das? Es heißt, daß wir unseren Atem als Hauch des Lebens begreifen sollen, als Geschenk jeden Augenblicks. Es heißt, daß wir nur eine Gattung von vielen auf diesem Planeten sind, die Auswirkungen auf alle anderen hat und von ihnen beeinflußt wird. Es heißt, daß wir auf Erden sind, um eine Aufgabe zu erfüllen. Es heißt, daß die Wurzeln unserer Beziehung zu allen Wesen die Liebe ist. Lassen Sie uns unsere Herzen öffnen, damit wir diese Liebe geben und empfangen können.

Die Lebensmitte gibt uns wie alle anderen Lebensphasen die Möglichkeit, unser Bewußtsein für unser Sein zu vertiefen. Dieses Sein ist nicht von dem zu trennen, was wir wissen und was wir tun. Noch kann es erblühen, wenn wir uns nach unserem Wissen und unseren Fähigkeiten beurteilen lassen sowie dem Stolz, mit dem wir diese einsetzen.

Heute würdige ich mein Sein.

Das Problem des Konkurrenzkampfes, dieser Rattenjagd, besteht darin, daß wir Ratten bleiben, auch wenn wir ihn gewinnen.

Lily Tomlin

Häufig rennen wir wie Ratten im Laufrad herum, immer schneller, immer hastiger, und bilden uns ein, irgendwann ans Ziel zu kommen. Wir erkennen unsere Einseitigkeit nicht. Wir glauben, wenn wir uns nur intensiv genug bemühen, würde uns das auch die erwünschten Erfolge bringen. Besonders in der Mitte des Lebens – wenn wir uns nicht bewußtmachen, daß es Zeit ist, sich von gewissen Gewohnheiten zu trennen – neigen wir dazu, ein Wettrennen zu beginnen. Aber wir können es nicht gewinnen, wir werden nur atemlos.

Wenn unsere Frustration groß genug ist, halten wir inne und erwägen endlich die Möglichkeit, daß wir nur in der Stille unsere Seele hören können. Wir sind des Rattenrennens müde. Vielleicht ist es nicht leicht, unser obsessives Verhalten abzulegen, weil es verhindert, daß unangenehme Gefühle an die Oberfläche drängen. In der Stille hören wir, wie es uns von unserem Ich fernhält. Aber aus der Stille erwächst auch unsere Erkenntnis neuer Richtungen.

Ich gebe das Rennen auf und lasse neue Werte in mir entstehen.

Man muß denken wie ein Held, aber handeln wie ein anständiger Mensch.

May Sarton

Wir alle tragen den Archetypus des Helden in uns, auch wenn die meisten Helden in der Literatur männlich sind. Wo bleibt die Heldin? Ist es die Mutter, die ihre Kinder und sich mit Sozialhilfe durchbringt, da ihr keine andere Wahl bleibt? Die alle möglichen Demütigungen über sich ergehen läßt, sich aber dennoch immer wieder hinten in der Schlange anstellt? Ist es die Frau, die wegen der ungerechten Bedingungen an ihrem Arbeitsplatz gegen ihren Chef aufbegehrt? Vielleicht ist es die Frau in Ihnen, die an bestimmten Wertmaßstäben festhält und sich bemüht, entsprechend zu leben.

Die Lebensmitte beweist uns, daß die Natur der Veränderung die Allmählichkeit ist und sich auf die alltäglichen Rituale und das Gefühl, am Leben zu sein, stützt. Und mit dieser Blickrichtung können wir sehen, wie das Heroische in unserer Vorstellung davon, wie wir sein und handeln möchten, sich in scheinbar geringfügigen Aktionen äußert, die zusammengenommen etwas Großartiges ergeben.

Ich erkenne die heroischen Ansätze in mir und drücke sie in meinem Alltag und meiner Lebensführung so oft wie möglich aus.

Ich vermute, daß früher einmal mit Führungsqualitäten körperliche Stärke gemeint war. Heute bedeutet es, mit Menschen auszukommen.

Indira Gandhi

In der Mitte des Lebens haben viele von uns Führungsqualitäten entwickelt. Wir haben gelernt, unsere Meinung zu sagen. Wir verfügen über Wertmaßstäbe und die Fähigkeit, uns an sie zu halten. Wir besitzen die Selbstsicherheit, unseren Prinzipien entsprechend zu handeln.

Frauen scheinen eher als Männer geneigt zu sein, auf körperliche Kraft zu verzichten, und eher bereit, mit anderen Menschen auszukommen. Wir sollten unsere Lebenserfahrung dafür einsetzen, mit anderen zurechtzukommen. Das heißt keineswegs, es allen recht machen zu wollen. Um mit anderen auszukommen, stoßen wir an Bereiche in uns, die vernachlässigt, lästig, verdrängt oder durch das Verhalten anderer in Unordnung sind. Wenn wir angesichts dessen weder kämpfen noch fliehen, vertiefen wir unser Selbstverständnis für alle unsere Bereiche.

Ich setze meine Führungsqualitäten sinnvoll ein.

Ich habe bereits genug von meinem Erwachsenenleben damit zugebracht, meine verlorene Jugend wiedergewinnen zu wollen. Ich möchte nicht auch noch mein Alter damit verbringen, nach meinen mittleren Jahren zu suchen. Ich möchte sie jetzt leben.

Marta

Wenn wir das Leben als eine natürliche Folge von Stadien betrachten, scheint es selbstverständlich, in jedem einzelnen präsent sein zu wollen. Und doch haben wir mehr Meilensteine für den Übergang von der Jugend ins Erwachsenenleben – Schulabschluß, Auszug aus dem Elternhaus, Heirat – als für unseren späteren Übergang in die Reife der Lebensmitte. Wir sollten uns jedoch weder an eine Lebensphase klammern, die vorüber ist, noch ein Stadium voreilig überspringen – beispielsweise das der Unabhängigkeit durch das Eingehen einer verfrühten Ehe. Damit würden wir auf Erfahrungen verzichten, die später nicht nachzuholen sind.

Beim Eintritt in die Lebensmitte sollten wir uns bewußtmachen, daß wir uns auf einem Höhepunkt befinden: Wir beenden unsere Jugend und öffnen uns den Möglichkeiten und Dimensionen der nächsten Lebensphase. Als Frauen können wir unsere Menopause als Leitschnur für das Erkennen unserer Veränderung nutzen. Wenn wir es tun, sind wir bereit für die Fülle dieser neuen Lebensphase.

Ich nähere mich jeder neuen Lebensphase mit Neugier und Hochachtung. Ich möchte nichts versäumen.

Unser Leben besteht zu einem großen Teil aus Träumen – aus dem Unbewußten –, die in Zusammenhang mit unserem Handeln gebracht, mit ihm verwoben werden müssen.

Anaïs Nin

Von der Warte der Lebensmitte aus lassen wir unsere Träume Revue passieren: jene, die wir verwirklichten, aber auch jene, die uns entglitten sind, weil sie nie mit unserem Handeln «verwoben» wurden. Unsere Träume sind häufig dazu angetan, uns zu belehren oder zu provozieren. Sie machen auf unausgelebte Bedürfnisse aufmerksam, warnen, wenn wir versucht sind, brüchiges Terrain zu betreten, und führen uns mitunter sogar den richtigen Weg vor Augen. Aber wir müssen schon auf sie achten, uns mit ihnen auseinandersetzen, um Nutzen aus ihnen zu ziehen.

Wir sollten keinen Tag versäumen, um uns die Frage zu stellen: Auf welchem Gebiet meines Lebens habe ich nicht das, was ich mir wünsche? Was kann ich tun, um diesen Wunsch zu realisieren? Der nächste Schritt ist dann aktives Handeln. Falls Sie sich beispielsweise eingestehen, keinen Menschen zu haben, der Sie wirklich gut kennt, könnte Ihre Aktivität vielleicht darin bestehen, Veranstaltungen zu besuchen, nach Menschen mit gleichen Interessen und nach neuen Freunden Ausschau zu halten. Tag für Tag, Tat für Tat kommen wir unseren Träumen näher – bis sie dann Wirklichkeit werden.

Ich lasse mein Handeln von meinen Träumen inspirieren.

Die Psychologie, besonders die feministische Psychologie, hat die Sprache als machtvolles Mittel der Repression, Dominanz und Destruktion, aber auch der Veränderung enthüllt.

Jane Miller

Die Sprache wandelt sich im Lauf der Zeit. Sie ist oft benutzt worden, um uns Frauen herabzusetzen: «Schlampe», «Zicke», «Hure», «Hexe», «Xanthippe». Sie kann uns aber auch von überkommenen Vorstellungen und Vorurteilen befreien, die an unserem Selbstwertgefühl zehren.

Setzen wir die Sprache ein, um faszinierende Beispiele für die Würde des Alterns zu schaffen. Sprechen wir unüberhörbar von der Klugheit und Lebensweisheit unserer Älteren. Sprechen und schreiben wir von unseren Müttern und Großmüttern, voller Achtung vor ihrer Lebensleistung und der Selbstverständlichkeit, mit der sie sich dem Alterungsprozeß gestellt haben. Setzen wir unsere Sprache zu ihrer Würdigung ein.

Ich setze die Sprache zur Betonung meiner Möglichkeiten ein, anstatt mich durch die Sprache anderer herabsetzen zu lassen.

Die Anzeichen, die auf Weiterentwicklung hindeuten, scheinen denen der Pubertät sehr ähnlich zu sein: Unzufriedenheit, Zweifel, Rastlosigkeit, Verzweiflung und Sehnsüchte werden fälschlicherweise als Merkmale des Verfalls interpretiert. In der Jugend werden die Anzeichen nicht so oft mißinterpretiert. Man akzeptiert sie als Wachstumsschmerzen.

Anne Morrow Lindbergh

Viele durchleben in der Lebensmitte Anfälle von Rastlosigkeit und unerklärlichem Verlangen. Wir fragen uns, warum wir uns eigentlich so unglücklich fühlen, wo doch viele unserer früheren Ambitionen erfüllt sind. Vielleicht hatten wir uns Kinder gewünscht, sie auch bekommen, doch nun stehen sie längst auf eigenen Füßen. Vielleicht hat uns unser Beruf ebenso erfüllt wie materiell abgesichert. Dennoch fühlen wir uns ruhelos. Diese Dinge befriedigen uns nicht. Und das ist vermutlich gut so. Wie sollten wir uns sonst wohl weiterentwickeln?

Es gibt keinen Grund für die Annahme, wir wären zu alt für Wachstumsschmerzen. Wir scheinen stets die Illusion in uns zu tragen, irgendwann müßte das Leben an einem Punkt ankommen, an dem alles Ringen überflüssig wird. Der Tod mag dieser Punkt sein, aber wir erwarten ihn häufig bereits in jeder Phase des Reifens.

Sehnsüchte, Unzufriedenheit und auch Verzweiflung machen mir die Bedürfnisse bewußt, die ich glücklicherweise noch habe. Heute werde ich mich ihnen widmen.

Angstgefühle können für manche das Ende, für andere der Beginn des Lebens sein. Manche tragen sie als eigene Lebensart in sich.

Gertrude Stein

In der Mitte des Lebens beginnen wir jedes Stadium zu schätzen, mit dem wir uns vertraut gemacht haben. Bisher haben wir vielleicht versucht, unsere Ängste zu verdrängen, weil wir sie nicht ertragen konnten – zumindest nicht lange. Doch alle unsere Taktiken haben uns wenig genutzt. Wenn wir Angstgefühle mit den Augen von Gertrude Stein sehen, können wir vielleicht auch ihren Sinn erkennen: Sie bringen uns zum Leben.

Vielleicht haben wir Angst vor der Menopause, vor der Vorstellung, eine Reise antreten zu müssen, die uns mit Sicherheit verändern wird. Wir könnten das Gefühl bekommen, es uns gerade erst in unserem Erwachsenenleben eingerichtet zu haben, um schon wieder daraus vertrieben zu werden. Das Leben bleibt für uns nicht stehen, wenn wir uns zurückgelassen fühlen. Ängste, besonders wenn sie unerkannt bleiben, haben die Neigung, die Zeit noch schneller für uns vergehen zu lassen. Stellen wir uns unseren Ängsten, hören wir darauf, was sie uns zu sagen haben. Dann können wir sie auch beschwichtigen.

Meine Ängste wollen mir etwas sagen. Heute höre ich auf sie und reagiere entsprechend.

Gibt es etwas Traurigeres als eine Arbeit, die nicht beendet wurde? Ja. Arbeit, die nie begonnen wurde.

Christina Rossetti

In der Lebensmitte bietet sich uns die Chance, eine Bilanz dessen zu ziehen, was wir nicht beendet und was wir gar nicht erst begonnen haben. Vielleicht wehren wir von vornherein ab, vielleicht sagen wir: «Meine Güte, daran will ich nicht einmal denken!» Aber wenn wir uns zu einer positiveren Einstellung bringen können, werden wir erkennen, daß wir damit eine Chance zur Selbstfindung vertun. Wenn wir in uns gehen, stellen wir fest, daß sich tief in uns das Verlangen regt, diese Herausforderung anzunehmen.

Das Nichtbegonnene beginnt, sobald wir uns unseres Verlangens danach bewußtwerden. Vielleicht verspüren wir Bedauern, es in der Vergangenheit vernachlässigt zu haben. Vielleicht gibt es in uns eine Begabung, die wir nie reifen ließen. Vielleicht ist in uns ein neues Gefühl von Liebe, auf das wir uns bisher nur vorbereitet haben. Vielleicht gibt es ein Projekt für die Gemeinschaft, das wir schon lange für eine gute Idee hielten, aber nie in Angriff genommen haben. Schreiten Sie ohne jede weitere Verzögerung endlich zur Tat.

Heute beginne ich mein Nichtbegonnenes.

Wir haben so viele Bezeichnungen für den Zustand des Geistes, aber so wenige für den Zustand des Körpers.

Jeanne Moreau

Unser Geist kann verwirrt sein, wach, düster, scharf, konzentriert, durcheinander, träge. Welche Ausdrücke haben wir für Körperzustände? Gesund, krank, erschöpft, ausgeruht, fiebernd, schmerzend, nervös. Die meisten dieser Bezeichnungen beziehen sich auf Krankheit oder Wohlbefinden. Wir verfügen über verhältnismäßig wenig Worte, um die Stadien des Übergangs zu beschreiben, wenn sich unsere Körper von einer Entwicklungsstufe zur nächsten verändern.

Im Hinblick auf die Pubertät sprechen wir unter anderem von tobenden Hormonen, zappligen Füßen, überschüssiger Energie. Die meisten dieser Bezeichnungen basieren auf einem Vergleich mit dem angeblichen Normalzustand. In der Menopause ist es ähnlich. Wir sprechen von Haarausfall, vom Verlust des Erinnerungsvermögens, vom Nachlassen der Knochenstabilität, von Schlafverlust durch nächtliche Schweißausbrüche. Könnte ein anderes Vokabular unsere Empfindungen beeinflussen? Stellen Sie sich eine Wortwahl vor, die uns das Gefühl vermittelt, zur rechten Zeit am richtigen Ort zu sein. Unsere Zellen folgen dem Plan der Natur, genau wie sie es taten, als wir die Pubertät durchliefen.

Ich suche nach Worten, die die Erfahrungen meines Selbst während der Menopause beschreiben.

In der Mitte meines Lebens entdecke ich die Vorzüge, ein Jahrzehnt lang an einem Ort zu verharren. Meine Pflanzen breiten ihr Wurzelwerk unter der Oberfläche aus und entwickeln sich von Jahr zu Jahr weiter.

Janine

Das Wunder des Frühlings gibt uns ein Gefühl der Erneuerung. Fast über Nacht blüht alles um uns. Wenn wir Stauden gepflanzt haben, werden wir jetzt reichlich belohnt. Die kleine Pflanze, die wir einst in einem winzigen Topf gekauft haben, breitet sich inzwischen über große Flächen des Gartens aus. Sie muß nun mehrfach geteilt und an andere Orte verpflanzt werden. Einiges davon können wir sogar verschenken.

Auch wir sind «Stauden». Mit jedem Jahr strecken wir unsere Wurzeln tiefer in die reiche Erde des Lebens. Unsichtbar dehnt sich unser Netzwerk immer weiter aus, selbst in Ruhephasen bereitet es sich auf die Weiterentwicklung vor. Je bewußter wir in unserem Heute leben, desto größer ist die Pracht unseres Blühens.

Lassen Sie sich von niemandem einreden, daß mit dem Beginn der zweiten Lebenshälfte das Welken einsetzt. Ganz im Gegenteil: Für viele von uns hat das volle Erblühen gerade erst begonnen.

Meine Lebensmitte ist eine Zeit der Blüte, die ich nicht zu verleugnen brauche.

Das Anfangsgeheimnis jeder Reise besteht in der Frage: Wie ist der Reisende eigentlich an seinen Ausgangspunkt gekommen?

Louise Bogan

Wir werden durch viele Einflüsse geprägt. In der Lebensmitte wird uns das besonders bewußt. Wir finden vieles unserer Eltern in uns selbst wieder: Gesten, Ansichten, manche Eigenschaften, die wir an ihnen schätzen, und manche, die wir ablehnen. Wir erkennen unser eigenes unverwechselbares Wesen und die Vielfalt unseres Denkens und Verhaltens. Wir sind in unserem Leben vielen Menschen begegnet, von denen uns eine Reihe neue Wege des Seins gezeigt und uns bereichert haben.

Dennoch können wir nicht genau wissen, was uns an unseren jetzigen Ausgangspunkt geführt hat. In aller Bescheidenheit machen wir uns bewußt, daß größere universelle Kräfte auf uns einwirken und uns Magneten in diese oder jene Richtung ziehen. Geben wir unsere Bemühungen auf, das Geheimnis ergründen zu wollen, und werden wir ein Teil von ihm.

Ich frage danach, was mich geprägt hat, aber ich brauche die Fragen nicht zu beantworten.

Ich hege keine romantischen Gefühle im Hinblick auf das Alter. Entweder ist man interessant, oder man ist es nicht. Das Alter ist ohne Belang. Ich kann nichts besonders Interessantes daran finden, alt zu sein – am Jungsein übrigens auch nicht.

Katharine Hepburn

Menschen sind nicht interessant, weil sie alt, jung oder in den besten Jahren sind, sondern weil sie mitten im Leben stehen und sich leidenschaftlich für sich selbst und ihre Umwelt engagieren. Wir sind interessant, wenn wir interessiert sind und offen für Wissen, Intuition und die Botschaften unseres Herzens. Wir sind interessant, wenn wir Raum lassen für Spontaneität, wenn wir unsere Emotionen ausleben, Achtung empfinden und noch immer Kind sein können.

Oft wird das Alter romantisiert. Mit neunundneunzig Jahren muß jemand schon etwas Besonderes sein, denken wir. Und vielleicht ist daran durchaus etwas Wahres, denn die meisten Menschen, die hundert Jahre alt werden, haben sich ein gesundes Interesse für das Leben bewahrt.

In der Lebensmitte konfrontiert man uns mit der unsinnigen Forderung, stolz darauf zu sein, nicht so alt auszusehen, wie wir sind. Das ist für uns, die wir uns auf den Übergang vorbereiten, von wenig Belang. Wir sind und bleiben durch unser bewußtes Leben vital, nicht durch die Konservierung einer Jugend, die hinter uns liegt.

Ich interessiere mich für meine gegenwärtige Beziehung zur Welt.

Wann bin ich auf meinem Höhepunkt? Heute? Oder wird das morgen sein?

Barbara

Was bedeutet es, auf dem Höhepunkt zu sein? Ist es einer dieser vorgegebenen Gipfel, denen angeblich der unweigerliche Abstieg folgt? In Wahrheit besteht der Alterungsprozeß aus einer ganzen Reihe von Momenten, Jahren, sogar Jahrzehnten, in denen sich das Leben in die eine oder andere Richtung entwikkelt.

In der Mitte des Lebens bemerken wir vielleicht, daß unsere Spiritualität für uns wichtiger wird. Wir könnten feststellen, daß unsere berufliche Karriere ihren Höhepunkt erreicht hat. Vielleicht haben wir auch einfach das befriedigende Gefühl, uns in unserer Haut wohl zu fühlen.

Genau jetzt bietet sich uns die Chance, den Höhepunkt unseres inneren Friedens zu erreichen.

Falls ich mich auf einem Höhepunkt befinde, bin ich vermutlich mit meinem Leben viel zu beschäftigt, um es überhaupt zu bemerken.

So wie du die braunen Augen deiner Mutter erbst, erbst du auch einen Teil von dir selbst.

Alice Walker

Mit den Jahren werden uns unterschiedliche Aspekte unserer Erbanlagen bewußt, die uns eine neue Perspektive eröffnen. Unser Leben zeichnet sich durch unser Bemühen aus, uns dem Ererbten gegenüber loyal zu verhalten, aber auch eindeutig eigene Wesenszüge zu entwickeln. So erkennen wir unsere Eltern beispielsweise in unseren Gesichtern, unseren Gesten und unseren Körpern wieder. Wir sehen aber auch unsere Versuche, ein eigenes Vermächtnis aufzubauen.

Mit zunehmendem Alter beginnen wir uns mehr für unsere Ursprünge zu interessieren. Vielleicht unternehmen wir eine Reise ins Land unserer Vorfahren, um ein besseres Verständnis für unser Erbe zu gewinnen. Unter Umständen stellen wir dabei fest, daß Wesenszüge, die wir an unseren Eltern als eigentümlich betrachtet haben, in Wirklichkeit auf ihren und unseren Ursprung zurückzuführen sind.

Es ist eine bedauerliche Begleiterscheinung der Lebensmitte, daß unsere älteren Familienmitglieder sterben oder die Verläßlichkeit ihres Gedächtnisses verlieren. Sie stehen als Quelle für Berichte über frühere Generationen nicht mehr zur Verfügung. Wir müssen nach eigenen Wegen suchen, in der Geschichte unserer Vergangenheit zu lesen.

Ich finde Halt in meinem Ursprung.

Ich möchte am Ende nicht feststellen müssen, daß ich nur die Länge ausgelebt habe. Ich möchte auch in die Breite gelebt haben.

Diane Ackerman

In jedem Alter unterliegen wir der Ungeduld, wir können es nicht erwarten, etwas endlich hinter uns zu haben: eine bestimmte Arbeit, das anstrengende Krabbelalter unserer Kinder, die Renovierung unseres Hauses oder unserer Wohnung, das Klimakterium. Wir versteifen uns auf die irrige Annahme, daß unser Leben nach der Erreichung eines bestimmten Punktes einfacher und erfüllter sein wird. Doch diese Einstellung hindert uns daran, das Leben um uns herum in seiner ganzen Breite wahrzunehmen.

Die Lebensbreite erschließt sich, wenn wir uneingeschränkt am Leben teilnehmen. Wenn wir unseren Arbeitstag damit verbringen, dauernd auf die Uhr zu sehen und den Feierabend herbeizusehnen, entgeht uns das Lächeln unserer Mitmenschen ebenso wie die Herausforderung eines plötzlich auftauchenden beruflichen Problems sowie der innere Frieden tiefer Konzentration. So ist es auch in allen anderen Lebensbereichen.

Heute genieße ich das Leben in vollen Zügen.

Die Wahrheit ist der einzig sichere Boden.

Elizabeth Cady Stanton

Warum sollten wir woanders stehen wollen als auf dem sicheren Boden der Wahrheit? Häufig empfinden wir Angst vor der Wahrheit, weil sie zu schmerzlich ist und Dinge enthüllt, vor denen wir uns durch Verdrängung schützen wollen. Vielleicht hat uns eine Freundin dadurch enttäuscht, daß sie uns zu einem wichtigen Zeitpunkt ihre Unterstützung verweigerte. Anstatt unsere Verärgerung offen auszusprechen, greifen wir zu einer Ausrede, um eine Einladung von ihr nicht annehmen zu müssen. Aber wem nützt diese Lüge? Sie bewahrt uns zwar davor, uns der Angst vor unserem Zorn zu stellen, aber sie dient nicht dazu, den Riß in dieser Freundschaft zu kitten.

In reiferem Alter erkennen wir, daß diese Lügen Ausflüchte vor uns selbst sind. Durch den Entschluß, andere vor unserer Offenheit «schützen» zu wollen, verletzen wir uns nur selbst. Erst bagatellisieren wir unsere Gefühle und dann empfinden wir Gewissensbisse bezüglich der dadurch hervorgerufenen Täuschungsmanöver. Mit zunehmender Selbstachtung erkennen wir, daß in jeder Situation Wahrheit das beste ist und daß wir den sicheren Boden verdienen, den die Wahrheit bietet.

Heute stehe ich zur Wahrheit und setze mich mit den Folgen auseinander.

Wenn die erste von Gott erschaffene Frau stark genug war, die Welt auf den Kopf zu stellen, müßten doch alle Frauen gemeinsam in der Lage sein, sie wieder in Ordnung zu bringen.

Aus einem Gästebuch

Es hat den Anschein, daß die Menopause und der Alterungsprozeß der Frauen die Welt auf den Kopf stellen. Man sagt, wir wären auf dem absteigenden Ast, hätten die Blüte unseres Lebens hinter uns, würden schrumpfen und schrumpeln – abfällige Bemerkungen, die uns als unbedeutende Geschöpfe ohne jeden Einfluß hinstellen. Und doch wissen wir, daß wir auf dem Höhepunkt sind, der wahren Blüte des Lebens erst zustreben und unsere Fältchen als Zeichen der Weisheit betrachten dürfen. Viele von uns haben sich nie stärker und klüger gefühlt.

Lassen wir uns nicht zu der Annahme verleiten, wir brauchten Ärzte, Politiker oder Psychologen, damit sie mit den verhängnisvollen Vorurteilen über das Altern aufräumen. Gemeinsam und vereint haben wir Frauen die Macht, die Welt wieder in Ordnung zu bringen. Wir müssen die Wahrheit über dieses Alter erforschen und weitergeben, indem wir miteinander sprechen und aneinander glauben. Unterschätzen wir nicht unsere Fähigkeiten, die Dinge wieder ins rechte Lot zu bringen.

Ich lerne anhand meiner Erfahrungen und jener anderer Frauen.

Mit sechzig war ich hoffnungslos hinfällig und dennoch auf unglaubliche Weise vitaler als je zuvor. Meine körperliche Schwäche nach dem unsagbaren Streß einer Trennung schien meine Imagination zu beflügeln. Der Schmerz hat mich nicht besiegt. Er hat mich widerstandsfähiger gemacht und das Bewußtsein für meine inneren Kräfte gestärkt.

Ellen Glasgow

Manche von uns mußten ihr ganzes Leben lang gegen eine körperliche Behinderung ankämpfen. Andere lernten physische Gebrechen erst in den letzten Jahren ihres Daseins kennen. Alle von uns haben irgendwann einmal Schmerz empfunden und können ermessen, wie er uns zur Besinnung auf unsere innere Stärke brachte.

Und womit wurden wir belohnt? Mit der Fülle der Imagination, der bleibenden Gewißheit, daß wir mehr sind als dieser Schmerz, und dem Mitgefühl für die Leiden anderer.

Es gibt eine Vitalität, die der körperlichen Kraft der Jugend entstammt. Es gibt aber auch eine Vitalität, die erst mit dem Alter kommt.

Heute genieße ich meine Vitalität – unabhängig von allen körperlichen Gebrechen.

Klagen sind die Stimme der dunklen Göttin, eine gesunde und tiefempfundene Ausdrucksform der weiblichen Seele. Klagen sind keine Forderung nach Linderung, sondern einfach eine Zustandsbeschreibung der Dinge, wie sie von einem sensitiven und verletzlichen Lebewesen empfunden werden.

Sylvia Brinton Perera

Häufig bringen uns erst unsere Klagen und Beschwerden darauf, was in unserem Leben geändert werden sollte. Wir klagen über Verarmung auf emotionaler Ebene oder im geistigen Bereich, über eine Verschlechterung unserer wirtschaftlichen Situation. Wir beschweren uns über Zurücksetzungen und darüber, daß uns Ereignisse in der Vergangenheit am richtigen Leben gehindert haben. Wir klagen, daß wir verletzt worden sind, daß uns das Leben zu sehr herumgeschubst hat und daß wir zu Tode erschöpft sind.

Was ist heute unsere größte Beschwerde? Hören wir auf sie und vertrauen wir darauf, daß sie uns etwas Wichtiges zu sagen hat. Wenn wir sie beiseite schieben, wird sie nur lauter, denn sie beharrt darauf, gehört zu werden. Sobald wir ihr Aufmerksamkeit schenken, erkennen wir auch unsere Bedürfnisse und können entsprechend handeln.

Heute veranstalte ich eine Anhörung meiner Beschwerden.

Neue Räume sind für jene unsichtbar, die sie nicht betreten haben.

Mary Daly

Weshalb erkennen wir die neuen Räume unserer Lebensmitte nicht, bevor sie sich uns förmlich aufdrängen? Die uns von der Gesellschaft vorgegaukelten Vorstellungen von älteren Frauen enthalten wenig Attraktives. Also lassen wir die neuen Räume unausgefüllt, bis wir in die vorklimakterische Phase und dann in die Menopause kommen. Und selbst in dieser Zeit blicken wir kaum jemals voraus.

Haben wir Angst vor diesem Blick in die Zukunft, weil wir die körperliche Gebrechlichkeit des Alters fürchten? Haben wir Angst vor dem Schatten des Todes, der irgendwann in weiter Ferne auf uns wartet?

Wir sind eine Frauengeneration, die durchaus in der Lage ist, neue, zutreffendere Bilder des Alterns zu schaffen. Füllen wir diese neuen Räume mit selbstsicheren Frauen, die ihren Witz, ihre Klugheit und ihr Mitgefühl miteinander, mit der jüngeren Generation und den natürlichen Kräften dieser Welt teilen.

Ich freue mich auf die neuen Räume, die ich in den kommenden Jahren mit meinem Leben erfüllen werde.

Man wird durch das Ansammeln von Erfahrungen zu einer Art Autorität, die von der Jugend wenig geschätzt wird. Dennoch halte ich es für wichtig, meine Meinung zu äußern, wenn ich eine habe – auch wenn ich nicht weiß, wieviel davon beachtet wird.

Helen

Die Naivität der Jugend ist von der Warte des reifen Alters aus viel leichter zu erkennen. Wenn unsere jungen Verwandten und Freunde impulsive Entscheidungen treffen, sehen wir aus der Distanz zu und wünschten, wir könnten ihnen helfen, wissen aber auch, daß ihnen diese Erfahrungen niemand abnehmen kann. Sie müssen – wie wir vor ihnen – ihren Weg selbst gehen.

Aber wir können ihnen von unseren Erfahrungen berichten und unseren Rat anbieten. Da wir auf ihren Beifall nicht angewiesen sind, können wir sie ganz ungeniert beraten und unbeeinflußt von ihrer Reaktion und den letztendlichen Resultaten bleiben. Indem wir sie an unserem Erfahrungsschatz teilhaben lassen, stärken wir das Band zwischen Jungen und Alten.

Heute lasse ich die Jungen an meinen Erfahrungen teilhaben.

JUNI

Für mich bedeutet Akzeptanz des Todes, daß ich bereit bin zu sterben, wann auch immer dieser Zeitpunkt dasein sollte, daß ich versuche so zu leben, als wäre jeder Tag mein letzter, und daß ich mir selbstverständlich weitere tausend Tage wie diesen erhoffe.

Elisabeth Kübler-Ross

Wenn wir in die Lebensmitte eintreten, werden wir uns einer Kostbarkeit immer bewußter: der Zeit. Sie scheint knapper zu werden. Die Jahre vergehen schneller – zumindest kommt es uns so vor. Irgendwo am Horizont taucht unser Ende auf, das wir zuvor eigentlich nie in Betracht gezogen haben. Das veranlaßt uns, unser Leben so zu gestalten, daß wir alles, was wir uns wünschen, noch im Jetzt erreichen.

Dazu gehört die Akzeptanz des bevorstehenden Todes. Das könnte ein Durchlaufen der verschiedenen Phasen bedeuten – wie Elisabeth Kübler-Ross geschrieben hat –, wie es Menschen erleben, die erfahren, daß sie an einer tödlichen Krankheit leiden: Ungläubigkeit, Zorn, Hadern, Verzweiflung und schließlich die Akzeptanz. Aber wir können während unseres Älterwerdens diese Stadien auch ohne ernsthafte Erkrankung durchlaufen. Möglicherweise erschüttert die Menopause unsere feste Überzeugung, daß wir eine Ausnahme sind und nie altern. Oder wir erleben das Sterben von Eltern oder guten Freunden und können ermessen, was der Tod auch für uns bedeutet.

Mit der Akzeptanz des Todes finde ich zu einem Frieden, den ich lange gesucht habe.

Wir haben Angst vor dem, was uns anders macht.

Anne Rice

Wir alle empfinden den Drang «dazuzugehören». In der Kindheit ist es beruhigend, zu einer Familie zu gehören und zu wissen, daß wir Eltern und Geschwistern ähneln, daß wir mit ihnen verwandt sind. Als Adoptivkinder könnten wir fürchten, durch unser «Anderssein» nicht dazuzugehören, doch dann begreifen wir, daß die Liebe unserer Familie ein ähnlich starkes Band geknüpft hat.

Beim Heranwachsen betonen wir dasjenige, was uns von unseren Eltern unterscheidet, und suchen nach einer individuellen Identität. Wir handeln furchtlos und sind stolz auf unsere Unabhängigkeit. Doch im Zusammensein mit Gleichaltrigen zeugt unser Bemühen um Uniformität von unserer anhaltenden Angst vor dem Anderssein.

Einer der Vorzüge des Alterns besteht darin, daß wir uns mit unserer Eigenart immer wohler fühlen. Wir wissen die Bereicherung zu schätzen, die uns die Vielfalt der Menschen bietet. Doch trotz dieser Gelassenheit könnten wir befürchten, daß unser Altern uns anderen Menschen entfremdet. Wenn wir uns mit unserer sich verändernden Identität nicht abfinden, werden wir uns vielleicht ausgestoßen fühlen.

Heute genieße ich mein Anderssein und drücke meine Genugtuung darüber auch aus.

Es ist nicht möglich, mit Dankbarkeit zu bezahlen. Man kann nur irgendwo anders im Leben «mit gleicher Münze» bezahlen.

Anne Morrow Lindbergh

Wenn wir älter werden, neigen wir eher zur Großzügigkeit. Wir haben mehr – zumindest kommt es uns so vor, als hätten wir mehr – und können deshalb auch mehr geben. Im Rückblick auf unser bisheriges Leben werden wir auch erkennen, wieviel Großzügigkeit uns entgegengebracht wurde und wie sehr uns das geholfen und bestätigt hat.

Das jetzt zurückzugeben, ist eine konkrete Form der Dankbarkeit. Häufig ist das nicht gegenüber dem Menschen möglich, der mit uns großzügig war. Aber wir dürfen darauf vertrauen, daß das Universum uns alle umfaßt und daß uns jede aufgebrachte Energie «mit gleicher Münze» zurückgegeben wird. Haben wir beispielsweise unseren Nutzen aus den klugen Ratschlägen eines Menschen gezogen, so lassen Sie uns einer/m anderen ein guter Berater sein. Hat uns jemand in schwerer Zeit getröstet, so schenken wir einer/m anderen Zuspruch und Beistand.

Heute mache ich von meiner Großzügigkeit großzügig Gebrauch.

Frauen mit einem gering entwickelten Selbstwertgefühl erschweren anderen Frauen das Leben.

Nellie L. McClung

Sehen wir eine Frau von gelassener Selbstsicherheit, so halten wir unwillkürlich inne. Wir bewundern sie, sie wird zu einem Vorbild, einem Beispiel für die Energie, die auch wir gern ausstrahlen würden. Sie vermittelt uns den Eindruck, daß auch wir ein hohes Selbstwertgefühl entwickeln könnten, wenn wir uns nur über negative Vorstellungen und Ansichten hinwegsetzen.

Aber was ist, wenn eine Frau uns versichert: «Oh, glauben Sie wirklich, daß das Klimakterium dieses ganze Theater verdient? Ich habe es gar nicht gemerkt.» Sie verunsichert uns und läßt uns fragen, ob wir unsere mit der Veränderung zusammenhängenden Gefühle nicht überbewerten. Aber wenn wir uns von ihrer Bagatellisierung nicht beeinflussen lassen, wenn wir entgegnen, daß unser Bewußtsein für die Wichtigkeit dieser Phase mit der Aufmerksamkeit wächst, die wir ihr zuwenden, dann stellen wir fest, daß das Interesse der Frau geweckt ist. Vielleicht wußte sie nur nicht, wie wichtig das bewußte Erleben des Klimakteriums für ihre Selbstachtung ist.

Ich bemühe mich unbeirrbar um ein hohes Selbstwertgefühl.

Wir leben in einer Gesellschaft, die keine Veränderungsrituale kennt. Und doch scheint die psychische Weiterentwicklung sie zu verlangen.

Jane R. Prétat

Wenn wir die behaglichen Pfade alter Gewohnheiten und Befindlichkeiten verlassen, um uns auf das neue Terrain unserer reifen Jahre zu begeben, reagieren viele von uns verunsichert und verzweifelt. Vielleicht würden eindeutige Übergangsrituale viel von unserer Unsicherheit abbauen. Wir könnten den Weg vor uns deutlicher erkennen.

Viele von uns entwickeln bewußt oder unbewußt eigene kleine Rituale. Vielleicht treten wir eine Reise an, die wir schon lange machen wollten. Vielleicht legen wir einen neuen Garten an oder gestalten unseren alten so um, daß wir bei weniger Arbeitsaufwand mehr Freude an ihm haben können. Vielleicht entdecken wir unsere Spiritualität oder widmen uns neuen geistigen Übungen. Vielleicht erfordert unser Gesundheitszustand, unserem Körper mehr Aufmerksamkeit zu widmen, oder wir beschließen, sportlich aktiver zu werden.

Kleine Rituale erleichtern mir den Übergang in die neue Lebensphase.

Schweigen heißt, sich an der Anwesenheit des Ich zu erfreuen, das nicht spricht – oder besser: an der Abwesenheit des sprechenden Ich. Der Geist wird weit; aber um auf der Suche nach dem Unpersönlichen das allzu Persönliche auszuschalten – dazu bedarf es einer großen Leere.

Florida Scott-Maxwell

Wir alle brauchen eine gewisse Zeit der Stille, um zu uns zu finden. Und dieses Bedürfnis scheint in der Lebensmitte zuzunehmen, besonders bei jenen, die den Reichtum des inneren Lebens entdeckt haben.

In unserem jetzigen Stadium verzögern wir den Prozeß des Übergangs, wenn wir nicht zur Ruhe kommen und den Veränderungen erlauben, sich uns deutlich zu zeigen. Stellen Sie sich vor, Sie wären mit Ihrer Position als Geschäftsführerin mehr als ausgelastet, hätten aber keinen größeren Wunsch, als in einem Theaterstück Regie zu führen, bevor Ihre besten Jahre vorüber sind. Wir beschweren uns lautstark über unsere Überlastung und lassen uns keinen Moment Zeit, unser Dilemma zu erkennen. Unsere alten Verhaltensweisen werden unbeholfen, stolpernd schleppen wir sie weiter mit uns herum. Schließlich erinnern wir uns an das Schweigen. Es mag schwer sein, vielleicht sogar unmöglich, unser neues Wesen inmitten dieses Durcheinanders zu finden. Erst wenn wir still sein können, tauschen wir das Alte gegen das Neue ein und entdecken einen Weg zu unserem neuen Ich.

Im Schweigen finde ich das Ich, das mich in meine neue Welt geleitet.

Die geringe Notiz, die früher von meinen Geburtstagen genommen wurde, rechtfertigt jeden Aufwand heute, denn ich bin den Beschränkungen familiärer Ansichten entwachsen, habe aber noch viel Zeit, das wertvolle Geschenk zu feiern, das mir gegeben wurde.

Isabel

Reihen wir uns nicht in den Kreis der Frauen ein, die sich scheuen, ihr Alter zu nennen. Lassen Sie uns statt dessen mutig erklären, daß wir fünfundvierzig, fünfzig oder fünfundfünfzig Jahre alt sind. Laden wir Freunde und Bekannte ein, um das neue Jahr zu feiern, die neuen Herausforderungen, den Reichtum unserer Erfahrungen – stehen wir zu unserem gelebten Leben.

Für jede von uns ist es wichtig, diesen besonderen Tag zu feiern, das Jubiläum des Tages, an dem uns das Leben geschenkt wurde. Vielleicht kommt uns der Wunsch nach einer Geburtstagsparty kindisch vor, aber warum sollten wir ihn nicht verwirklichen? Es ist durchaus nicht «kindisch», uns an diesem Tag ganz uns selbst zuzuwenden und uns das zu erfüllen, was wir wünschen und brauchen. Mit jedem dieser Geburtstage werden wir «erwachsener». Wir befinden uns in einer Veränderung und müssen auf unsere Instinkte hören, die uns die richtige Form für unsere Feier mitteilen.

Ich feiere meine Geburt alljährlich auf die Weise, die gut für mich ist.

Jedesmal, wenn mir eine größere Veränderung bevorsteht, glaube ich zu sterben.

Anonym

Es heißt, eine Katze hätte neun Leben. Wir vielleicht auch. Wir «sterben» ständig von einer Veränderung zur nächsten. Gerade wenn wir annehmen, das Leben verliefe nun endlich in eingefahrenen Bahnen, stellen wir fest, daß es schon wieder Zeit für einen Wechsel ist. Das Leben führt uns von einer Stufe zur nächsten. Als wir jung waren, dachten wir, daß das Erwachsenenleben eine weite Ebene wäre, auf der wir unendlich verharren könnten. Wir hatten keine Ahnung, wie viele Veränderungen die fortschreitende Reife verlangt.

Im Stadium klimakterisch bedingter Veränderungen verfallen viele von uns in depressive Stimmungen. Aber das könnte unsere einzige Chance sein, ruhig genug zu werden, um die Zeichen zu erkennen, die weitere Veränderungen ankündigen.

Häufig bringen uns die Veränderungen der Lebensmitte dazu, unserem Innenleben mehr Wert beizumessen, indem wir ihm mehr Aufmerksamkeit schenken. Manche von uns beginnen eine Therapie, um mit ihrer Hilfe zu mehr Innerlichkeit zu finden. Andere widmen sich spirituellen Übungen und verbringen mehr Zeit damit, in sich hineinzulauschen.

Veränderungen können Geburten sein – wenn ich das zulasse.

Ich beginne zu begreifen, daß das Leben im sechsten oder siebten Lebensjahrzehnt ein ganz anderes Land ist – so verschieden wie die Jugend von der Kindheit und die mittleren Jahre des Lebens von der Pubertät –, aber ebenso aufregend. Zumindest könnte es so sein, wenn es nicht auch für viele Armut bedeuten würde, besonders für Frauen über fünfundsechzig, sowie für viele weitere Mißachtung.

Gloria Steinem

Frauen waren wirtschaftlich schon immer abhängiger als Männer. Aber wir alle sollten vorsorgen und lernen, mit unseren Mitteln auszukommen. Lassen wir uns von Armut nicht um die aufregende Reise in unsere älteren Jahre bringen. Informieren Sie sich noch heute über Ihre finanziellen Möglichkeiten im Alter. Sollten Sie den Eindruck gewinnen, Ihre Rente könnte unter Umständen für einen sorglosen Lebensabend nicht ausreichen, schließen Sie eine zusätzliche Versicherung ab. Und dann lassen Sie uns – wenn möglich – anderen Frauen helfen.

Viele von uns stehen mit Zahlen und Ziffern auf Kriegsfuß. Allein schon bei der Vorstellung der Berechnung unserer finanziellen Zukunft zucken wir zusammen und überlassen das bereitwillig unseren Lebenspartnern. Viele Frauen wissen nicht einmal, wie sie nach dem Verlust ihres Partners wirtschaftlich gestellt sein werden. Reißen wir uns zusammen, kümmern wir uns endlich um diese Dinge!

Ich kümmere mich heute um die finanzielle Absicherung meines Lebensabends.

Instinkten nachzugeben, ist kein Zustand der Auflösung... Es bedeutet, ein Territorium abzustecken, sein Rudel zu finden, sich – unabhängig von Begabungen und Einschränkungen – seiner Körperlichkeit zu erfreuen, eigenständig zu sprechen und zu handeln, bewußt zu leben, wach zu sein, sich auf die angeborenen weiblichen Fähigkeiten der Intuition zu verlassen, zu seinen Zyklen zu finden und sie zu bewahren.

Clarissa Pinkola Estés

Wir fürchten unsere Instinkte, weil wir sie mit den ungezügelten animalischen Verhaltensweisen assoziieren, die wir als höhere Lebewesen abgelegt zu haben glauben. Wir haben Angst, aus den Fugen zu geraten, wenn wir ihnen nachgeben. Aber nach Clarissa Pinkola Estés' Definition können sie uns auf sehr profunde Weise zu uns selbst bringen.

Was heißt, «zu seinen Zyklen zu finden und sie zu bewahren»? Einer unserer Zyklen ist die Menopause. Wir bewahren sie durch unsere Weigerung, sie zu leugnen, indem wir sie bewußt durchleben. Wir sehen uns die älteren Frauen in unserer Umgebung an und erkennen sie als unser Rudel. Wir stecken das Territorium ab, den inneren Raum, den wir für unsere Veränderung brauchen, und zeigen Geduld und Respekt unserem Körper gegenüber.

Wenn ich meinen Instinkten folge, fühle ich mich stärker.

Für mich ist die Menopause eine einsame Reise. Ich glaube nicht, daß Ärzte genügend über sie wissen, um die Symptome lindern zu können. Ohnehin erlebt sie jede Frau auf andere Weise.

Carol

Vielleicht macht jede plötzliche Veränderung unseres Körpers zwangsläufig einsam, denn obwohl uns bewußt ist, daß sich andere in einer ähnlichen Lage befinden, sind wir doch mit unseren Körpern allein, wenn wir mit dem fertig werden wollen, was wir zunächst als unnatürlich empfinden. Vielleicht erinnern wir uns an die Einsamkeit, die wir beim Eintreten unserer ersten Periode verspürt haben. Und fühlten wir uns nicht auch einsam, wenn wir krank waren oder uns verletzt hatten?

Immerhin leben wir glücklicherweise in einer Zeit, in der Frauen beginnen, offener über ihre Erfahrungen zu sprechen. Vielleicht vermindert es unsere Einsamkeit, wenn wir mit anderen über unsere Veränderungen reden und über die Möglichkeiten, sie zu bewältigen. Mitunter will uns unsere Einsamkeit auch mitteilen, daß es in uns Bereiche gibt, die sich vernachlässigt fühlen. Unter Umständen müssen wir uns ganz im stillen mit unserer Einsamkeit auseinandersetzen, um herauszufinden, daß diese Aspekte lange verborgen waren, aber nun ans Licht drängen.

Einsamkeit ist vergänglich, aber ich höre auf ihre Botschaft.

Reife ist unter anderem die Erkenntnis, daß absolute Intimität, Allwissenheit und Macht unerreichbar sind – wohl aber Selbsttranszendenz, Weiterentwicklung und Nähe zu anderen.

Sissela Bok

In der Jugend sind wir bemüht, unsere Grenzen auszudehnen. Manchmal bereichert uns das, manchmal frustriert es uns nur, da wir auf recht schmerzhafte Weise auf unseren Platz in der Welt verwiesen werden. Wenn uns ein Mensch nahe an sich heranläßt, glauben wir, diese Beziehung könnte nicht komplett sein, bevor wir nicht alles über ihn wissen. Nur sehr zögernd sind wir bereit, manche Dinge so zu belassen, wie sie sind, uns zu begnügen und zufrieden zu sein mit dem, was wir haben.

Einer der Vorzüge der Lebensmitte besteht in der Freude über den Reichtum, den unsere Beziehungen uns bieten, anstatt von ihnen etwas zu fordern, was sie nicht geben können. Genau wie bei uns selbst: Wenn wir uns auf unsere ständige Weiterentwicklung konzentrieren, beziehen wir große Genugtuung aus der Feststellung, daß wir alte Vorstellungen von uns selbst überwinden können.

Heute weiß ich die Erfüllung zu schätzen, die aus der Reife kommt.

Noch so eine Überzeugung von mir: Alle anderen in meinem Alter sind bereits erwachsen, während ich noch mit einer Maske herumlaufe.

Margaret Atwood

Wahrscheinlich geht es einer erschreckenden Zahl von uns nicht anders als Margaret Atwood: Sie fühlen sich verkleidet. Vielleicht würden wir nicht so empfinden, wenn es Begrüßungsrituale für den Eintritt in eine bestimmte Lebensphase gäbe und wenn unsere Gesellschaft die Jugend nicht glorifizieren würde. Es ist nur natürlich, daß wir uns für die Ausnahme halten, die als einzige nicht altert. Vermutlich ist das unsere Art, an der Naivität in uns festzuhalten, an der Unschuld, die uns lediglich die Erfahrungen machen lassen möchte, die in das Idealbild passen.

Das Klimakterium ist ein wirkungsvolles Korrektiv gegen unsere Täuschungen. Vielleicht haben wir bereits seit einem Jahr oder mehr Gelenkschmerzen, vielleicht sind unsere Haare grau geworden und sieht unsere Haut aus, als gehöre sie einer anderen, aber das ist unserer Aufmerksamkeit entgangen. Wir haben absichtlich weggesehen. Die Menopause ist der geeignete Anlaß, innezuhalten und zu realisieren, daß wir in ein neues Lebensstadium eingetreten sind. Werfen wir einen Blick in den Spiegel, versöhnen wir die Bilder vor unserem inneren Auge mit dem Körper, den wir im Spiegel sehen.

Ich will mich keinen Täuschungen hingeben. Ich wachse in mein Selbst hinein.

Nach wenigen Minuten angenehmer mentaler Leere setzen kreative Überlegungen ein. Und diese muten zunächst deprimierend an, weil sie als erstes sagen: Was für eine sinnlose Sache das Leben doch ist, mit nichts anderem angefüllt als Reden, Essen, Lesen, uninteressanter Arbeit und Radiohören... Doch das ist genau die Art und Weise, durch die Ihre Phantasie Ihnen zeigt, wie das Leben verbessert werden kann.

Brenda Ueland

Wenn wir uns unsere Unzufriedenheit nie eingestehen, werden wir auch nicht zu Verbesserungen motiviert. Und es ist durchaus vorstellbar, daß wir nie zu dieser Einsicht kommen – es sei denn, wir gestatten uns eine gewisse Zeit des Alleinseins.

Für alle von uns ist die Vorstellung furchteinflößend, uns in uns selbst zurückzuziehen. Das ist, als müßten wir ein Minenfeld durchqueren, bevor wir wieder sicheren Boden betreten. Also ist es kein Wunder, daß wir uns mit allem möglichen beschäftigen, um diese Reise so lange wie möglich aufzuschieben. Aber wenn wir unsere Furcht und die ersten deprimierenden Momente überwunden haben, stellen wir fest, wie lebendig und aktiv unsere Kreativität ist. Sie schenkt uns Ideen und Vitalität, sie sagt uns, was wir für unsere Erfüllung benötigen.

Alleinsein kann beängstigend sein, aber wenn ich meine Furcht überwinde, gibt es mir alles, was ich benötige.

Forschungen haben ergeben, daß japanische Frauen weniger unter Hitzewallungen und anderen klimakterischen Symptomen leiden. Mayafrauen haben praktisch überhaupt keine Beschwerden. Frauen in bestimmten nichtwestlichen Ländern entgehen auch den degenerativen Krankheiten wie Herzerkrankungen, Krebs und Osteoporose. Wie schaffen sie das? Und warum gelingt es uns nicht?

Ellen Brown / Lynne Walker

In den westlichen Industrieländern glauben wir häufig, auf dem Gipfel der Gesundheitsvorsorge und des medizinischen Fortschritts zu sein. Das trifft natürlich in mancherlei Hinsicht zu, aber unsere Sicherheit kann uns auch davon abhalten, aus den Erfahrungen anderer Nutzen zu ziehen.

Viele medizinischen Diskussionen betreffen die Vor- und Nachteile einer Östrogenbehandlung. Das ist fraglos eine wichtige Auseinandersetzung, aber vielleicht sollten die Wissenschaftler ihr Augenmerk auch auf andere Faktoren richten, die einen Einfluß auf die Körperreaktionen während der Menopause ausüben – die Ernährungsgepflogenheiten beispielsweise.

Ich bleibe offen für die klimakterischen Erfahrungen von Frauen in anderen Teilen der Welt.

Es hört sich paradox an, aber der Glaube an die Jugend ist rückwärtsgerichtet. Um nach vorn blicken zu können, müssen wir von der Wichtigkeit des Alters überzeugt sein.

Dorothy L. Sayers

Wir sollten an das Alter glauben und uns nicht in der Hoffnung wiegen, die einzige Ausnahme zu sein, die nicht altert. Wir müssen auch von den Vorteilen des Alters überzeugt sein, um uns darauf freuen zu können.

Wir alle kennen die ältere Frau, die sich in der Lebensmitte jeder Weiterentwicklung verweigert – die ihre Kinder nicht loslassen kann, um durch sie zu leben, die Verhältnisse mit jüngeren Männern eingeht, um sich zu beweisen, wie attraktiv sie noch ist, die sich voller Wehmut an ihre Jugend erinnert, in der sie ihrer Ansicht nach mehr Macht besaß. Diese Frau entfremdet sich zunehmend sich selbst, denn ihre Verzweiflung muß zwangsläufig noch zunehmen, wenn das Unvermeidliche eintritt.

Keine von uns hat es nötig, sich an ihre Jugend zu klammern. Wir haben alle das Recht auf ein erfülltes und lohnendes Alter. Wir brauchen uns das Leben nur vorzustellen, in das wir hineinwachsen möchten, um es dann in die Tat umzusetzen.

Ich blicke neugierig nach vorn, um mir das Alter vorzustellen, in das ich hineinwachsen möchte.

Die Frauen in mittleren Jahren, die ihre stärksten Emotionen durchlebt haben, aber noch in einem Alter sind, in dem die Erinnerung noch immer halb leidenschaftlich und noch nicht rein kontemplativ ist, sollten im Grunde eine Art Priesterschaft bilden, die das Leben dazu bestimmt und ordiniert hat, Zuflucht und Rettung für früh Strauchelnde und Opfer der Verzweiflung zu sein.

George Eliot

Ist es nicht unsere Pflicht, Priesterinnen für die Jungen zu sein? Gibt es eine bessere Möglichkeit, uns unserer Weisheit gewahr zu werden, als sie weiterzugeben? Natürlich nicht.

Wir kennen die Stürme der Gefühle und standen häufig kurz vor dem Kentern. Jetzt, in der Mitte des Lebens, entdecken wir eine neue Ruhe in uns, die Fähigkeit, uns mit dem nötigen Abstand dabei zu beobachten, wie wir von unseren Gefühlen angetrieben werden. Wir stellen fest, daß sich unsere Perspektive erweitert hat. Das gibt uns die Qualifikation, uns selbst und andere vernünftiger zu beraten oder, wie George Eliot anregte, «Zuflucht und Rettung für früh Strauchelnde und Opfer der Verzweiflung zu sein».

Ich stelle anderen zur Verfügung, was ich in meinen früheren Lebensphasen gelernt habe.

Denk nie, du hättest schon alles von allem gesehen.

Eudora Welty

Wenn wir eine Beziehung als endgültig beendet bezeichnen – «Gott sei Dank ist diese Erbangelegenheit endlich geregelt, mit meinem raffgierigen Bruder habe ich nichts mehr zu tun» – oder eine Stellung aufgeben, in der uns jemand ausgenutzt hat, stellen wir sehr schnell fest, daß sich die Situation bald wiederholt. Wir erkennen, daß wir eine starke Kondition besitzen und Menschen oder Situationen suchen, die mit ihr interagieren. Obwohl wir von bestimmten Menschen abgestoßen werden, fühlen wir uns von ihnen eigentlich doch angezogen, und wenn wir diesem Spannungsverhältnis keine Aufmerksamkeit zollen, taucht es einfach immer wieder auf und stellt uns erneut vor die gleiche Herausforderung.

In der Lebensmitte erkennen wir, wie wichtig es ist, bewußt mit Beziehungen abzuschließen, die ein Ende gefunden haben, oder uns mit anderen Verlusten abzufinden. Aber wir begreifen auch, daß es keinen glatten Übergang gibt, der uns von unserer Vergangenheit oder unserer Jugend trennt. Beides tragen wir in uns, selbst dann, wenn wir unsere Zukunft bestimmen und unsere Energien auf das konzentrieren, was heute und morgen wichtiger für uns ist.

Mein Drang zur Endgültigkeit ist häufig ein Zurückweichen vor den Kräften, die mich bewußter leben lassen.

Sie war durch und durch dieselbe. Man hätte Scheibe für Scheibe abschneiden können und wäre doch nie auf eine Pflaume, eine Kirsche oder auch nur auf ein Stück Schale gestoßen.

Katherine Mansfield

Bei allen Wandlungen, die wir im Leben durchlaufen, verfügen wir über bestimmte konstante Wesenszüge. Im Alter von zwei Jahren haben sich große Bereiche unserer Wesensart entwickelt, und diese Persönlichkeit sind wir heute noch immer. Wenn wir ein altes Fotoalbum betrachten, stellen wir verblüfft fest, wie sich die Substanz eines Menschen von der Kindheit bis ins Alter erhält.

Falls wir in der Lebensmitte noch immer von der Vorstellung gepeinigt werden, lieber eine ganz andere sein zu wollen, als wir sind, ist es an der Zeit, sich der Realität zu stellen und darüber nachzudenken, warum wir so große Schwierigkeiten haben, uns selbst zu akzeptieren. Es ist entscheidend, jene Verhaltensweisen abzulegen, die uns an uns nicht gefallen, aber ebenso wichtig ist es, unsere eigentliche Substanz zu erkennen und zu akzeptieren.

Ich bin durch und durch dieselbe. Dieses Wissen verleiht mir Eigenständigkeit und Kraft.

Ein neidisches Herz schafft ein niederträchtiges Ohr.
Zora Neale Hurston

Neid ist ein Gefühl, das die Seele verdunkelt und aus unserem Schatten herausschlüpft. Wir kennen es alle, uns allen sind Dinge entgangen, die andere aber bekommen haben. Häufig empfinden wir Neid wegen Verlorenem, das sich nicht wiedergewinnen läßt – unsere Jugend vor allem. Und diese Gefühle übertragen wir dann auf die jüngere Generation. Manche von uns mißgönnen ihren Kindern sogar die Zukunft, die noch vor ihnen liegt, oder die Dinge, die sie ihnen selbst ermöglicht haben: eine bessere Ausbildung, Reisen, die Chance, ihre künstlerischen Begabungen zu entwickeln.

Häufig schämen wir uns, Neidgefühle zuzugeben, aber eingestandener Neid verliert viel von seiner destruktiven Kraft. Wenn wir unseren Neid erkennen, können wir ihn kontrollieren und mitunter von ihm sogar mehr über unsere Sehnsüchte erfahren. Wenn wir ihn in uns verschließen, wächst er nur und wird eines Tages herausdrängen – ganz gleich, wie fest wir den Deckel auch verschlossen halten. Er dämpft unsere Begeisterung über die Leistungen anderer und schwächt unsere eigenen Fähigkeiten, aktiv am Leben teilzunehmen.

Ich lasse mir von meinem Neid die Bereiche meines Lebens zeigen, in denen ich Frieden mit mir selbst schließen muß.

Meinem Körper zu folgen, anstatt ihn beherrschen zu wollen, war eine große Umstellung für mich. Doch das war nicht alles: Die Feststellung, daß alle dieselben Ansichten über die Menstruation hatten, brachte mich zum Nachdenken. Ich begann zu erkennen, daß dem Körper eine Weisheit innewohnt und daß meine Gesellschaft den Prozessen des Frauseins keine besonders kluge oder hilfreiche Haltung entgegenbringt.

Lara Owen

Wie oft haben wir nicht schon versucht, unseren Körper zu beherrschen. Während der Menstruation – und jetzt in der Menopause – erhielten wir regelmäßig Lektionen, die uns vor Augen führten, wie unsinnig dieser Versuch ist. Unsere Krämpfe hörten nicht auf, weil wir es ihnen befahlen – ebensowenig unsere Hitzewallungen.

Wenn wir auf unsere Körper hören, anstatt gegen sie aufzubegehren, werden wir ihre Weisheit begreifen, die in den modernen westlichen Gesellschaften größtenteils mißachtet wird. In anderen Kulturen wird die Menstruation als besondere Phase betrachtet, in der Frauen den Alltag für gewisse Zeit hinter sich lassen und zusammenkommen. Andere Kulturen empfehlen Ruhezeiten.

Wenn wir unsere Körper als Ratgeber nutzen, sagen sie uns in der Menopause: Geh in dich und strebe nach Harmonie mit der Zeit der Reife.

Ich folge der klugen Stimme meines Körpers.

Die Ewigkeit beginnt nicht erst nach dem Tod. Sie ist immerwährend.

Charlotte Perkins Gilman

Die Vorstellung, die Ewigkeit begänne nach unserem Tod, entspricht der Annahme, die Welt drehe sich um uns. Unser Verstand weiß, daß das nicht stimmt, und doch sind wir als Baby fest davon überzeugt gewesen, der Mittelpunkt der Welt zu sein. Wir haben einen großen Teil unserer Kindheit damit verbracht, uns nach und nach von dieser naiven Vorstellung zu trennen.

In reifen Jahren leiden wir nicht mehr unter der Tatsache, keineswegs das Zentrum des Universums zu sein. Selbst mit einem bescheideneren Anspruch können wir uns an unserem Menschsein erfreuen. Es fällt uns leichter, auch mal Fehler zu machen. Wir können Menschen kommen und gehen lassen, ohne sie zu unseren Vasallen zu machen. Wir fühlen uns nicht mehr gedrängt, Unerreichbares anzustreben, sondern erfreuen uns an dem, was wir heute und hier im Bereich der Ewigkeit vorfinden.

Mein Geist gehört der Ewigkeit, auch wenn ich hier und heute äußerst lebendig bin.

Die Frau, die mich geboren hat, lebt nicht mehr. Aber ich scheine in zunehmendem Maße ihre Tochter zu sein.

Jonetta B. Cole

Wir sind mit unseren Müttern tief verbunden, selbst wenn wir sie ablehnen und uns bemühen, ganz anders zu sein als sie. Aber in der Lebensmitte ertappen wir uns häufig dabei, ihre Ansichten zu wiederholen. Wenn wir in den Spiegel schauen, sehen wir sie. Wir hören sie in unseren Äußerungen über das Altern.

Als Konsequenz ihrer eigenen unerfüllten Wünsche waren manche unserer Mütter uns gegenüber zurückhaltend, gleichgültig oder sogar abweisend. Wir empfinden vielleicht Erbitterung ihnen gegenüber, die jede Freude über unsere Ähnlichkeit mit ihnen verdirbt. Doch wenn sie sterben, wenn wir erkennen, daß ihre Versäumnisse uns gegenüber eine Folge der Prägung durch eine frühere Generation sind, können wir ihnen verzeihen. Dann dringen unsere zärtlichen Erinnerungen durch, und wir sind dazu fähig, auch aus der Härte unserer Mütter Stärke zu beziehen.

Heute bin ich stolz auf das Vermächtnis meiner Mutter.

Alle Bemühungen um Fortschritt, um wissenschaftliche, religiöse, politische und wirtschaftliche Freiheit gehen von der Minderheit aus, nicht von der Masse.

Emma Goldman

Mit unseren Sorgen um das Altern und die Diskriminierung des Alters sind wir eine Minderheit. Aber lassen wir uns dadurch nicht entmutigen, denn Minderheiten waren stets die Speerspitze des Fortschritts.

Viele von uns haben bereits an Aktivitäten teilgenommen, die große Veränderungen bewirkten: an der Friedensbewegung, der Frauenbewegung, dem Kampf um mehr Rechte für Schwule und Lesben. Wir sind keine Anfängerinnen. Wir brauchen unsere Aufmerksamkeit und Energien nur jenen zuzuwenden, die den Kampf bereits aufgenommen haben, und unsere Überzeugung in unseren Alltag übernehmen.

Zunächst sollten wir uns gegen die gängige Praxis wehren, uns aufgrund unseres Alters herabzuwürdigen und uns in einem Moment zu ignorieren, in dem wir mit unserer Lebenserfahrung wertvoll werden. Wir halten an unserer Lebensweisheit fest und beharren darauf, ihr Gehör zu verschaffen.

Ich bewirke viel für mich und andere, indem ich der Minderheit beitrete, die auf den Veränderungen besteht, die meine Existenz verbessern.

Der Kopf ist eine erstaunliche, langlebige, erotische Angelegenheit.

Grace Paley

Der «Kopf» lebt so lange wie wir und ist unser vitalstes Sexualorgan, das stets eine entscheidende Rolle beim sexuellen Verlangen spielt und Erregung in uns und anderen bewirkt. Unser Verstand kann von den gängigen Ansichten über das Altern nicht unbeeinflußt bleiben, auch nicht von der Vorstellung, daß unsere Sexualität mit jedem Jahr des Alterns weiter nachläßt.

Im Laufe der Jahre kommt es tatsächlich zu Veränderungen unserer Sexualität. Vielleicht verspüren wir ihren Drang nicht mehr so heftig wie zuvor. Vielleicht ergeben sich physische Veränderungen, die uns dazu zwingen, dem Vorspiel mehr Zeit und Aufmerksamkeit zuzuwenden. Vielleicht brauchen wir Mittel, um vaginaler Trockenheit vorzubeugen. Aber nichts davon zwingt uns zum Verzicht auf das Ausleben unserer Sexualität – es sei denn, wir lassen unsere Gefühle des Verlangens von negativen Vorstellungen ersticken.

Lassen wir in unserem Kopf Raum für das Verlangen, das nie nachläßt oder «veraltet». Unsere Sexualität ist etwas, das uns bis zum Tod begleitet. Halten wir sie auf die Weise lebendig, die wir für uns für richtig halten.

Heute erfreue ich mich an der Lebendigkeit meiner Sexualität.

Wer hat den Wind gesehen? Du nicht und ich nicht. Aber wenn die Bäume die Häupter neigen, zieht der Wind vorüber.

Christina Rossetti

Zuversicht ist nicht mehr und nicht weniger als das Festhalten an Überzeugungen, auch wenn wir keine handfesten Beweise für sie haben. Viele von uns klammern sich, ohne sich dessen im klaren zu sein, an negative Überzeugungen: Daß wir nicht liebenswert sind, beispielsweise, oder daß andere uns verletzen wollen. Warum versuchen wir nicht, zu einer positiveren Haltung zu finden? Zu einer, die uns inspiriert und Hoffnung schöpfen läßt?

In der Lebensmitte ist es ratsam, sich zu fragen, worauf wir eigentlich unsere Zuversicht setzen. Glauben wir an eine höhere Ordnung der Dinge, die größer ist als unser Wille? Verhalten wir uns entsprechend? Ist uns bewußt, daß dieser Glaube ebenso unsere freie Wahl ist wie die Überzeugung, alles sei dem Zufall überlassen? Es steht uns frei, an jedem Punkt unseres Lebens eine neue Entscheidung zu treffen.

Meine Zuversicht trägt mich, auch wenn Widrigkeiten auftreten.

Die Kreativität ist wie eine große, aufnahmebereite Gebärmutter.

Lynn V. Andrews

In jedem von uns gibt es einen kreativen Bereich. In der Mitte des Lebens haben die meisten von uns seine Umrisse entdeckt und ahnen, daß er in uns auf unser Ruhigerwerden wartet, damit wir seinen Pulsschlag vernehmen können, daß er abseits der gängigen Schwarzweißmuster neue Wege der Erleuchtung und Veränderung bietet, daß er stets nach Äußerungen verlangt und sich in Sehnsucht verwandeln wird, wenn wir uns ihm nicht zuwenden.

Die Menopause ist ein günstiger Zeitpunkt, über unsere Aufnahmebereitschaft nachzudenken. Waren wir bisher extrovertierte Energiebündel, so sind wir jetzt mit den ruhigeren und empfänglicheren Zügen unseres Ich vielleicht noch nicht so vertraut. Wir könnten Furcht davor empfinden, unsere Selbstsicherheit vermittelnde äußere Fassade fallenzulassen, um zu erkunden, was dahinter liegt. Aber wir können uns darauf verlassen, daß unsere Kreativität geduldig auf uns wartet, bis wir bereit sind, sie aus der Dunkelheit hervorzuholen.

Ich berühre die Kreativität, die in mir ruht, und sehe, daß sie da ist und auf mich wartet.

Der Traum ist real, meine Freunde. Das einzig Irreale ist, das nicht zu erkennen.

Toni Cade Bambara

Alles, was wir tun oder sein wollen, beginnt mit einem Traum, einer Vision. Manchmal scheint dieser Traum unendlich weit von der Wirklichkeit entfernt zu sein. Aber wie sollten wir ohne ihn wissen, in welche Richtung wir uns bewegen müssen?

Wenn wir unsere Träume als irreal oder bedeutungslos abtun, tauchen sie wieder auf, um uns herauszufordern. Irgendwann besteht allerdings die Gefahr, daß sie aufgrund der Nichtbeachtung verkümmern. Doch sobald wir ihnen nur ein wenig Aufmerksamkeit schenken, bieten sie uns erneut eine Landschaft, in der wir unsere Phantasie spazierenführen können.

In der Lebensmitte ergibt sich für uns die Chance, das zu erkennen, was für uns Wirklichkeit geworden ist. Was schätzen wir? Was haben wir für uns realisiert und welche Visionen ignoriert, weil wir sie für zu abwegig hielten? Die Lebensmitte rät uns, es uns noch einmal zu überlegen und unsere Träume Wirklichkeit werden zu lassen.

Ich blicke zurück und stelle fest, wie viele meiner Träume mit der Zeit wahr geworden sind.

Man kann keine Welle schneller an den Strand treiben, als das der Ozean vermag.

Susan Strasberg

Die Kräfte des Lebens haben ihren eigenen Rhythmus. Wir verfügen lediglich über Hinweise, wieviel Zeit uns zur Verfügung steht. Das ist einer der Gründe, weshalb wir in der Lebensmitte klüger werden. Wir lernen, langsamer zu werden, wenn wir erfolglos gegen eine Welle anschwimmen. Wir lernen, unsere Interessen zu verlagern, wenn wir uns sinnlos verausgaben.

Dennoch verschließen wir uns diesen Lektionen häufig genug. Wir glauben, scheitern zu müssen, wenn wir uns nicht hart genug bemühen. Wir bauen Muskeln auf, während die Antworten ganz woanders liegen – vielleicht in unserer geistigen Weiterentwicklung. Frustriert stellen wir fest, wie wenig Befriedigung darin liegt, dauernd gegen die Kräfte des Lebens anzuschwimmen. Welche Erleichterung ist es dann, wenn wir endlich beschließen, uns dem Fluß und der Zeitplanung höherer Kräfte zu überlassen.

Meine Zeitvorstellungen treiben mich unaufhörlich an. Ich lasse von ihnen ab und vertraue darauf, daß all meine Bedürfnisse zur rechten Zeit befriedigt werden.

Jedes Leben nähert sich einem Mittelpunkt. Offenbart oder still.

Emily Dickinson

In der Jugend haben wir den Drang, die Arme weit auszubreiten und viele Straßen zu bereisen – sowohl buchstäblich als auch symbolisch. Ohne Erkundungen und Erforschungen können wir unseren Mittelpunkt nicht finden, denn vieles in uns entdecken wir häufig nur durch Beispiele in der Welt «da draußen». So könnte unser erster Psychologie-Kurs unsere Vorliebe für Psychologie deutlich machen oder Gemälde und Zeichnungen anderer Maler unseren Hang zur Malerei.

In der Mitte des Lebens könnten wir uns verloren fühlen, wenn wir uns noch nicht auf den Weg zu unserem Zentrum begeben haben. Vielleicht werden wir von Sehnsüchten gepeinigt oder dem Gefühl, das Leben rinne uns durch die Finger. Es ist die richtige Zeit, uns jeder Hilfe zu vergewissern, die uns unserem Mittelpunkt näher bringen kann.

Es ist jedoch keineswegs so, als hätte unser Wecker geschrillt und als müßten wir einen Abschnitt unseres Lebens beenden, um den nächsten zu beginnen. Bis zum Augenblick unseres Todes bewegen wir uns ständig auf unseren Mittelpunkt zu. Wir erkunden und erforschen weiter, und auch das bringt uns ihm näher.

Heute genieße ich die Art und Weise, in der ich auf meinen Mittelpunkt zugehe.

JULI

Jüngere Menschen können uns nicht einreden, wir wären nicht alt. Wir wissen es besser. Ist mein Körper noch so wohlgeformt wie damals, als ich am Rand eines Swimmingpools saß? Weit gefehlt. Ich weiß noch nicht einmal, wann dieser Prozeß unbestreitbaren Alterns begann. Ich habe ihn erst bemerkt, als es bereits zu spät war. Die Schrauben des Alterns drehen sich so verstohlen, daß es einen überrascht.

Mary Meigs

Oft haben wir noch immer das Bild einer jungen Frau vor unserem inneren Auge. Dann machen wir an bestimmten Punkten unseres Lebens, die Menopause ist da vermutlich der entscheidende, einen Sprung vorwärts. Wenn uns jetzt jüngere Leute sagen, an uns ginge das Alter spurlos vorbei, finden wir das gar nicht mehr lustig. Es nimmt uns unsere Wirklichkeit. Wenn wir auch nicht gerade auf das Alter erpicht sind, so möchten wir doch sein, wer wir sind.

Vermutlich hat unsere Überraschung bezüglich des Alterns und der Art und Weise, wie sich das Alter an uns heranschleicht, mit der allmählichen Erkenntnis unserer Sterblichkeit zu tun. Das gibt unserem Leben eine ganz neue Bedeutung. Wir sind im großen Zusammenhang der Dinge wahrscheinlich weniger wichtig, als wir angenommen haben. Wir sind gleichzeitig aber auch wichtiger.

Die Verblüffung über mein Alter rät mir, ruhiger zu treten und mich selbst mehr zu schätzen.

Wer nicht erfüllt leben kann, wird oft zum Zerstörer von Leben.

Anaïs Nin

Wir alle kennen Eltern und Großeltern, die ihren Kindern und Enkeln nicht geben können, was sie selbst nicht hatten, die nie aufhören, mit denen zu konkurrieren, die sie eigentlich lieben. Vielleicht wünschten sie sich selbst eine gute Ausbildung, aber es gab für sie keine Möglichkeit dazu. Sie mußten statt dessen durch Arbeit zum Unterhalt der Familie beitragen. Wenn es dann Zeit für sie ist, ihre Kinder zu fördern, reagieren sie höchst widersprüchlich, behindern häufig die Bemühungen ihrer Kinder, obwohl sie sie unterstützen wollen.

Lassen Sie uns jetzt in der Lebensmitte die Bereiche erkunden, in denen unser Leben nicht erfüllt ist. Noch ist es nicht zu spät für Veränderungen, jetzt ist sogar der ideale Zeitpunkt. Wir können noch immer eine Schule besuchen. Wir können noch immer künstlerisch tätig werden. Wir können noch immer die Beziehung beginnen, nach der es uns verlangt. Finden wir heraus, was uns an der Erfüllung unserer Träume hindert, damit es nicht weiterhin behindernd wirkt.

Ich fülle die leeren Bereiche meines Lebens aus.

Es gibt immer etwas, was man lieben kann. Wenn du das nicht gelernt hast, hast du nichts gelernt.

Lorraine Hansberry

Singles könnten in der Lebensmitte von der Liebe enttäuscht sein. Vielleicht haben sie eine langjährige Beziehung verloren. Vielleicht liegt eine schmerzliche Trennung hinter ihnen, die in ihnen das Gefühl hinterließ, daß ihre Liebe verraten wurde: Sie haben sich uneingeschränkt hingegeben, haben diesen Menschen aufrichtig geliebt und wurden doch zutiefst verletzt. Wie sollten sie da je wieder lieben wollen?

Zur Reife gehört die Erkenntnis, daß sich Lieben lohnt, auch wenn es mitunter schmerzt. Die Liebe ist ein wesentlicher Bestandteil unserer geistigen und spirituellen Nahrung.

Wir brauchen keinen Geliebten, um lieben zu können. Es gibt immer etwas zu lieben – zunächst und vor allem uns selbst. Sehen wir uns als Kanal für den Strom der Liebe – sowohl als Empfänger wie auch als Geber. Wenn wir unsere Liebe verströmen, gewinnen wir auch das Vertrauen, uns lieben zu lassen.

Ich lerne heute, daß es sehr viel zu lieben gibt.

Du kommst allein auf die Welt und verläßt sie auch wieder allein. Und doch will es mir scheinen, daß man im Leben mehr allein ist als beim Kommen und Gehen.

Emily Carr

Warum vergeuden wir unsere Zeit mit Überlegungen, ob wir im Alter allein sein werden, anstatt ungeachtet unserer Umstände unsere Unabhängigkeit zu schätzen? Die Fähigkeit, unser Leben voll auszuleben, ist wahre Unabhängigkeit.

Wir sind dazu geschaffen, in gegenseitiger Abhängigkeit mit anderen zu leben, von ihnen zu lernen, uns mit ihnen auszutauschen, aber im wesentlichen bleiben wir unabhängige Geschöpfe. Als Frauen fällt es uns häufig schwer, das zuzugeben. Es könnte uns so vorkommen, als bestätige sich unsere Existenz darin, was wir für andere sind. Und doch sind wir ausschließlich wir selbst. Zögern wir nicht, endlich unabhängig zu sein.

Unabhängigkeit isoliert mich nicht von anderen. Sie gibt mir eine feste Grundlage, von der aus ich andere erreichen kann.

Wenn wir in leeren Leben verloren sind, ist es schwer, die Stimme der Instinkte zu hören, die uns fast flüsternd das große Geheimnis anvertraut: daß die Prüfungen unserer verwirrendsten Erfahrungen langsam eine Veränderung unseres Bewußtseins bewirken. Es ist, als wären wir im Vorraum zwischen einer alten Art des Seins und einer neuen gefangen.

Jane R. Prétat

Mit dem Älterwerden könnten wir die Erwartung hegen, daß wir keine Höhen und Tiefen mehr erleben, sondern daß unsere Zukunft eine gleichmäßig aufwärtsstrebende Reise mit regelmäßigen Selbsterkenntnissen ist. Und wenn unsere Erwartungen nicht erfüllt werden, reagieren wir enttäuscht oder überrascht.

In der Menopause kommen wir uns zunächst sehr verloren vor. Manch alte Verhaltensweise nützt uns nichts mehr. Wir haben sie abgelegt, aber noch nichts Neues an ihre Stelle gesetzt. Vielleicht werden wir depressiv und haben sogar Schwierigkeiten, das Bett zu verlassen. Es scheint, als liefen wir ziellos durch einen Wald oder trieben steuerlos auf dem Meer. Unsere größte Herausforderung inmitten all dieser Gefühle ist es, auf die Stimme unserer Instinkte mit ihrer Botschaft der Transformation zu hören. Wir sind auf dem Weg, wieder geboren zu werden.

Ich werde ganz still und lerne, der Stimme meiner Instinkte zu lauschen.

Die innere Erfahrung konsolidiert und wird – anstatt eine Art emotional-geistiges Erlebnis zu sein – eine Realisierung im eigentlichen Sinn des Wortes. Wir benutzen das Wort «Realisierung» oft allzu leichtfertig, denn wenn wir etwas in seiner elementaren Bedeutung «realisieren», wird es für immer real.

Marie-Louise von Franz

Wie oft vertrauen wir darauf, daß Veränderungen, die wir vornehmen, auch von Dauer sind? Viele von uns hegen die elementare Angst, daß Erkenntnisse kommen und gehen: Wenn wir zu einer neuen Einsicht gelangen, halten wir sie für den Moment fest, vertrauen aber nicht allzusehr darauf, daß sie sich in uns festigt.

Das Klimakterium ist ein guter Zeitpunkt, diese Überzeugung von der Wankelmütigkeit unserer geistigen Entwicklung abzulegen, denn die Menopause ist eine Zeit der Konsolidierung unserer Lebensweisheit. Danach behalten wir unser Blut in uns, ebenso auch eine neue Integration dessen, was wir bisher im Leben gelernt haben. Wir haben noch sehr viel zu lernen, aber wir können Zufriedenheit daraus beziehen, daß das, was wir bisher «realisiert» haben, inzwischen unsere Grundlage ist. Darauf gründen wir, ohne zu schwanken. Sie wird zur Quelle des Vertrauens in uns selbst.

Ich glaube an die Realität der Dinge, die ich realisiert habe.

Die Glückseligkeit, die aus der Unwissenheit kommt, sollte nicht auch noch gefördert werden, denn sie bringt einen häufig um ein befriedigenderes Glück.

Ruth Stout

Sind wir nicht häufig so verbissen auf der Suche nach Glückseligkeit, daß wir bereit sind, auch die Version zu akzeptieren, die aus der Unwissenheit kommt? Sobald wir eine einigermaßen behagliche Situation erreicht haben, wünschen wir uns, so lange wie möglich in ihr zu verweilen. Verdrängung hilft uns, unsere vernachlässigten Aufgaben zu ignorieren. Warum nicht für immer so verharren dürfen? Weil wir nicht wissen, was uns entgeht. Darüber hinaus besteht die Gefahr, daß wir Menschen in unserer Umgebung verletzen, wenn wir versuchen, ein auf Unwissenheit beruhendes Gleichgewicht aufrechtzuerhalten.

Das befriedigendere Glück hinter der seligmachenden Unwissenheit besitzt die Macht, uns zu «einen» und in Einklang mit dem Universum zu bringen. Niemand tut uns einen Gefallen, wenn er uns dabei hilft, in Ebenen darunter zu verharren. Wir verdienen das Beste, einschließlich einer Portion wahrer Glückseligkeit.

Ich strebe nach einer höheren Glückseligkeit.

Ich habe nie etwas über die Gefühle einer Frau erfahren, die ein Kind erwartet, oder darüber, was ein Birnbaum empfindet, der Früchte trägt. Ich würde gern in vielen Jahren davon lesen, wenn ich unfruchtbar bin und nicht mehr so erbebe.

Meridel Lesueur

Wir müssen die Momente unseres Reifens schildern und darüber berichten, wie sie unser Leben bestimmen, damit alle davon erfahren. Diese Momente beschränken sich nicht auf das Gebären. Es gibt sie in unterschiedlicher Form in jeder Lebensphase. In der Menopause könnten sich viele von uns vorkommen, als bereiteten sie sich in einem Kokon der Trächtigkeit und des Reifens auf die vor ihnen liegenden Jahre vor: um die Weisheit ihres älteren Ich zu genießen und das zu nutzen, was bisher in ihnen ungelebt geblieben ist.

Was empfinden wir, wenn wir reifen? Wir sammeln Kraft in Hülle und Fülle an, wie jemand, der die Ernte einbringt. Wir spüren, daß sich Wachstum in uns regt – Empfindungen, die denen der Schwangerschaft nicht unähnlich sind. Wir verspüren die Zeitplanung der Natur und lernen, unsere Ungeduld zu zügeln und auf den Augenblick der Entbindung zu warten. Und schließlich empfinden wir die Befriedigung der Geburt, in diesem Fall unserer Erneuerung.

Ich zeichne die Gefühle des Reifens auf, die ich in mir verspüre.

Atem ist Leben, und die Vermischung des Atems ist der Sinn guten Lebens. Das ist das großartige Prinzip, auf dem fruchtbares Leben beruhen muß, denn die Beziehungen zwischen allen Geschöpfen des Universums müssen sich erfüllen; auf diese Weise kann auch jedes individuelle Leben erfüllt werden.

Paula Gunn Allen

Wenn wir uns unerfüllt fühlen, sollten wir unsere Beziehungen zu anderen Lebewesen – Menschen, Tieren und Pflanzen – einer Prüfung unterziehen. Wir sind alle aufeinander angewiesen. Atmen wir frei und ungehemmt. Klingt etwas in uns an, wenn sich unser Atem mit dem anderer vermischt? Oder atmen wir zögernd, halten wir uns vom Leben zurück, um uns vor den Verletzungen zu schützen, die dann und wann die Folge unserer Interaktionen sind?

Lassen Sie uns uneingeschränkt teilnehmen. Statt die Arena des Lebens mit Ansprüchen und Erwartungen bewaffnet zu betreten, sollten wir unvoreingenommen mitmachen. Lassen Sie uns einem Baum dafür danken, daß es ihn gibt. Zeigen wir einer Freundin die Zuneigung, die wir für sie empfinden. Lassen Sie uns die Liebe unserer Haustiere würdigen, wenn sie uns umschnurren oder ihre Pfote auf unser Knie legen.

Mein Tag ist voller Interaktion, wenn ich meine Abhängigkeit von allen Wesen erkenne, die mich umgeben.

Ich betrachtete den Quilt auf dem Sitz neben mir und dachte daran, daß Frauen schon immer Reste gesammelt haben, um sie neu zu verwenden. Die Frauen der Pioniere haben jedes Stück Stoff mehrfach verwendet: zunächst vielleicht einen Fußsack und Hosen daraus geschneidert, als sie abgetragen waren, ein Kleid für das Baby, dann Kopftücher und Putzlappen, bis sie schließlich die restlichen Stücke zu einer Decke zusammennähten.

Sandy Boucher

Wir entstammen einer langen Tradition von Frauen, die sehr genau wußten, zu wie vielen Zwecken man Dinge wie ein Stück Stoff weiterverwenden kann. Doch nicht nur in der Pionierzeit der Vereinigten Staaten: Überall auf der Welt erlernten Frauen in Notzeiten diese Fähigkeiten.

Wir können uns an ihnen ein Beispiel nehmen und das gleiche mit unseren Leben tun, wenn sie sich im Laufe der Jahre verändern. Wenn unsere physische Leistungsfähigkeit nachläßt, können wir dieses Körpergewand anders zuschneiden und uns ein neues Kleid nähen, indem wir lernen, unsere Aufgaben auf eine kräfteschonendere Weise zu erledigen, indem wir uns nach physischen Anstrengungen ausruhen, indem wir unsere Energien anderen Bereichen wie dem intellektuellen oder geistigen zuwenden. Wir können das «alte» Kleid unserer Persönlichkeit auf neue Weise nutzen.

Heute nutze ich meine Energie auf eine Weise, die mir dient.

Nie zuvor hatte ich einen Bauch. Jetzt wächst mir einer. Eigentlich ist er ganz niedlich. Er ist glatt und weich. Ich bin in meiner Lebensmitte-Schwangerschaft. Ich frage mich, von welcher Überraschung ich entbunden werde.

Julie

Unsere Körper tendieren dazu, in der Mitte des Lebens um die Mitte fülliger zu werden. Mehreren Untersuchungen zufolge sollen molligere Frauen in der Menopause weniger unter Beschwerden und Hitzewallungen leiden. Fettzellen produzieren Östrogen. Schlanke Frauen neigen daher zu größeren Problemen mit Osteoporose.

Jede von uns muß ihre eigene Entscheidung treffen, ob sie sich mit der Zunahme ihres Gewichts abfindet oder etwas dagegen unternimmt. Wenn wir uns ein Bäuchlein zugelegt haben, können wir vielleicht Julies Einstellung übernehmen. Welche Überraschung hält es für uns bereit? Können wir es als Lager für die Lebensklugheit betrachten, die wir in uns ansammeln? Können wir damit aufhören, uns nach unseren jüngeren Körpern zu sehnen, und denjenigen lieben, den wir jetzt haben?

Heute fühle ich meine Zufriedenheit mit meinem Körper.

Sie scheint die Fähigkeit besessen zu haben, fest auf dem Felsen ihrer Vergangenheit zu stehen, aber voll und ohne Bedauern in der Gegenwart zu leben.

Madeleine L'Engle

Es gibt keine nützlichere und belebendere Verwendung für die Vergangenheit, als sie zu nutzbringendem Kompost zu verarbeiten. Im Frühjahr graben wir in dem dunklen Gemisch aus pflanzlichen Überresten, verrottetem Laub und verwesten Zweigen. Wir bringen es im Garten aus und vermischen es mit der Erde. Im Sommer überzeugt uns die Üppigkeit des Gemüses und der Blumen von der Freigebigkeit des Naturkreislaufs.

Die Felder der Vergangenheit, die für uns nicht länger von Nutzen sind, müssen aufgegeben werden. Sie sind zu Abfall geworden, der dennoch von Bedeutung ist, denn er geht in die Summe unserer Erfahrungen ein. Er wird ein Bestandteil der nahrhaften Erde, die unsere Weiterentwicklung fördert. Nur wenn wir uns von unserer Vergangenheit nicht lösen können, wenn wir versuchen, sie zu bewahren, kann der unvermeidliche Verfall unsere neuen Anstrengungen zunichte machen und uns das Gefühl vermitteln, dazu verurteilt zu sein, die gleichen Verhaltensmuster ohne Unterlaß zu wiederholen.

Mit der Vergangenheit als Nährboden stelle ich mich der Gegenwart.

Die befreiende Begegnung mit Gott/Göttin ist stets eine Begegnung mit unserem authentischen Ich, das aus dem entfremdeten Ich wiedererweckt wurde. Sie wird nicht gegen, sondern in und durch Beziehungen erfahren, heilt unsere Beziehungen zu unseren Körpern, zu anderen Menschen, zur Natur.

Rosemary Ruether

Während wir einst das Geistige in erhabenen Höhen wähnten, abgehoben von unseren Körpern und Beziehungen mit anderen, wissen wir in der Mitte des Lebens genug, um die Anwesenheit unserer Spiritualität im alltäglichen Leben zu erkennen.

Wir streben stets danach, unserem authentischen Ich mehr zu entsprechen. Das tun wir durch das Heilen alter Wunden, die oft durch unsere aktuellen Beziehungen enthüllt werden. Inmitten dieses Heilungsprozesses vermögen wir kaum zu glauben, daß wir uns in einer spirituellen Entwicklungsphase befinden. Wir stehen in Beziehung zu allen Menschen und allem in der Natur, und wir finden zu uns selbst durch die Manifestation unseres Verhaltens gegenüber allen Geschöpfen.

Ich erkenne, daß meine Spiritualität jeder Weiterentwicklung meines Lebens zugrunde liegt.

Depressivität ist keine einfache Reisegefährtin, aber laß dich dennoch eine Weile von ihr begleiten. In ihrem Bündel trägt sie den Zorn, den du mit dem eisigen Hauch der Angst sorgfältig eingefroren hast und mit deinem Schmerz am Leben erhältst. Wage es, ihr Bündel zu übernehmen, deine Ganzheit anzunehmen. Wage es, dem zu vergeben, was dich verletzt hat, und höre auf, den Schmerz wiederzubeleben. Wage es, deinen Zorn aufzutauen.

«Grandmother Growth» (Susun S. Weed)

Neue Studien haben ergeben, daß Niedergeschlagenheit häufiger bei Frauen auftritt, deren Menopause eingeleitet wurde, als bei Frauen, deren Klimakterium natürlich einsetzt.

Lassen Sie uns in einer Phase der Niedergeschlagenheit unserer Verbitterung auf die Spur kommen und überprüfen, ob sie uns erstickt. Lassen Sie uns die Angst spüren, die aus der Begegnung mit ihr entsteht. Häufig halten wir den Deckel einer Pulverbüchse fest verschlossen, und vielleicht will uns die Niedergeschlagenheit sagen: «Geh der Sache auf den Grund, denn deine Verbitterung verzehrt deine Vitalität.» Wir alle haben unsere Wunden. Bevor wir den Ursachen nicht nachspüren, können sie nicht heilen. Lassen Sie uns die Unterstützung suchen, die wir für diese Aufgabe brauchen, damit wir unsere Vitalität in jedem Bereich unseres Selbst zum Ausdruck bringen können.

Heute gehe ich mit meiner Niedergeschlagenheit dorthin, wohin sie mich führen will.

Das Unglück hat Lily biegsam gemacht, anstatt sie zu stählen, und eine geschmeidige Substanz ist weniger leicht zu brechen als eine starre.

Edith Wharton

Wir neigen dazu, Unbeweglichkeit für altersspezifisch zu halten. Wir erklären, daß andere oder wir selbst bestimmte festgefügte Gewohnheiten entwikkelt haben, beispielsweise in der Ernährung oder auch beim Schlafen. Wenn unsere Körper tatsächlich einiges von ihrer jugendlichen Beweglichkeit verlieren, sollten wir nicht dem Irrtum verfallen, daß wir auf allen Gebieten «starrer» werden. Denn sonst könnten uns die Bereiche entgehen, in denen wir beweglicher werden.

Ein entscheidendes Merkmal für Lebensklugheit ist Nachgiebigkeit. Waren wir in der Jugend felsenfest von unseren Ansichten überzeugt, so tendieren wir jetzt eher zur Skepsis. Dachten wir früher, ein Mißerfolg würde uns aus der Bahn werfen, so wissen wir nun, daß unser Gleichgewicht nicht von Äußerlichkeiten zu erschüttern ist. Wir gleichen jetzt mehr einer Weide. Wir beugen uns mit dem Wind, richten uns aber sofort wieder auf, sobald er abflaut.

Ich schätze die Flexibilität, die mir Alter und Erfahrung verleihen.

Das Universum besteht aus Geschichten, nicht aus Atomen.

Muriel Rukeyser

Wir tun gut daran, auf die Geschichten des Universums und jene unseres eigenen Lebens zu hören. In der Generation unserer Mütter wurde die Geschichte der Menopause vor allem von Ärzten geschrieben. Frauen war Zurückhaltung angeraten. Wenn überhaupt, so sprachen sie nur im Flüsterton über ihre Erfahrungen. Kaum je zeichneten sie auf, welche Empfindungen sie hatten.

Mit einer verschwiegenen oder verzerrten Vergangenheit ist es sehr schwer, die Gegenwart zu begreifen. Jetzt besteht unsere Aufgabe darin, unsere Geschichten auszutauschen und niederzuschreiben. Wir können auch nach den Geschichten suchen, die von der Macht und der Klugheit der Weisen Alten künden. Auch sie gehören zu uns und machen wie Atome unsere Welt aus – wenn wir uns ihrer bewußt sind. Wir brauchen ihre Stärke, um uns älteren Frauen einen Stand in einer Welt zu schaffen, die Älteren weder Platz noch Stimme einräumt.

Heute erzähle ich von meiner Menopause und fülle damit die Lücken in der Geschichte des Universums.

Ich habe meine Realität akzeptiert. Es ist mir bestimmt, mich so zu äußern, wie ich es tue.

Kathleen Battle

Es bedarf einer gewissen Portion Selbstsicherheit, die uns gegebenen Talente zu akzeptieren und zum Ausdruck zu bringen. Fehlt uns diese Selbstsicherheit, so schätzen wir unsere Begabungen und Fähigkeiten gering. Selbst wenn wir etwas Außerordentliches zustande bringen, neigen wir dazu, unsere Leistung durch die Überzeugung herabzusetzen: Wenn wir das konnten, so können es auch alle anderen.

In der Mitte des Lebens verfügen wir vermutlich über ein aufrichtiges und genaues Bild von uns und unseren Begabungen. Falls wir sie bislang nicht akzeptiert haben, sollten wir das als vorrangige Aufgabe begreifen. Wenn wir unsere besonderen Fähigkeiten und die Freude, die wir mit ihnen anderen bereiten können, verneinen, bleiben wir leer, wo wir doch erfüllt sein sollten. Wir verweigern uns den Zugang zu unseren ureigenen Begabungen und handeln, als wären wir inhaltslos, obwohl wir in Wahrheit vor Energie sprühen könnten.

Ebenso wie ich nicht möchte, daß andere Frauen ihre Begabungen verleugnen, bejahe ich meine und fördere sie nach Kräften.

Wir sollten die Welt kennenlernen, anstatt sie als Objekt des Wissens anzusehen, und in Zusammenhängen denken, anstatt nach uns dienlichen Erfahrungen zu verlangen.

Carolyn Forché

Das Denken in Zusammenhängen hilft uns, bescheiden zu bleiben. Wir verstehen uns als wertvolle und unverwechselbare Individuen, sehen aber auch, daß wir in einem größeren Zusammenhang existieren. Wir überlassen uns unseren aktuellen Erfahrungen, ohne Vergleiche mit anderen Zeiten, Menschen und Orten anzustellen. Wir sagen nicht: «Früher war es besser» oder «Dieser Mensch ist nicht gut genug für mich» oder «Es wäre besser, wenn ich woanders leben könnte».

Die Aufnahme einer Beziehung bringt Vertrautheit, aber damit auch das Risiko von Verletzungen. Wir können keine Beziehung eingehen und davon unberührt bleiben: Menschen können uns verletzen, aber auch bereichern und uns auf unserem Lebensweg weiterbringen. Wenn wir eine Beziehung eingehen, öffnen wir uns dem Unbekannten.

Ich lerne die Welt kennen, anstatt zu versuchen, sie unter meine Kontrolle zu bringen.

Was sie erleben wird? Sie wird einfach alt, setzt den Akt des Erwachsenwerdens fort und wiederholt ihn. Davon bleibt natürlich niemand verschont... Meine Güte, wie die Zeit verfliegt!... Bevor man sich's versieht, ist das Leben vorüber... Reife ist alles.

Doris Lessing

Altern ist vermutlich die schleichendste aller Entwicklungen. Sie geht so still und heimlich vor sich, daß man häufig den Eindruck gewinnt, es geschähe, ohne daß wir überhaupt etwas bemerken. Es ist jedoch wichtig, unser Bewußtsein dafür zu schärfen, denn wir wollen nicht plötzlich von der Feststellung überrascht werden, daß unser Leben vorüber ist, ohne daß wir etwas davon mitbekommen haben.

Was erleben wir in der Lebensmitte? Wir entwikkeln uns weiter. Die Ziele unserer jüngeren Jahre sind erreicht: Ob wir nun Kinder aufgezogen, unsere Wertvorstellungen entwickelt oder nach Möglichkeiten gesucht haben, uns in die Welt einzubringen. Wir wachsen in eine gelassene Zufriedenheit mit uns selbst hinein und wissen das Leben von Tag zu Tag mehr zu schätzen.

Mein Leben wird weiter und reicher, wenn ich altere.

Mit Glück gelingt es uns (in Krisenzeiten), jede Ressource, jede vergessene Vorstellung, jede Erinnerung aufzurufen, die uns unsere Kraft bewußtmacht. Und dieses Glück ist bedeutender, als es den Anschein hat. Es beruht auf der langen Vorbereitung des Ich, auch genutzt zu werden.

Muriel Rukeyser

Je älter wir werden, desto größer ist unser Schatz an inneren Ressourcen, die wir notfalls aktivieren können. Oft erkennen wir dieses «Vorbereitetsein» erst während oder nach einer Krise.

Manchmal befürchten wir, im Alter hinfälliger und weniger einfallsreich zu werden. Unser Knochenbau wird schwächer, und unser Gedächtnis läßt nach. Wie sollen wir da angemessen reagieren können, wenn ein größeres Problem auf uns zukommt? Doch wenn das Problem dann auftaucht, lernen wir den Reichtum unserer Vergangenheit schätzen. Wir erinnern uns daran, wie wir andere Krisen bewältigt haben. Eine klare Vorstellung unseres Lebenssinns gibt uns eine starke Position und macht uns Mut. Selbst unsere Verletzlichkeit verleiht uns Kraft, da wir wissen, daß sie echt ist.

Ich weiß, daß meine Jahre ein Schatz an Ressourcen sind, auf den ich mich immer verlassen kann.

Es ist eine Tatsache, daß Menschen wie alles andere in der Natur auch über einen inneren Zwang zur Weiterentwicklung verfügen.

Gloria Steinem

Der Hochsommer ist eine Jahreszeit üppigen Wachsens und Gedeihens. Voller Bewunderung stellen wir fest, was aus den winzigen Samen geworden ist, die wir vor nicht allzu langer Zeit in die Erde gesteckt haben. Überall um uns herum erkennen wir, daß der natürliche Auftrag Wachstum ist.

Unsere Lebensmitte ist ebenso eine Periode des Wachsens wie jeder andere Lebensabschnitt. Die Einkehr in uns selbst ist wie die Entwicklung des Samens im Boden, bevor er nach außen drängt.

Unser Alterungsprozeß läßt uns wachsen – nicht welken oder gar vergehen. Wir können das tägliche Wachstum bewundern und die Ernte der Samen schätzen, die wir früher gepflanzt haben.

Heute anerkenne ich dankbar den natürlichen Zwang zum Wachsen.

Vertrauen und Zweifel sind gleichermaßen vonnöten – nicht als Antagonismen, sondern Seite an Seite –, um uns die Hürde des Unbekannten überwinden zu lassen.

Lillian Smith

Das Vertrauen hilft uns über rauhe Wegstrecken hinweg. Der Zweifel hält uns wach und munter. Ohne Skepsis würden wir in einen schläfrigen Dämmerzustand geraten, in dem wir alle Dinge für selbstverständlich halten.

So könnten wir beispielsweise in der Mitte des Lebens Zweifel daran bekommen, ob wir unseren Daseinszweck sowie bestimmte materielle oder geistige Positionen im Leben erreichen werden. Haben wir unsere Ziele zu hoch gesteckt? Sind wir gezwungen, Neuorientierungen vorzunehmen und kleinere Brötchen zu backen, oder sollten wir in unserem Bemühen entschlossen fortfahren? Unser Zweifel hilft uns bei der Neubewertung unserer Ziele, dem Erkennen unserer Grenzen und der Erforschung unserer Motive. Unsere Ziele müssen nicht notwendigerweise zurückgeschraubt werden, sondern erscheinen erreichbarer, wenn wir aufhören, auf ihrer Erfüllung zu beharren.

Heute mache ich mir das Gleichgewicht zwischen Vertrauen und Skepsis bewußt.

In der Jugend glaubte ich, bestimmte Dinge opfern zu müssen, um andere bekommen zu können. Jetzt sehe ich, daß ich die Wahl habe, daß ich das auswählen kann, was für mich wichtig ist.

Mary

Wenn wir – überlastet und gereizt – nachforschen, was da nicht mit uns stimmt, stellen wir für gewöhnlich fest, daß wir unüberlegt auf die Anforderungen anderer und unsere eigenen Impulse reagieren. Vielleicht haben wir vergessen, daß wir in jedem Moment die Möglichkeit haben, eine Entscheidung zu treffen, daß wir unseren Alltag kühl abschätzen und sagen können: Ja, das befriedigt mich; nein, damit belaste ich mich nur.

Eine Wahl zu treffen, gibt uns Stärke – nicht die Art von Stärke, die andere tyrannisiert, sondern die Kraft, die von innen kommt.

Vielleicht fühlen wir uns zu einem Menschen hingezogen, der sich uns immer wieder entzieht. Heißt das, daß dieser Mensch keine Beziehung zu uns eingehen möchte? Oder ist es nur seine Art, in einer Situation zu reagieren, die Intimität erfordert? Wir können uns bei jeder Begegnung mit diesem Menschen entscheiden, ob wir auf ihn zugehen wollen oder nicht. Manchmal müssen wir beharrlich in der Nähe bleiben, um seine Anziehungskraft auf uns zu verstehen, bevor wir uns zur Distanz entscheiden. Solange wir eine Wahlmöglichkeit haben, werden wir nicht zu Opfern.

Heute opfere ich nichts, sondern treffe meine Wahl.

Ich beziehe Energie aus der Erde, ich beziehe Optimismus aus der Erde. Ich habe das Gefühl, solange die Erde jedes Jahr einen neuen Frühling hervorbringt, kann ich es auch. Solange die Erde blüht und Früchte trägt, kann ich es auch. Ich gebe nicht auf, bevor die Erde aufgibt.

Alice Walker

Die Erde erträgt viele Katastrophen – naturbedingte wie Erdbeben, Vulkanausbrüche oder Überflutungen, aber auch durch Menschen verursachte –, und doch bringt sie in jedem Jahr einen neuen Frühling hervor. Härtere Winter scheinen sie sogar mitunter dazu zu veranlassen, einen noch strahlenderen Lenz zu produzieren.

Auch wir unterliegen Schicksalsschlägen. Wir verlieren unsere Eltern und andere geliebte Menschen. Krankheiten machen uns unsere Grenzen bewußt. Wir erleben Desillusionierungen und Enttäuschungen durch Menschen und Ereignisse, auf die wir keinen Einfluß haben. Die daraus folgende Verzweiflung bleibt keinem von uns erspart. In unseren dunkelsten Stunden glauben wir, uns nie wieder erholen zu können. Aber natürlich erholen wir uns. Und nach jeder Krise tauchen wir stärker wieder auf.

Ich lasse mich von der Erde und ihrer beständigen Erneuerung inspirieren.

Die Ablehnung des Todes ist zum Teil dafür verantwortlich, wenn Menschen ein leeres, unerfülltes Leben leben. Geht man von der Ewigkeit des Lebens aus, dann ist es leicht, die Dinge aufzuschieben, die man tun muß.

Elisabeth Kübler-Ross

Der Tod begrenzt das Leben, und Begrenzungen helfen uns, unseren Zweck zu erfüllen. In jungen Jahren tendieren wir dazu, den Tod zu verleugnen. Vielleicht sehen wir uns durch das Sterben eines nahestehenden Menschen dazu gezwungen, uns mit ihm auseinanderzusetzen, aber noch immer halten wir ihn für eine Ausnahme, für eine Anomalie.

In der Mitte des Lebens betrachten wir Grenzen von einer ganz anderen Warte aus. Wir haben die Einhaltung gewisser Grenzen schätzen gelernt. Wir wissen, daß wir viele unserer Beschränkungen freiwillig wählen, daß sie uns dabei helfen, unsere Ziele zu erreichen. Auf andere Grenzen, den Tod beispielsweise, haben wir keinerlei Einfluß, aber durch sie können wir uns auf das Wesentliche konzentrieren, sie motivieren uns – sofern wir sie akzeptieren.

Mein Bewußtsein für den Tod trägt dazu bei, daß ich die wichtigen Aspekte meines Lebens im Auge behalte und mich nicht verzettle.

Meine fünfziger Jahre wurden von der Menopause bestimmt, und ich glaube kaum, daß sich eine Frau darauf vorbereiten kann. Hitzewallungen sind sehr real... Ich hatte sie fünf Jahre lang etwa alle vierzig Minuten. Ich stellte fest, daß ihnen ein kurzer Anfall der Verzweiflung vorausging, wie ich ihn bereits als junge Frau kennengelernt hatte.

Allie Light

Allie Light berichtet, daß jeder ihrer Hitzewallungen eine kurze depressive Phase vorausging. Das brachte sie zu der Überzeugung, daß die Niedergeschlagenheit ihrer Jugend «wesentliche» Ursachen hatte. Ihre Feststellungen sind für uns alle wichtig. Je mehr wir von den Erfahrungen verschiedenster Frauen wissen, desto weniger beängstigend wird das Klimakterium. Unsere eigenen Erfahrungen bestätigt zu sehen verringert das Gefühl, ganz allein zu sein, und erleichtert uns unsere Bürde.

Hitzewallungen treten unterschiedlich häufig auf. Manche Frauen klagen ausschließlich über nächtliche Schweißausbrüche, andere haben monatlich ein paar Anfälle fliegender Hitze, während wieder andere alle zwanzig Minuten in Schweiß ausbrechen. Die meisten von uns haben bereits vor der Menopause Zustände, die Hitzewallungen ähneln – eine Phase, in der der Thermostat unseres Körpers außer Funktion ist –, vor oder während der Menstruation oder verursacht durch eine Erkrankung.

Ich bin allen dankbar, die über ihre Hitzewallungen sprechen oder schreiben.

Unsere Taten begleiten uns aus der Entfernung. Und was wir gewesen sind, macht uns zu dem, was wir sind.

George Eliot

Unsere Taten machen das aus, was wir heute sind. Auch unsere «Untaten». Vielleicht haben wir andere schlecht behandelt oder unseren Groll an ihnen ausgelassen. Vielleicht haben wir jemanden nicht so geliebt, wie wir ihn lieben wollten. Aber sobald wir uns unser Fehlverhalten vergeben und in unsere Vergangenheit einordnen, wird es uns nicht mehr heimsuchen können.

Jetzt in der Lebensmitte wird uns bewußter, wie sehr unsere Taten von unseren täglichen Entscheidungen abhängen. Wir handeln nicht mehr zufällig, launenhaft oder unter dem Einfluß von anderen. Wir stehen am Steuer und treffen die Entscheidungen selbst.

Wir brauchen nur den vor uns liegenden Tag zu bedenken und Entschlüsse zu fassen. Vielleicht wollen wir unseren engsten Freunden und Verwandten für ihre Liebe und Zuneigung durch eine besondere Geste danken. Vielleicht wollen wir uns einen Wunsch erfüllen, den wir schon lange in uns tragen, aber bislang ignoriert haben. Ein deutliches Wohlgefühl wird uns am Abend dafür belohnen, unsere Entschlüsse in die Tat umgesetzt zu haben.

Meine Taten sind Perlen, die schließlich eine prachtvolle Halskette ergeben.

In der Jugend ist das ganze Leben ein Durcheinander von Identitäten. Erst wenn man durch diesen einschränkenden Kanal auf die offene See der Unpersönlichkeit hinausgelangt ist, kann man wirklich zu leben beginnen – nicht nur mit dem intensiveren Teil des Selbst, sondern mit dem ganzen Sein.

Ellen Glasgow

In jungen Jahren glauben wir, nur durch eine ausgeprägte Identität mit unserem ganzen Sein leben zu können. Wir suchen danach durch unsere Assoziation mit Gleichaltrigen, durch unser Aufbegehren gegen die Familie und die Erforschung unserer Interessen und Vorlieben.

Später entdecken wir dann, daß ein erfülltes Leben mehr ist als eine starke Identität. Wir stellen fest, wieviel Zeit wir ichbezogen damit zugebracht haben, weniger ichbezogen zu werden, um schließlich zu der Erkenntnis zu gelangen, daß wir so wichtig nun auch wieder nicht sind. Andererseits sind wir außerordentlich wichtig. Im Alter ist das eine ganz natürliche Feststellung. Wenn wir uns mit unserer Sterblichkeit abfinden, verblaßt unsere einmalige persönliche Identität und wir werden ganzheitlich lebendig – ohne das Verlangen, der Mittelpunkt des Universums zu sein.

Ich agiere von einer größeren Basis aus als meiner Identität.

Es ist Chrissies Sache, sich für alt zu halten. Aber Margaret weiß, daß sie selbst wie sechzig aussieht, vielleicht wie fünfundfünfzig. Das hat Dr. Branson bei ihrer letzten Untersuchung völlig unvoreingenommen gesagt. Und so kann sie sich erlauben, ihr Alter mit zehn Jahren weniger anzugeben und sich mit siebzig die Haare blau tönen zu lassen.

Valerie Miner

Wir fragen uns, warum wir uns nicht als jünger ausgeben sollten, wenn es möglich ist. Was hätten wir schon zu verlieren? Eine Menge. Durch derartige Ausweichmanöver verlieren wir die Fähigkeit, uns selbst zu verwirklichen, weil wir unsere Energien darauf verwenden, ein unzutreffendes Bild von uns selbst zu zeichnen. Darüber hinaus verhindert es unsere Selbsterkenntnis.

Stellen Sie sich vor, wie schockiert die Öffentlichkeit wäre, wenn jede Frau mit krebsbedingt amputierter Brust eine Woche lang auf ihre Prothese verzichten würde. Auch wenn jede von uns ihre eigenen Entscheidungen über ihr Äußeres treffen muß, so sollte uns klarsein, daß wir eine Möglichkeit (die, unsere Persönlichkeit uneingeschränkt darzustellen) gegen eine andere (die, mit unserem Äußeren unsere Gesellschaft nicht allzusehr zu provozieren) abwägen müssen.

Anstatt mich um ein jugendliches Aussehen zu bemühen, bedenke ich den Preis derartiger Ausweichmanöver.

Ich suchte im Spiegel nach grauen Haaren, nach Falten, begutachtete meinen Körper. Vermutlich nahm ich an, der Verfall müßte sichtbar sein. Es war reine Eitelkeit, weil ich mir eigentlich gar keine Sorgen darüber machte, denn mein Leben ist angenehm aufregend. Ich empfinde keine Beschränkungen. Es kümmert mich nicht, was dieser oder jener sagt.

Leota Lone Dog

Tun wir das nicht alle, wenn wir die Lebensmitte erreicht haben? Nach Veränderungen forschen? Uns darum sorgen, daß ein Übergang auf uns zukommen könnte, auf den wir nicht vorbereitet sind? Irgendwann fällt in einem Monat unsere Periode aus, und wir sagen uns: «Jetzt wird das alles schnell vorbei sein», aber der Übergang geht sehr viel langsamer vor sich. Es ist mehr als wahrscheinlich, daß unsere Menstruationen wiederkommen werden. Wir brauchen eine gewisse Zeit, um unsere Veränderungen zu bemerken und uns mit dem Übergang abzufinden.

Unterdessen sollten wir die Art und Weise schätzen, in der sich unser Leben erweitert, und uns an der größeren Gelassenheit erfreuen, die es mit sich bringt, uns mehr mit uns selbst und unseren Einstellungen zu befassen als mit den Meinungen anderer.

Meine Veränderungen bringen mir Höhen und Tiefen. Ich lerne, weniger extrem auf sie zu reagieren.

Das Verharren im Negativen vergrößert nur seine Macht.
Shirley MacLaine

Sobald Hürden vor uns auftauchen, müssen wir auf sie reagieren. Es bringt nichts, vor ihnen die Augen zu verschließen und so zu tun, als wären sie nicht da. Doch ebensowenig bringt es etwas, sich nur die negativen Möglichkeiten auszudenken. Manchmal unterliegen wir der irrigen Annahme, wenn wir nur lange genug über ein Problem nachdenken und uns die schlimmsten Szenarien ausmalen, würde uns das bei der aktuellen Lösung helfen. Aber diese Grübelei ist keine wirkliche Vorbereitung. Sie deprimiert uns nur.

Bei der Vorbereitung auf die Menopause sind wir herausgefordert, uns auf das Positive zu konzentrieren – vor allem, weil sich frühere Generationen allein auf das Negative beschränkten. Wir sollten uns der imaginativen Kraft der Weisen Alten versichern und nicht dem abfälligen und unzutreffenden Image der wertlosen alternden Frau verfallen. Widmen wir unsere Energien den positiven Möglichkeiten unserer Zukunft: den Früchten unseres Reifens, dem Strom unserer Kreativität, der Bündelung unserer Lebensklugheit.

Ich verkenne Probleme nicht, konzentriere mich aber auf positive Lösungen.

AUGUST

Ich sage dir, jemand wird sich an uns erinnern. Wir werden niedergedrückt von der Furcht vor dem Vergessen.

Sappho

Manche von uns leiden unter der Angst, kein «wichtiges» Leben zu führen. Wir befürchten, schon bald vergessen zu sein, wenn wir morgen sterben. Wir haben Angst, daß unsere Spuren schnell verwehen, daß unsere Leistungen von vergänglichem Wert sind.

Doch wenn wir unsere Errungenschaften durch eine positive Brille betrachten, erkennen wir, wie wichtig sie sind. Uns zu entwickeln, anderen und uns selbst zu nützen, Kinder zur Welt zu bringen und lange Jahre nach besten Kräften zu erziehen – das sind ehrenwerte Verdienste, zu denen wir uns nur gratulieren können.

Wir brauchen das Vergessen nicht zu fürchten. Wir sollten unser Licht nicht unter den Scheffel stellen.

Im Rückblick auf meine Leistungen stelle ich fest, wie viele und bedeutende es doch sind.

Je mehr ich staune ... desto mehr lebe ich.

Alice Walker

An Kindern sehen wir, welch begeisterungsfähige Wesen wir alle im Grunde sind. Falls wir uns nicht mehr an uns selbst erinnern, brauchen wir nur die Kinder unserer Umgebung zu beobachten. Wir können sie dabei beobachten, wie sie neue Dinge entdekken und erforschen. Wir sehen ihr Entzücken, wenn irgendwo ein Kaninchen aus einem Hut gezaubert wird.

Warum läßt mit dem Älterwerden unsere Fähigkeit zum Staunen nach? Wir glauben, wir müßten alle Dinge unbedingt im Griff haben. Das Unbekannte verliert seine Faszination, wird zum Ärgernis. Wir neigen dazu, die Mysterien der Ungewißheit zu verdrängen. Doch schließlich müssen wir entdecken, daß uns diese Haltung ein Gefühl von Leblosigkeit gibt.

Wir können unseren Sinn für Wunder jederzeit wiedererwecken. Sobald wir aufnahmebereit sind, wird uns die Natur – durch Tiere, Pflanzen, Mitmenschen – zum Staunen bringen und uns Liebe erfahren lassen.

Ich glaube wieder an Wunder und gebe mich dem Geschenk dieser Vision hin.

In mir entsteht eine Vorstellung meines Lebens. Es ist die allmähliche Entdeckung und Entwicklung eines Lebenssinns, der mir bisher unbekannt war.

Joanna Field

Mit der Arroganz der Jugend waren wir oft ganz sicher, selbst am besten zu wissen, was gut für uns war. Wenn doch nur diese oder jene Hürde aus unserem Weg geräumt würde, klagten wir. Wenn wir unser Ziel doch schneller erreichen könnten. Wenn uns unsere Willenskraft dazu bringt, bestimmte Ziele zu verfolgen, rechtfertigen wir unsere Bemühungen häufig damit, unseren Lebenszweck erfüllen zu müssen.

In der Mitte des Lebens haben wir etliche unserer oberflächlicheren oder materiellen Ziele erreicht. Und doch verlangt es uns nach mehr. Vielleicht sind wir nun eher bereit, auf die innere Stimme zu hören, die uns dem Sinn unseres Lebens näherbringen will. Vielleicht können wir jetzt die Geduld für das Mysteriöse aufbringen, das sich langsam entfaltet, wenn wir unseren Willen beiseite lassen, um den Willen einer größeren Macht im Universum zu entdecken.

Ich öffne mich einer umfassenderen Erforschung des Sinns meiner Existenz auf diesem Planeten.

Mein ganzes Leben habe ich für andere gesorgt, und das nicht schlecht. Man sollte meinen, daß mich das zur Sorge für mich selbst befähigt, aber so ist es nicht. Sobald es um mich geht, bin ich häufig genug ein hoffnungsloser Fall.

Ginny

Der Lernprozeß, der zur Sorge für sich selbst führt, ist eine lebenslange Aufgabe, die viele Bereiche umfaßt. Nur selten bringen wir die Fürsorge, mit der wir unsere Kinder geradezu überschüttet haben, für uns selbst auf. Unter Umständen haben wir materiell ganz gut für uns gesorgt, aber wenn es um Zeit für unsere geistigen Belange ging, zeigten wir uns nachlässig – aus Angst vor dem Alleinsein oder der Stille, deren es bedarf, um zuhören zu können.

Es ist höchste Zeit, unsere Aufmerksamkeit diesen vernachlässigten Gebieten zuzuwenden. Anstatt zu sagen: «Das ist nicht mein Ding» oder «Das überlasse ich lieber anderen, die mehr davon verstehen», sollten wir eine ausführliche Expedition in unser Inneres antreten. Trotz unserer reifen Jahre müssen wir bereit sein, in einigen Bereichen sehr jung und unerfahren vorzugehen. Indem wir uns eingestehen, was wir nicht wissen, werden wir mit der Freude des Lernens belohnt.

Ich erkunde neue Wege des Lernens und versuche, besser für mich zu sorgen.

Ich habe Gott in mir gefunden und liebe sie leidenschaftlich.
Ntozake Shange

Viele von uns sind in einer bestimmten religiösen Überzeugung aufgewachsen und haben doch kein Gefühl für Gott in sich entwickelt. Häufig haben wir uns unserem Glauben entfremdet und unseren spirituellen Bedürfnissen kaum Aufmerksamkeit geschenkt. Wir suchten unsere Befriedigung in persönlichen, vielleicht auch sozialen oder politischen Bereichen.

Doch nun regt sich in uns ein Verlangen nach der spirituellen Dimension und der Vorstellung eines Gottes/einer Göttin unseres Verständnisses. Ob wir Gott nun als Liebe definieren, als Seele, als unseren verbindenden Geist, den Bereich von uns, der uns mit höherer Weisheit verbindet: Unsere Erkenntnis dieser Verbundenheit kann uns Frieden und ein Gefühl des Wohlbefindens vermitteln. Sie gibt unserer Existenz in der Lebensmitte eine größere Bedeutung als je zuvor.

Meine geistige Verbundenheit ist bereits vorhanden. Ich brauche mir dieses Wissen nur bewußtzumachen.

Frauen reden weder über ihre erste Menstruation, diesen Meilenstein in ihrem Leben, noch über ihre Mütter, die aus der ersten Blutung der Tochter ein Geheimnis machten, oder Väter, die sich peinlich berührt abwandten. Wie sollte sich auf einem so kargen Boden eine reife Frau entwickeln?

Virginia Beane Rutter

Geleugnete und verdrängte Ereignisse werden häufig zu Tabus. Wir alle haben Horrorgeschichten über die Menarche gehört: von dem dreizehnjährigen Mädchen, das im Bad verblüfft feststellt, daß es blutet, ohne sich verletzt zu haben. Dann erscheint die Mutter und klärt ihre Tochter über die Menstruation auf: «Damit wirst du jetzt lange Jahre leben. Man nennt es ‹die Tage›. Du hast Bauchschmerzen, riechst unangenehm und blutest.»

Lassen Sie uns dieses Ereignis als eines preisen, das Mädchen mit den einmaligen Aspekten der Weiblichkeit vertraut macht. Lassen Sie es uns mit Respekt behandeln. Lassen Sie uns für unsere Töchter zu Hüterinnen der Wahrheit über den weiblichen Körper werden.

Unabhängig davon, wie mir die Menstruation erklärt wurde: Ich trenne mich von negativen Ansichten und betrachte sie als positive Erfahrung.

Die Wahrheit muß allmählich erstrahlen, sonst würde jedermann erblinden.

Emily Dickinson

Je älter wir werden, desto mehr erkennen wir, daß sich die Wahrheit stets vor oder in uns entfaltet. Sperrgitter der Ablehnung schirmen alle Bereiche ab, auf denen wir noch nicht zur Wahrheit gelangt sind. Auch wenn wir diese Sperrgitter mitunter verfluchen, geben sie uns doch auch die Möglichkeit, uns voll, ganz und aufrichtig auf eine Sache zu konzentrieren.

Wir wären überfordert und überwältigt, wenn wir alles auf einmal erkennen würden. In der Mitte des Lebens sind wir eher in der Lage, diesen Prozeß zu begreifen: die Erbitterung des Widerstands, die Hoffnung mit jeder neuen Ebene der Wahrheit, das Gefühl von Heimkehr, das wir jedesmal empfinden, wenn wir einen neuen Aspekt von uns deutlicher erkennen und anerkennen. Wir verzichten darauf, unsere Enthüllungen zu beschleunigen, und geben uns gelassen dem Rhythmus hin, mit dem sie sich uns offenbaren.

Ich finde meinen Platz in der Wahrheit, die ich heute erkenne.

Wofür leben wir, wenn nicht dafür, einander das Leben weniger schwerzumachen?

George Eliot

Das Leben ist ein ständiges Geben und Nehmen. Wir helfen anderen, und andere helfen uns. In Kindheit und Jugend sind wir abhängiger und erwarten von daher, eher auf der Nehmerseite zu sein. Aber im Laufe der Jahre wird es ganz selbstverständlich für uns, das zurückzugeben, was wir empfangen haben.

In engen Beziehungen neigen wir häufig zu der Ansicht, genau das wiederbekommen zu müssen, was wir investiert haben. Immerhin wäre das nur fair. Aber das Geben verliert seinen Sinn, wenn es von dem Verlangen motiviert ist, ein Geschenk zu erhalten. Mit der Zeit lernen wir, darauf zu vertrauen, daß unsere Großzügigkeit stets irgendwie belohnt wird. Wir wissen nur nicht, wie und wann. Vielleicht kann unser Lohn auch in dem angenehmen Gefühl bestehen, daß wir erwachsen genug geworden sind, um dem Universum etwas zurückgeben zu wollen.

Heute anerkenne ich die Hilfe, die ich von anderen erhalten habe, indem ich anderen helfe.

Ich komme mir nicht altmodisch vor, aber wenn ich mir die heutige Jugend ansehe, weiß ich oft nicht, was sie eigentlich will.

Beverly

Erinnern Sie sich noch, wie wir als selbstgefällige Teenager oder junge Erwachsene der festen Überzeugung waren, daß unsere Generation die Welt weiter bringen würde als unsere Eltern? Wir waren unbeschwert und hatten – je nach Veranlagung – die richtige Einstellung für unsere Vergnügungen und Ambitionen. Wenn unsere Eltern bestürzt waren, bestärkte dies unsere Vorstellung, uns erfolgreich von ihnen abgesetzt zu haben.

In der Lebensmitte stellen viele von uns überrascht fest, daß wir ähnlich denken wie unsere Eltern. Was hat das zu bedeuten? Haben wir etwa versäumt, mit der Zeit zu gehen? Oder handelt es sich nur um einen zarten Wink, der uns auf den Wandel der Zeit aufmerksam machen will? Wenn unsere Eltern uns vorhielten: «Wir sind täglich fünf Kilometer zur Schule und zurück gelaufen», könnten wir heute unseren Kindern oder Enkeln sagen: «Früher haben wir rechnen gelernt, indem wir Zahlenkolonnen im Kopf addierten, ohne Taschenrechner und Computer.»

Mit zunehmendem Alter werden unsere Ansichten rigider. Aber wir können uns eine Neugier gegenüber der Jugend bewahren, ohne unsere eigenen Werte zu gefährden.

Heute bemühe ich mich, die Unterschiede zwischen den Generationen zu verstehen.

Schon immer hat es Frauen gegeben, die sich weigerten, auf den Karren ewiger Jugend aufzuspringen, und es vorzogen, erwachsen zu werden; die ihr Klimakterium mit Würde angingen und ihr Leben veränderten, um ihrer neuen Phase des Erwachsenseins Chancen und Raum zu verschaffen.

Germaine Greer

Für Frauen in den besten Jahren ist es nicht leicht, sich zu voller Reife zu entwickeln, wenn ihnen die ganze Welt rät, unter allen Umständen jugendlich zu bleiben.

Die Menopause stellt den Wechsel von einer körperbetonten Existenz mit der Möglichkeit der Mutterschaft zu einem Stadium tieferer Innerlichkeit und der Erkenntnis eigener Sterblichkeit dar. Es ist die Zeit, in der wir erkennen sollten, daß es an uns liegt, unser Leben so zu gestalten, wie wir es uns wünschen. Es ist die Zeit, Entscheidungen zu treffen, die uns nützen und befriedigen. Wir beginnen damit, in uns selbst zu ruhen, wie unsere Großmütter vielleicht in ihrem Schaukelstuhl geruht haben, und halten uns doch auch offen für eine tiefere Erkenntnis unseres Lebenszwecks.

Ich gestatte mir, mit Würde und Anmut erwachsen zu werden.

Jetzt ist es mein eigenes Leben, um das ich mich kümmern muß.

Susan Griffin

Für viele von uns ist die Lebensmitte nach der Kindererziehung und der Sorge für andere die erste Möglichkeit, sich auf sich selbst zu besinnen. Unter Umständen sind wir es nicht gewohnt, uns auf uns selbst zu konzentrieren, und es bedarf einiger Übung, sich derart ins Rampenlicht zu stellen und Innenschau zu halten.

Fühlen wir uns beraubt, weil unsere Kinder ausgezogen sind? Haben wir das Gefühl, unseren Lebenszweck bereits erfüllt zu haben und daß die Fülle unseres Lebens hinter uns liegt? Vielleicht müssen wir die Trauerphase über diesen Verlust noch beenden, aber das Leben noch längst nicht. Es gibt unendlich viele Dinge an uns zu entdecken, vielfältige Aufgaben zu erfüllen. Eine davon könnte der Friedensschluß mit uns selbst sein.

Ich sonne mich im Rampenlicht meiner Visionen.

Vielleicht wird so viel über den Verlust der Jugend geklagt, weil wir nicht die erforderte Haltung aufbringen, Reife als einen Gewinn zu begreifen.

K.

Die Pubertät ist häufig so schmerzlich, daß es gut für uns ist, uns auf unser Erwachsensein freuen zu können, als Lohn für unsere Qual. Doch in unserer heutigen Gesellschaft wird die Jugend glorifiziert. Auch wenn viele von uns durchaus das Gefühl haben, ihr Leben würde mit jedem Jahr besser, werden wir uns doch auch des Widerspruchs zwischen unseren Empfindungen und den allgemeinen Vorstellungen bewußt. Man bombardiert uns förmlich mit Signalen, daß jüngere Menschen wertvoller seien als ältere. Wenn wir unsere Arbeitsstellen verlieren, haben wir trotz unseres Erfahrungsreichtums Schwierigkeiten, uns gegen jüngere Konkurrenten zu behaupten. Wenn wir unsere Liebe verlieren, werden wir für eine neue Beziehung als ungeeignet erachtet, obwohl wir inzwischen reif genug geworden sind, um bedingungsloser und tiefer lieben zu können.

Streben wir eine Welt an, in der Reife als Gewinn betrachtet wird. Diese reifere Gesellschaft könnte weniger auf Eroberungen aus sein und weniger pedantisch. Sie wäre vielleicht ausgeglichener, friedfertiger und kreativer.

Heute betrachte ich meine Reife als Gewinn.

Eines der Kennzeichen für eine Begabung ist der Mut, sie zu nutzen.

Katherine Anne Porter

Wir alle verfügen über Begabungen. Manche von uns sind eher als andere in der Lage, zu ihnen zu stehen. Das ist stets ein Prozeß, der uns Mut abverlangt.

Wenn wir beim Eintritt in die Mitte des Lebens unsere Begabungen noch nicht erkannt und genutzt haben, könnten wir uns bedrückt und unausgefüllt fühlen. Denn schließlich handeln wir irgendwo tief in unserem Innern gegen unseren Lebenszweck. Unsere Niedergeschlagenheit bringt uns dazu, langsamer zu treten, vielleicht sogar innezuhalten, bis wir mit einem Schlag erkennen, was uns bislang gefehlt hat.

Wenn wir uns einer Begabung bewußtwerden und bereit sind, sie auch zu nutzen, könnten wir dennoch Furcht empfinden. Indem wir uns von anderen helfen lassen, indem wir die nötige Unterstützung suchen und Vertrauen in uns selbst haben, werden wir auch den Mut finden, unsere Unsicherheit zu besiegen.

Ich versichere mich der notwendigen Unterstützung und Anleitung, um meine Begabungen weiter fördern zu können.

Alles von Wert kostet dich etwas.

Toni Cade Bambara

Ohne unsere Aufmerksamkeit für andere Dinge zu opfern, können wir keine Fortschritte in einem bestimmten Lebensbereich machen – sei das nun der Aufbau einer neuen vertrauensvollen Beziehung, die entschiedene Förderung einer künstlerischen Begabung, eine berufliche Veränderung oder der Umzug in eine andere Stadt. Die Hinnahme des Opfers als natürlicher Bestandteil des Lebens ist eins der Merkmale für Reife.

Als Kinder haben wir den Eindruck, daß alles nur für uns da ist. Aus dieser naiven Weltsicht werden wir unsanft geweckt, wenn man uns sagt: das ja, aber nein, dies nicht. Später erkennen wir, daß wir uns nicht mit Eltern auseinandersetzen, sondern mit den Gesetzen der Natur.

In der Lebensmitte muß uns diese Erkenntnis nicht mehr deprimieren – wenn wir bereit sind, sie zu akzeptieren. Wenn wir uns einen Partner erwählt haben, können wir uns für keinen neuen entscheiden, ohne den ersten zu verlieren. Um ein fruchtbares, kreatives Leben führen zu können, müssen wir mitunter auf gesellschaftliche Umtriebigkeit verzichten. Aber wenn wir zu unseren Entscheidungen stehen, wird die Befriedigung, die sie bringen, die «Opfer» bei weitem übersteigen.

Heute akzeptiere ich den Preis meiner Entscheidungen.

Die alte Erzählweise ist nicht verschwunden. Sie hat sich verändert. Veränderungen hat es immer gegeben. Sie sind stets neue Möglichkeiten des Erinnerns.

Paula Gunn Allen

Paula Gunn Allen bezieht sich auf Veränderungen im Geschichtenerzählen der amerikanischen Ureinwohnerinnen. Aber ihre Feststellung trifft auch auf Frauen zu, die vom Klimakterium und dem Altern berichten. Bis vor kurzem wurden die Wechseljahre öffentlich ausschließlich durch die Brille der Medizin gesehen. Die von ihnen zur Beschreibung der Menopause benutzten Formulierungen und Begriffe – beispielsweise «östrogendefizitär» – erweckten den Eindruck, daß diese ganz natürliche Phase ein krankhafter oder abnormer Zustand sei.

Und jetzt, da wir offener über unsere Erfahrungen sprechen und unsere Ansichten häufiger veröffentlicht sehen, wissen wir intuitiv, daß ältere Kenntnisse den Suchenden zur Verfügung stehen. Unsere matriarchalischen Vorfahrinnen kannten kein Unbehagen oder Scham aufgrund des Alterns. Wir können uns an sie erinnern und aus ihrer Lebensweisheit Kraft beziehen, indem wir sie in unsere Gesellschaft übernehmen.

Ich lausche auf die Stimmen der Vergangenheit, die – unbewußt – in der kollektiven Erinnerung ruhen.

Wie unwichtig sind ein paar Fältchen hier und da im Vergleich zur Gestalt meiner vollständigen Persönlichkeit, die ich im vergangenen Jahr geworden bin.

May Sarton

Wenn wir im Spiegel kritisch die nachlassende Spannkraft unserer Haut betrachten und uns wünschen, wie früher auszusehen, tun wir gut daran, uns auf unser umfassenderes Bild zu konzentrieren, auf die «Gestalt», die wir geworden sind. Vieles von unserer Einstellung hängt von der Linse ab, durch die wir schauen. Wenn wir es aus der Tiefe unseres Ich heraus betrachten, können wir die vielen Dimensionen erkennen, die uns inzwischen ausmachen.

Sobald wir die Gesamtheit unserer unterschiedlichen Dimensionen anerkennen, können wir auf die Vorstellungen der Gesellschaft von uns mit Weisheit und Würde reagieren. Wir haben gesucht, geforscht und uns unsere Fähigkeit verdient, zu uns selbst zu finden. Jetzt fühlen wir uns «vollständiger» als jemals zuvor. Und die Vielfalt unserer Erfahrungen bereichert uns wie Gewürze eine Suppe. Erfreuen wir uns an unserer Ganzheit.

Ich genieße die vollständige Persönlichkeit, die ich werde.

Ich habe das Gefühl, neben meinem Körper zu stehen und zu schimpfen: «Was ist mit dir los? Warum reagierst du nicht mehr so, wie ich fühle?»

Gail Sheehy

«Warum reagierst du nicht mehr so, wie ich fühle?» Diese Frage stellen wir Frauen in der Menopause unserem Körper immer wieder. Wir stellen vielleicht ein allgemeines Nachlassen unserer Energie fest, eine Abnahme der sexuellen Lust, eine unerklärliche Niedergeschlagenheit, fliegende Hitze, Schwindelgefühle und Lücken im Erinnerungsvermögen. Das alles sind normale Reaktionen für Frauen, deren Östrogenspiegel sich verändert. Doch nach Jahrzehnten ausgeglichener Energie ist es schwer für uns zu glauben, daß sich derart grundsätzliche Dinge ändern können.

Vielleicht denken wir eine Zeitlang: «Das bin doch nicht ich.» Aber wir sind es, und nichts nimmt uns so radikal die Lebensfreude wie das Warten auf das Morgen, aufs nächste Jahr, anstatt im Heute und Jetzt zu leben. Unsere Körper verdienen Anerkennung. Sie haben uns all die Jahre gedient. Der Wunsch, sie wären so jugendlich wie früher, erspart uns weder Hitzewallungen noch Gefühle der Erschöpfung. Uns den Gegebenheiten zu stellen gibt uns Kraft und Sicherheit – trotz der Unannehmlichkeiten des Übergangs.

Ich nehme mir heute vor, meinen Körper so zu akzeptieren, wie er ist.

Welches Leben man führen sollte? Das, das einem gefällt. Ich schreibe gern. Ich mag Veränderungen. Ich werfe meinen Geist gern hoch in die Luft und sehe zu, wohin er fällt.

Virginia Woolf

Gefällt uns das Leben, das wir führen? Oder verbringen wir unsere Zeit mit dem Wunsch, eine andere zu sein? Wissen wir, was wir gern tun? Wissen wir, was unser Wesen am besten ausdrückt?

In der Jugend wissen wir es oft nicht. Und so begeben wir uns auf Reisen, nicht nur in andere Länder, sondern auch in die Bereiche unserer Seele und unseres Geistes. Manche von uns fühlen sich in der Lebensmitte noch immer wie Reisende. Wir schlagen eine neue Berufslaufbahn ein; wir fühlen uns an unserem Wohnort nicht mehr hundertprozentig wohl; wir wollen erneut aufbrechen, aber wir wissen, daß wir unsere Rastlosigkeit mitnehmen werden.

Die größte Chance, wieder ruhiger und gelassener zu werden, besteht wohl darin, uns auf das Leben zu konzentrieren, das wir führen möchten. Falls wir noch immer im Wartestand sind, ist es höchste Zeit, das Warten zu beenden und zur Tat zu schreiten. Wir haben viele Wahlmöglichkeiten, und keiner kann uns davon abhalten, uns zwischen ihnen zu entscheiden.

Heute suche ich mir das Leben aus, das mir gefällt, und führe es auch.

Unbedingt jünger aussehen zu sollen gehört zur weiblichen Erfahrung. Die Lügen über das weibliche Altern und seine Verunglimpfung halten Generationen von Frauen ab, einander zu begegnen.

Baba Cooper

In unserem dritten und vierten Lebensjahrzehnt lernen wir viel darüber, wer wir sind und was uns wirklich wichtig ist. Das erlaubt uns, selbstsicherer und gelassener in die Zukunft zu blicken. Und doch legt uns die gängige Diskriminierung des Alterns gleichzeitig nahe, uns für jünger auszugeben, als wir sind.

Wir haben uns unsere Klugheit durch das Bemühen verdient, in früheren Jahren ein bewußtes Leben zu führen. Wir brauchen die falschen Klischees über ältere Frauen nicht zu übernehmen. Sie würdigen die Integrität und Lebensweisheit der Frauen herab.

Das Altern ist ein natürlicher Reifeprozeß, und ich lehne alle negativen Klischees ab.

Aber das Alter trocknet mir die Haut zu tausend Falten.

Sappho

Warum ist es so schwer, sich mit unserer runzligen Haut abzufinden? Wir suchen im Spiegel noch immer die jüngere Version von uns selbst. Wir betrachten unsere Fältchen mit Widerwillen und greifen in der Hoffnung, daß sie sich nicht weiter vertiefen, erneut zur Cremedose. Vielleicht sehen wir das Gesicht unserer Mutter im Spiegel oder bemerken, wie sich unsere Hände in die Hände unserer Großmütter verwandeln. In den meisten Fällen reagieren wir auf diese Veränderungen mit akuten Ängsten.

Um die Fünfzig herum bemerken wir unausweichlich kleine Erschlaffungen, die früher nicht da waren. Fältchen und Runzeln machen sich breit. Diese Veränderungen sind besonders dann schwer zu akzeptieren, wenn wir unserem jugendlichen Körper große Bedeutung zugemessen haben.

Warum sehen wir in unseren Fältchen und Runzeln keine wohlverdienten Auszeichnungen? Warum sehen wir nicht in jeder Falte die Spur unserer Lebenserfahrung? Warum schätzen wir unsere Fältchen nicht als Zeichen unserer sich entwickelnden Persönlichkeit?

Heute betrachte ich meine Fältchen als Zeichen meiner zunehmenden Lebensweisheit.

Nun, komischerweise scheine ich mit den Jahren produktiver geworden zu sein. Ich bin dreiundachtzig. Es schien sehr unwahrscheinlich, daß dies geschehen würde. Es ist geschehen, und ich glaube, ich mußte das Leben vereinfachen, damit es geschehen konnte.

Josephine Jacobsen

Einer der Gründe für die Angst vor dem Alter ist unsere Furcht vor einem Verlust der Produktivität. Da können uns die Worte der Schriftstellerin Josephine Jacobsen eine große Anregung sein. Sie bringt uns auf die Frage, wieviel von dem Klischee des körperlichen und geistigen Abbaus der Wirklichkeit entspricht.

Da unsere Energie sich verändert, können wir es uns nicht mehr erlauben, auf allen Hochzeiten zu tanzen. Aber anstatt das zu bedauern, sollten wir uns auf die Vorzüge konzentrieren, die es mit sich bringt, wählerischer zu sein, und uns unserer Prioritäten bewußter zu werden. Das Tasten und Testen in unserer Jugend hilft uns bei der Entscheidung, was jetzt wichtig für uns ist. Wir wissen mehr, wir brauchen nicht mehr so viel zu experimentieren. Statt dessen können wir uns den Aktivitäten zuwenden, die uns erfüllen.

Heute ordne ich meine Interessen und wende mich zunächst den Dingen zu, die mir Freude und Befriedigung bringen.

Eine Stunde der Ruhe ist mehr wert als alles, was du in diesen sechzig Minuten tun könntest.

Sarah Orne Jewett

Wir leben in einer Welt, die das Tun mehr schätzt als das Sein. Für die meisten von uns ist es leichter, sich für einen wertvollen Menschen zu halten, wenn sie produktiv sind: einem Beruf nachgehen, das Haus putzen, Kinder aufziehen, Kunstwerke schaffen und unablässig irgendwelche Dinge von Pflichtenlisten abhaken.

Aber unsere Seele verlangt, daß wir gewisse Zeit mit uns selbst oder mit anderen im Zustand des Nichtstuns verbringen – das natürlich kein Nichtstun ist, denn wenn wir uns bewußt auf unser Ich einlassen, treten wir damit in Kontakt mit unserem höheren Selbst und werden empfänglich für die Stimme in uns.

Manche von uns empfinden so große Gewissensbisse bei der Vorstellung, Zeit so tatenlos zu verbringen, daß sie erst körperlich zusammenbrechen müssen, um ihre übermäßige Betriebsamkeit aufzugeben. Aber darauf sollten wir nicht warten. Lassen Sie uns gerade jetzt, da wir in die Menopause eintreten und unsere Spiritualität besser kennenlernen wollen, dann und wann eine Stunde der Ruhe einlegen.

Heute nehme ich mir eine Stunde der Ruhe, in der ich nichts anderes tue, als in Kontakt mit mir selbst zu treten.

Eine unablässige Bedingung für ein erfolgreiches Leben eines Individuums oder einer Nation ist die Akzeptanz des Todes.

Freya Stark

Der weibliche Körper mit seinen natürlichen Veränderungen macht uns mit Verlusten vertraut. Wir betrauern unseren Verlust alter Gewohnheiten, wenn wir in unser neues Leben als ältere Frau eintreten.

Unsere Eierstöcke stellen allmählich die Follikelproduktion ein. Wir kommen in die Wechseljahre. Wir lassen die Jugend sterben. Wir werden junge Alte.

In einer Kultur, die den Tod als Sinngeber des Lebens begreift, da er uns an unsere Sterblichkeit erinnert, könnten Frauen jenseits der Menopause auf einzigartige Weise geeignet sein, das Gefühl für Sterblichkeit in unserem täglichen Leben bewußter zu machen. Diese Perspektive gibt unserem Leben eine hohe Bedeutung und motiviert uns, unseren Auftrag hier auf Erden zu erfüllen.

Ich brauche den Tod nicht zu fürchten. Ich sehe in ihm den profundesten Übergang von allen.

Ich mußte reagieren lernen, dieser Chance zur Verwirklichung zu vertrauen, die es zuvor nicht gegeben hat.

Tillie Olsen

Wir alle kommen mit einem kreativen Geist auf die Welt. Manche von uns sehen uns mit einem höheren kreativen Geist verbunden. Aber um unserer Kreativität Ausdruck verleihen zu können, müssen wir sie reifen lassen und darauf vertrauen, daß das, was entsteht, unsere Verwirklichung ist.

Das kreative Wesen von Frauen wird häufig durch die Anforderungen von Kindern und Familie, den alltäglichen Pflichten des Lebens beeinträchtigt, die weit häufiger von Frauen als von Männern erledigt werden. Und doch könnte die Lebensmitte für viele von uns eine Möglichkeit darstellen, mehr von unseren Energien uns selbst zuzuwenden.

Wenn wir uns endlich die Zeit und die Freiheit nehmen, unsere Kreativität auszudrücken, könnten wir uns unter Umständen einer unbeschriebenen Seite, einer unberührten Leinwand, einer leeren Bühne gegenübersehen. Wir müssen lernen, in uns nach der Stimme zu suchen, die so oft überhört wurde, daß sie jetzt vielleicht nur zögernd zu uns spricht.

Heute verhalte ich mich lange genug ruhig, um zuhören zu können.

In der Welt der Weißen haben die Menschen sehr merkwürdige Vorstellungen von Frauen in der Menopause. In der indianischen Kultur ist die Lebensmitte gleichbedeutend mit Weisheit. Du bist eine vitale Frau, und darin liegt Schönheit.

Muriel Miguel

Angehörige weißer und westlicher Gesellschaften neigen häufig dazu, ihre «Lebensart» für die am meisten zivilisierte zu halten, für die am höchsten entwickelte, kurz gesagt: für die beste. Doch im Hinblick auf Vorstellungen von Frauen und ihrem Altern ist unsere «Lebensart» schlicht barbarisch. Da können und müssen wir uns an anderen Kulturen ein Beispiel nehmen.

Wenn wir uns vorurteilslos betrachten, erkennen wir, wieviel Lebensweisheit wir angesammelt haben. Wir wissen, daß wir sie mit jüngeren Menschen teilen, diese beraten und ihnen den Schutzschild unseres Wissens anbieten sollten. Lassen Sie uns dieses Wissen in unsere Kultur einbringen. Und lassen Sie uns andere «Lebensarten» studieren – weniger, um sie uns anzueignen, sondern um zu erkennen, warum unsere eigene in die Irre geführt hat.

Heute werde ich mir der Weisheit meiner Lebensmitte bewußt.

Ich denke, man sollte einen kurzen Blick (auf unerfreuliche Erinnerungen) werfen und sagen: «Ja, das ist ein Teil meines Lebens, aber er ist vorüber. Es ist ein Faden im Gobelin meiner Existenz.»

Agatha Christie

Viele von uns wollen zwar in der Gegenwart leben, sehen sich aber von der Vergangenheit daran gehindert. Wir verwenden große Anstrengungen darauf, alte Traumata auszugraben und zu erforschen, damit sie zu dem werden können, was sie sein sollten: Erinnerungen.

In der Mitte des Lebens verspüren wir ein heftigeres Verlangen als je zuvor, in der Gegenwart zu leben. Falls wir diese Aufgabe noch immer nicht bewältigt haben, sollten wir sie tunlichst sofort angehen, damit wir uns weiterentwickeln können. Wenn wir das tun, werden wir Möglichkeiten finden, unsere Erinnerungen zu einem Faden in unserem Gobelin zu machen. Sie sind nicht vergessen, beanspruchen aber auch keinen Raum in unserer Gegenwart.

Ich sehe meine Erinnerungen als Fäden im Gobelin meiner Existenz.

Dein Körper, zu drei Vierteln aus Wasser bestehend – zuzüglich einer Handvoll terrestrischer Mineralien –, und dieses große Feuer in dir, dessen Wesen du nicht begreifst.

Marguerite Yourcenar

Für gewöhnlich halten wir unseren Körper für ein sehr vernünftiges Gebilde. Wenn er in die Wechseljahre kommt, ist es keine abwegige Annahme, daß irgend etwas nicht stimmt. Wir empfinden fast so etwas wie Empörung über den Verrat unseres Körpers. Wie kann er es wagen, uns diese Veränderungen zuzumuten?

Die Erkenntnis, daß wir größtenteils aus Wasser bestehen, kann uns helfen, uns mit der Evolution unserer Veränderungen treiben zu lassen. Und dieses große Feuer – was ist das? Das ist unsere Lebenskraft, unsere Leidenschaft, die uns automatisch zu Menschen und Orten führt, an denen wir mehr zu uns selbst finden. Während des Klimakteriums kann sich dieses Feuer in eine Hitzewallung verwandeln, die uns durchströmt, uns in Schweiß ausbrechen läßt und vergeht wie ein Gewitter. Doch all das ist Bestandteil der Natur, und wir werden uns wohler fühlen, wenn wir dem Universum gestatten, unsere Wiege zu sein.

Ich stelle mir das Meer vor und mich am Strand. So verschieden sind wir gar nicht.

Vor rund dreißig Jahren, als unseren Müttern gesagt wurde, das «Leeres-Nest-Syndrom» könnte in der Menopause psychische Probleme hervorrufen, versicherte Dr. Robert Wilson in seinem Bestseller Feminine Forever: *«Die Menopause ist (durch Hormone) therapierbar... Die Menopause ist absolut abwendbar... Anstatt zu Zeuginnen des Todes ihres Frauseins verurteilt zu sein, werden Frauen – physisch und emotional – ihr ganzes Leben lang vollständig feminin bleiben.»*

Joy Webster Barbre

Die Menopause ist ein normales biologisches Phänomen, das keiner Frau erspart bleibt. Wir sind zutiefst beeinflußt von den vorherrschenden Vorstellungen unserer Gesellschaft. Angesichts der gängigen Ansichten zu jener Zeit, als unsere Mütter die Wechseljahre erlebten, ist es kaum verwunderlich, daß wir – oft unbewußt – vieles davon übernommen haben.

Wir können inzwischen auf einige Fortschritte verweisen, und glücklicherweise wäre *Feminine Forever* heute kein Bestseller mehr. Dennoch ist es wichtig, zu erkennen, wie sehr die jüngste Geschichte uns geprägt hat. Was sagen wir zu der Unterstellung, unsere Weiblichkeit würde sterben, wenn wir in Wahrheit eine neue, reife Weiblichkeit in uns aufblühen sehen? Jede von uns muß ihre eigene Entscheidung über eine Hormonbehandlung treffen, doch unabhängig davon wissen wir doch, daß ein Hormon unsere Fraulichkeit weder erschaffen noch zerstören kann.

Ich studiere die Vergangenheit, lebe aber in der Gegenwart.

Ich habe mich daran erinnert, wie ergeben wir in der Schwangerschaft waren, weil die Geburt eines Kindes bevorstand... Sollten wir nicht auch in der Menopause ergeben sein, da die Geburt unseres neuen Ich bevorsteht?

L.

Betrachten wir die Menopause als Ärgernis und Belastung? Warten wir nur darauf, daß sie endlich vorüber ist, damit sie uns nicht länger quälen kann? Wie wären unsere Gefühle, wenn uns am Ende dieser Lebensphase eine Geburt bevorstünde?

Wir haben inzwischen gelernt, daß jede Weiterentwicklung mit Wachstumsschmerzen verbunden ist. Häufig sind es Schmerzen, die uns dazu bewegen, den Ereignissen unseres – inneren und äußeren – Lebens mehr Aufmerksamkeit zu schenken. Die Menopause steckt voller Anstöße – die Hitzewallungen beispielsweise –, uns energiegeladen zu fühlen. In dieser Zeit erneuern wir unsere Verantwortung für uns selbst, für das nächste Lebensstadium. Wir gehen in uns, um die Bereiche zu pflegen, die wir bislang vernachlässigt haben. Wir integrieren unsere Vergangenheit als Vorbereitung dafür, in der Gegenwart zu leben.

Ich söhne mich mit den Beschwerden der Menopause aus, da sie mich auf eine Geburt vorbereiten.

Es bedarf so großer Anstrengungen, an der Illusion von Jugend festzuhalten, die Angst vor dem Alter in Zaum zu halten, daß wir die neuen Qualitäten und Stärken leicht übersehen könnten, die sich uns eröffnen.

Betty Friedan

Fürchten wir uns vor dem Altern? Ist uns diese Furcht überhaupt bewußt? Am Beispiel ihrer alten Eltern sehen viele von uns das Problem, mit dem sie konfrontiert sind: den Verlust von Gesundheit und Unabhängigkeit. Viele haben keine große Familie mehr, auf die sie zurückgreifen könnten, und Pflegeinstitutionen lassen mehr als genug zu wünschen übrig. Ist es da verwunderlich, daß diese Beispiele uns darauf bringen, daß auch wir in die Jahre kommen und schließlich ebenso hinfällig sein werden?

Wir konzentrieren uns auf Bemühungen, uns Jugendlichkeit zu bewahren, statt aktiv und kreativ Optionen für unsere Zukunft zu entwickeln. Wenn wir uns bemühen, das Altern von einer neuen und offenen Warte aus zu betrachten, werden wir die neuen Stärken der älteren Generation erkennen. Wir fangen an, in ihnen Vorbilder zu sehen, und machen uns bewußt, daß sie viel von dem verströmen, was auch wir ausstrahlen möchten.

Indem ich meinen Blick über meine Angst vor dem Altern hinaushebe, kann ich mir ein umfassenderes Bild von der älteren Generation machen.

Mit zunehmendem Alter weitet sich mein Zusammengehörigkeitsgefühl aus: auf Tiere beispielsweise, auf Nationen, sogar auf leblose Objekte ... Ich komme mir durchaus nicht albern vor, wenn ich mich bei einem Tisch dafür entschuldige, gegen sein Bein gestoßen zu sein, oder ein widerspenstiges Automobil mit ermunternden Worten bei Laune halte.

Jan Morris

Im Widerspruch zur vorherrschenden Meinung, daß sich das Leben mit zunehmendem Alter verengt, berichten zahllose Erfahrungen vom genauen Gegenteil. Viele von uns wenden sich der Natur zu. Inzwischen können wir Stille nicht nur ertragen, wir lieben sie sogar. Und in ihr können wir den Gesang der Vögel hören, den Wind und das Plätschern von Wasser. Wir haben diese Geräusche vielleicht als Kinder gehört, aber das Gefühl für sie im Lärm eines umtriebigen Lebens verloren.

Je mehr wir uns dem Leben in allen Geschöpfen und Dingen um uns zuwenden, desto mehr schätzen wir uns selbst. Ein Baum wächst einfach vor sich hin. Er nimmt seine Nachbarn wahr und beherbergt bestimmte Tiere. Normalerweise lebt er sehr lange, aber schließlich stirbt er. Indem wir uns auf ihn konzentrieren, bekommen wir eine Empfindung für unser beherztes Ich. Wir spüren, wie wir in der Erde ruhen, der Großen Mutter.

Ich nehme mir die Freiheit, mich mit den Tieren, Pflanzen und Gegenständen meiner Umgebung auszutauschen.

SEPTEMBER

Wir haben bereits alles, was wir brauchen, wir müssen es nur erkennen. Unsere Herausforderung besteht darin, offen genug zu sein, um es zu empfangen, und großzügig genug, um es zu würdigen.

Helene Lerner-Robbins

Viele unserer Sehnsüchte entstammen einer verzerrten Perspektive. Wir fürchten, nicht genug zu haben. Aber die einzige Möglichkeit, genug zu haben, besteht in der Erkenntnis, daß das, was wir haben, bereits ausreichend ist. Meistens erkennen wir das nicht, weil wir zu sehr damit beschäftigt sind, mehr zu erstreben.

Die Lebensmitte zwingt uns zum Innehalten und hilft uns, unsere Orientierung so zu verändern, daß wir erkennen, was wir besitzen, und es dankbar empfangen. Haben wir Essen, Kleidung und ein Dach über dem Kopf? Haben wir liebevolle Freunde und eine Familie? Gesundheit und Wohlbefinden? Ein Gefühl für die Gemeinschaft? Hoffnungen und Visionen? Ein offenes Herz? Wie können wir diese Dinge in unserem Leben schätzen, wenn wir sie nicht einmal bemerken?

Ich bin dankbar für meine Lebensbedingungen.

Jede Phase des Prozesses der Geburt verlangt Trennungen, die physisch oder nichtphysisch sein können, aber ausnahmslos psychische Belastungen mit sich bringen.

Nancy Mairs

Zweifellos ist der Beginn der Menstruation eine unserer Geburten. Sie markiert unseren Abschied von der Kindheit. Auch die Menopause ist eine Geburt, ein zweites Reifen. Sie kennzeichnet unseren Abschied von der Jugend.

Trennungen wecken in uns die Angst, nicht genug zu sein oder zu haben. Wir sehen uns mit der Möglichkeit konfrontiert, nicht alles bekommen zu haben oder geworden zu sein, was wir uns früher erträumten.

Trennungsschmerzen haben häufig mit unerledigten Aufgaben zu tun. Wenn wir uns die Zeit nehmen, uns diesem Unerledigten zuzuwenden, könnten wir danach vielleicht leichter in die neue Phase hinübergleiten.

Ich bin dankbar für jede neue Geburt, die ich erlebe.

Das sinnenbetonte Leben ist das Leben der Habgier – es will immer mehr. Das geistesbetonte Leben verlangt immer weniger. Zeit gibt es reichlich, und sie vergeht angenehm.

Annie Dillard

Die Zeit ist sowohl objektiv als auch subjektiv. Sie scheint langsamer zu vergehen, wenn wir satt, aber schneller, wenn wir hungrig sind. Mitunter springen wir der Zeit hinterher, als könnten wir sie verlieren – was in einem gewissen Sinne ja auch der Fall ist.

Wenn wir die Menopause durchlaufen, ertappen wir uns vielleicht bei dem Wunsch, die Zeit anzuhalten und die Uhr zu unserer Jugend zurückzudrehen. Sobald wir diesen Drang verspüren, tun wir gut daran, uns auf unsere Spiritualität zu besinnen und zu erkennen, wer wir sind. Wir alle sind Seelen in Körpern, die uns sagen, wie spät es ist.

Wenn mich nach immer mehr verlangt, gehe ich in mich und empfange die Liebe, die grenzenlos ist.

In frühen matriarchalischen Gesellschaften war Menstruationsblut etwas Wunderbares. Wenn das «Blut des Lebens» dem Körper einer alternden Frau nicht mehr regelmäßig entfloß, nahm man an, daß es in ihr für einen bedeutenden Zweck zurückgehalten wurde.

Jacquelyn H. Gentry / Faye M. Seifert

Das uralte Wissen der frühen matriarchalischen Gemeinschaften scheint in uns noch immer vorhanden zu sein. Hat uns nicht großes Erstaunen über unser erstes Menstruationsblut erfaßt? Und war es nicht stets für uns ein Geheimnis unseres Körpers? Selbst gründliche Kenntnis der Anatomie und Physiologie verringern die Mysterien des Körpers nicht.

Die Alten der Vorzeit verfügten über die Weisheit, das Leben in all seinen Dimensionen zu erkennen. Sie waren mit den zyklischen Aspekten der Natur vertraut und ihren verändernden Qualitäten. Jedes Leben führt zum Tod. Jeder Tod führt zur Geburt. Mit diesem Wissen zu leben, ist die Anerkennung des Werdens.

Ich schätze die zyklische Natur meines Lebens und erfreue mich meiner Weisheit.

Früher konnte ich nahezu alles essen, wonach mir der Sinn stand. Jetzt scheint sich alles, was ich zu mir nehme, direkt an meiner Taille abzulagern. Ich habe das Gefühl, daß ich gar nicht so schnell essen kann, wie es dorthin saust.

Irene

Einige der Veränderungen in der Lebensmitte erfordern einen ganz neuen Umgang mit unserem Körper, diesem Körper, auf den wir uns bislang immer verlassen konnten. Viele Frauen empfinden den Kampf gegen die Fettpölsterchen der Lebensmitte wie ein Ringen gegen die Natur.

Forschungsergebnisse deuten darauf hin, daß molligere Frauen weniger Beschwerden im Klimakterium bekommen – weniger ausgeprägte Hitzewallungen und weniger Probleme mit Osteoporose –, da Östrogene in Fettzellen produziert werden. Also will Mutter Natur vielleicht sogar, daß wir uns ein wenig polstern.

Regelmäßige sportliche Betätigung kann die Gewichtszunahme ausgleichen und für die Verteilung von Fett und Muskelgewebe sorgen.

Ich entscheide, welches Gewicht für meine Reise durch die Menopause das beste ist.

Unsere Leben. Wie lange werden sie dauern? Können wir mit weiteren zwanzig Jahren rechnen? Am Montag, dem 25., werde ich fünfzig... & manchmal habe ich das Gefühl, schon 250 Jahre gelebt zu haben, & manchmal, noch immer die Jüngste im Omnibus zu sein.

Virginia Woolf

Unsere Empfindungen für unser Alter und unsere Lebensweisheit unterliegen großen Schwankungen. Wenn wir uns dem fünfzigsten Geburtstag nähern, wird uns bewußt, daß sich hinter uns ein beträchtlicher Berg von Jahren angesammelt hat. Wo waren wir denn? Haben wir einige von ihnen ausgelassen? Wir können doch nicht schon fünfzig Jahre alt sein! Andererseits sind da unsere Ermüdungserscheinungen, und zumindest unser Personalausweis sagt uns, daß wir schon eine ganze Weile auf der Welt sind.

Womit können wir noch rechnen? Virginia Woolf waren die weiteren zwanzig Jahre nicht mehr vergönnt, von denen sie in ihrem Tagebuch gesprochen hatte und die sie darauf verwenden wollte, viele gute Bücher zu lesen.

Es ist wichtig, sich bewußtzumachen, daß unsere Zeit hier endlich ist. Falls wir uns vor dem Tod fürchten, bietet dieses Bewußtsein eine Möglichkeit, uns unseren Ängsten zu stellen. Falls wir keine Angst vor dem Tod haben, sollten wir unser Gefühl für die Grenzen unseres Seins dazu nutzen, unsere Prioritäten zu erkennen, damit wir erfüllter leben können.

Durch das Bewußtsein meines Alters finde ich mein Zentrum.

Wenn sich meine Mutter mit ihren Blumen beschäftigt, geht von ihr ein Strahlen aus. Sie ist Schöpferin: nur Hand und Auge. Sie tut eine Arbeit, die ihre Seele braucht. Sie fügt das Universum in ihre persönliche Vorstellung von Schönheit ein.

Alice Walker

Die Kreativität nimmt nicht ab, wenn die Körperaktivitäten nachlassen. Sie ist vielmehr eine Energie, die der Seele Nahrung gibt, die dann wiederum Energien freisetzt.

Die Zeit der Veränderungen in der Lebensmitte ist die ideale Zeit, unsere Kreativität zu fördern. Das kann in verschiedenster Form geschehen. Für einige von uns ist es Ausdruck: Wir schreiben, malen, zeichnen, spielen Theater oder musizieren. Für andere ist es innerliche Öffnung: Wir warten auf die Signale zu einem tieferen Verständnis von uns selbst.

Heute sehe ich meine persönliche Vorstellung von Schönheit und Wahrheit im Universum verwirklicht.

Woher komme ich und auf welchen Flügeln, daß ich – gedemütigt und verbannt – so lange für die Erkenntnis brauche, daß ich ich bin?

Colette

Sind wir aus unserem Ich verbannt worden? Haben wir nach einem Drehbuch gelebt und nicht aus unserem tiefsten Verlangen heraus? Haben wir befürchtet, wir könnten irgendwelche Schwächen verraten, wenn wir einfach nur wir selbst sind?

Die Selbstfindung und das Akzeptieren des Ich sind ein lebenslanger Prozeß. In der Mitte des Lebens bekommen die meisten von uns ein Gespür dafür. Wir erkennen, daß wir viele der Dinge, die wir an uns ändern wollten, nur lieben müssen: unsere Schwächen und Launen, unsere Eigenarten und Gewohnheiten – selbst manche der Eigenschaften, in denen wir unseren Müttern ähneln – oder unseren Vätern.

Wir wachsen mit vielen unterschiedlichen Signalen auf. «Sei wie ich!» «Sei perfekt!» Falls wir uns mit diesen Anforderungen herumgeplagt haben, so können wir uns jetzt getrost von ihnen trennen und uns an unserem Ich erfreuen.

Ich fühle mich wohl in meiner Haut und akzeptiere mich so, wie ich bin.

Das Verzeihen – unerläßlich für jeden Heilungsprozeß – ist ein zentraler Bestandteil des Schöpfungsprozesses, denn um schaffen zu können, müssen wir uns ständig unser Unvermögen verzeihen, die vollkommene Vision darzustellen; wir müssen uns unsere Begrenztheit verzeihen.

Linda Schierse Leonard

In der Lebensmitte wird uns unsere Begrenztheit zunehmend bewußt. Und aufgrund dieser Erkenntnis könnten wir in Panik geraten, in unserem Leben nicht mehr «genug» zustande zu bringen. Wir sind enttäuscht über unsere Unvollkommenheit und gewinnen mitunter den Eindruck, das Leben wäre uns etwas schuldig geblieben. Doch wie oft denken wir über die Heilkraft des Verzeihens nach?

Wenn wir uns unsere Begrenztheit und Unvollkommenheit verzeihen, anerkennen wir unsere Menschlichkeit. Wir werden mit dem Strom unserer kreativen Energie belohnt. Wir treten aus unserem eigenen Licht und sehen, wie uns ein Leuchten durchdringt. Unsere Kreationen können Kunstformen sein, neue Ideen für gesellschaftliche Programme oder Diskussionsrunden, um mitzuteilen, was wir inzwischen über die Welt gelernt haben. Es könnten aber auch neuere und subtilere Wege sein, mit anderen Menschen zu kommunizieren. Indem wir der Schöpferin in uns Raum geben, fühlen wir uns mit der gesamten Schöpfung verbunden.

Heute verzeihe ich mir meine Begrenztheit und lasse mich von grenzenloser kreativer Energie durchströmen.

Ich habe mich für den tantristischen Pfad auf der Reise entschieden, die uns durch die tiefen, dunklen, unbekannten Orte des Lebens zum Licht der Selbsterkenntnis führt. In der tantristischen Tradition verkörpern Schiwa und Schakti das Männliche und das Weibliche und trachten durch ihre Vereinigung nach Ganzheit.

Shakti Gawain

Die Lebensmitte bringt für viele von uns eine Reise zu den dunkleren, unbekannteren Orten in uns. Wir wollen zu einer erfüllten und reifen Menschlichkeit finden. Wir wollen unseren inneren Reichtum entdecken, der unsere visionäre Kraft so verstärkt, daß wir den gleichen Reichtum auch in anderen erkennen können.

Mitunter müssen wir eine Weile durch die Wildnis laufen, bevor wir diese Kräfte in uns entdecken können. So könnten einige von uns Schwierigkeiten damit haben, die männliche Energie in sich zu erkennen, während es anderen ähnlich mit der weiblichen ergeht. Aber wir haben sowohl maskuline wie feminine Energien in uns, die wir entwickeln und zur Vereinigung bringen müssen. Sorgen wir uns nicht darum, wie nahe wir dieser Vereinigung sind. Die Tatsache, daß wir auf dem richtigen Weg sind, verdient unseren größten Respekt.

Ich erkunde mein eigenes unbekanntes Territorium.

In der Schwangerschaft befindet sich eine Frau in einem Zustand tiefen Insichgekehrtseins, während in ihrem Leib der Schöpfungsprozeß stattfindet. Aus ihm tritt sie wieder heraus, wenn bei der Geburt Blut fließt und das Kind geboren wird... Später im Leben, wenn ihre Blutungen aufhören, kehrt sie in einen anderen Zustand des Insichgekehrtseins zurück.

Virginia Beane Rutter

Die Menopause ist ein Übergang in das Insichgekehrtsein, das uns an Bereiche in uns erinnert und sie mit der Weisheit unserer Jahre reifen läßt. Unser Insichgekehrtsein hält uns nicht davon ab, unser Leben mit anderen zu teilen. Es entfacht einen kreativen Dialog zwischen unserem inneren und äußeren Leben, der eine Quelle großer Vitalität sein kann.

Als Frauen wurden wir dazu erzogen, uns viel mehr anderen zuzuwenden als uns selbst. Daher könnte uns dieses Insichgekehrtsein fremd oder egoistisch vorkommen. Aber wie in der Schwangerschaft übernimmt auch im Klimakterium unser Körper die Initiative und bewirkt diesen Zustand in uns. Wir brauchen uns nur seinem natürlichen Rhythmus zu überlassen. Wenn unsere Blutungen aufhören, wissen wir intuitiv, daß mehr in uns ist, dem wir uns zuwenden müssen.

Heute beziehe ich Stärke aus dem Wissen, daß mein Körper meine ganze Lebenskraft enthält.

Meine Hilfe kommt vom Berg.

Nancy Wood

Moses reiste zum Berg Sinai. Die Griechen begaben sich zum Orakel an den Berghängen von Delphi. Warum ist der Berg ein Symbol für Veränderung?

Wenn wir einen Berg besteigen, wollen wir Höhe gewinnen, einen weiten Überblick, eine umfassende Perspektive. In der Lebensmitte sind wir häufig bemüht, neue Lebenskraft aus alten Gewohnheiten und Ambitionen zu beziehen, die uns aber nicht mehr befriedigen. Wir müssen aus unserem Alltag heraustreten und uns einen Überblick darüber verschaffen, was wir wirklich tun wollen und wo wir mit Veränderungen beginnen können.

Der Berg bietet uns ein steinernes Fundament. Dieses Fundament trägt uns, wenn wir aufmerksam zuhören, um neue Weisungen zu empfangen. Wir lassen von dem Verlangen ab, in alte Gewohnheiten zurückzufallen, und bereiten uns auf neue Schritte auf unserem Lebensweg vor.

Ich suche mir einen Ort, von dem aus ich einen umfassenden Überblick habe.

Ich war von Freunden umgeben, aber wenn jemand stirbt, ist man völlig allein. Niemand kann für dich sterben. Das mußt du schon selbst tun. Und in diesem Augenblick verspürst du die Leere. Es ist eine totale Leere, und niemand kann diesen Raum betreten.

Judith Jamison

Viele von uns verlieren in der Lebensmitte Mutter, Vater, beide Eltern oder einen anderen geliebten Menschen. Auch wenn wir uns schon zuvor mit dem Tod auseinandergesetzt haben, wird dies eine erschütternde Erfahrung sein.

Wir fühlen uns allein gelassen und beraubt. Zunächst kommt es uns unvorstellbar vor, daß es diesen Menschen nicht mehr geben soll. Sein Tod macht uns unsere eigene Sterblichkeit bewußt. Sein Sterben bringt uns unseren eigenen Grenzen näher.

Auch wenn uns andere trösten wollen, so kann doch niemand nachempfinden, was wir fühlen. Es bleibt uns überlassen, mit dem Verlust und der Einsamkeit in uns fertig zu werden. Wir brauchen uns unserer Trauer nicht zu schämen. Wir sollten uns ihr ohne Widerstand und in dem Bewußtsein hingeben, daß sie mit der Zeit vergehen wird.

Wenn geliebte Menschen sterben, gerät der Boden unter meinen Füßen ins Schwanken. Ich gebe mich meiner Trauer hin und weiß, daß es mir irgendwann wieder gutgehen wird.

Die Rituale für die Menopause sind völlig aus unserer Gesellschaft verschwunden. Und doch hat es im Altertum Riten für den Übergang von der Mutter zur Weisen Alten gegeben, besonders für die älteren Priesterinnen und Clanmütter, die Richterinnen, Heilerinnen und Weissagerinnen wurden.

Barbara G. Walker

Mit dem Verschwinden klimakterischer Rituale und der Weihe von Priesterinnen und Orakeln haben wir einen Teil unserer femininen Geschichte verloren. Wir haben die Gestalten verloren, die es als ihre Aufgabe betrachteten, Frauen – beginnend mit der Menarche – durch ihre Lebensphasen zu geleiten.

Heute erleben wir ein erneutes Aufkommen von Priesterinnen und Heilerinnen: von Frauen, die Frauen zusammenbringen, Rituale veranstalten und ihre spirituellen Erfahrungen der Lebensübergänge mitteilen. Diese Frauen beleben uralte Erinnerungen, die sich in uns allen erhalten haben. Sie ermuntern uns dazu, an das Wissen und die Macht anzuknüpfen, die Frauen früher besaßen, anstatt sie endgültig der Vergessenheit anheimfallen zu lassen.

Heute lasse ich mich von dem alten Wissen in mir leiten.

Studien beweisen, daß Frauen im Vorklimakterium negativer über die Menopause denken als jene, die sie bereits hinter sich haben. Frauen, die das Klimakterium durchlaufen haben, wissen, daß es nichts ist, wovor man sich fürchten müßte.

Lonnie Barbach

Wir empfinden immer Angst vor dem, was wir nicht kennen. Wir wollen über den Ausgang möglichst ganz genau Bescheid wissen, bevor wir uns auf eine eigene Erfahrung einlassen. Wir wollen wissen, womit wir zu rechnen haben. Aber in einigen Bereichen des Lebens ist das unmöglich. Wir müssen das «Abenteuer» auf uns zukommen lassen.

Verfügen Frauen nach der Menopause nur deshalb über eine positivere Sicht, weil sie sie bereits hinter sich haben? Oder wissen sie etwas, was jenen, die gerade in die Menopause eintreten, noch verborgen ist? Jetzt, da mehr Frauen das Schweigen brechen und über ihre Erfahrungen sprechen, können wir uns ein neues Bild machen – eines, das auch die positiven Seiten zeigt, eines, das uns sogar begeistern und erfüllen kann.

Ich mache mir bewußt, daß meine Angst neuen Erfahrungen im Wege steht.

Das Heilmittel für alles ist Salzwasser: Schweiß, Tränen oder das Meer.

Isak Dinesen

Die Menopause muß Tag für Tag bewältigt werden. Unterwegs lauern viele Hindernisse: lästige Hitzewallungen, bedenkliche Stimmungsschwankungen, Hauttrockenheit und schrumpfende Knochen.

Es ist eine Phase, die zu Bedauern und Trauer geradezu einlädt: Warum habe ich nicht bereits in der Jugend mehr meiner Träume verwirklicht? Ist es möglich, daß mich dieser Alterungsprozeß überfallen hat, als ich gerade mal nicht hinsah? Werde ich auch nur eins meiner Ziele erreichen, bevor alles vorbei ist?

Tränen heilen immer. Arbeit auch. Das Meer umarmt und trägt uns.

Ich lasse mich von Salzwasser durch mein Leben tragen.

Die Zeit ist ein Schneider, der sich auf Änderungen spezialisiert hat.

Faith Baldwin

Wir durchlaufen viele Veränderungen, manche sind durchaus dramatisch, aber sehr viel mehr gehen so allmählich vonstatten, daß wir sie kaum bemerken, bis wir eines Morgens erwachen und feststellen, daß wir neu ausgestattet sind.

Was in einem Alter zu uns paßt, steht uns in einem anderen nicht an. Das ist der natürliche Lauf der Dinge, aber er ist nicht leicht zu erkennen, da wir in einer Gesellschaft leben, die fest entschlossen scheint, die Jugend zu glorifizieren und dem Alter nur wenig Beachtung zu schenken.

Wir leben wirklich, wenn wir im Heute leben. Wir bleiben vital, wenn wir uns auf unsere Veränderungen einstellen. Wir betreten unbekanntes Terrain und erkennen, daß wir unpassend ausgestattet sind. Unser Mantel ist zu schwer und unsere Schuhe drücken. Nichts paßt mehr. Behutsam nehmen wir Veränderungen vor und lassen die alten Kleidungsstücke hinter uns fallen.

Ich nehme die für meine Entwicklung notwendigen Änderungen vor.

Erfolg macht lächerlich. Es endet damit, daß du Nachtgewänder zum Dinner trägst.

Natalie Goldberg

Was ist Erfolg? Schon allein das Wort beschwört die Bilder von Preisverleihungen herauf, jene Höhepunkte, durch die wir uns von anderen abheben. Wir alle träumen davon, ausgezeichnet zu werden, es ganz nach oben zu schaffen, aber diese flüchtigen Momente sind – wenn wir sie überhaupt erleben dürfen – nur symbolische Meilensteine auf unserer Reise von Tag zu Tag.

Wesentlich heroischer als eine einmalige Errungenschaft sind die scheinbar gewöhnlichen Leistungen in unserem Alltag. Beispielsweise aufzustehen und zur Arbeit zu gehen, wenn wir uns zu Tode erschöpft fühlen. Die Geduld und Beharrlichkeit, mit der wir in einer schier endlosen Auseinandersetzung mit unserem Partner erneut unseren Standpunkt vertreten. Die Mühsal, derer es bedarf, uns selbst besser kennenzulernen.

Unser erfolgreiches Bestehen dieser Prüfungen wird selten mit Pokalen belohnt. Wir müssen uns mit einem gelegentlichen warmen Gefühl im Herzen begnügen.

Heute sonne ich mich in meinen unspektakulären Erfolgen.

Frauen wissen mit ihrem Körper, wie spät es ist.

Anne Sexton

In der Menarche macht uns unser Körper sehr deutlich bewußt, daß wir in eine neue Lebensphase eintreten. Auch wenn wir uns noch wie ein kleines Mädchen fühlen, entwickelt unser Körper Brüste und Schambehaarung. Wir lauschen nach innen auf Anweisungen, wie wir diesem neuen Körper entsprechen können.

Von Zeit zu Zeit, bis um das vierzigste Lebensjahr, vernehmen wir den Wunsch unseres Körpers nach Kindern. Manche von uns bekommen sie, andere nicht. Die Kinderlosen unter uns werden diesen Wunsch vielleicht mit den Jahren immer intensiver hören, selbst wenn sie einst freiwillig auf Kinder verzichtet haben.

In der Menopause hören wir erneut auf unsere Körper. Wieder geleiten sie uns in die neue Lebensphase. Sie zeigen uns, daß wir lange genug gelebt haben, um schlaffe Haut und Fältchen zu bekommen – aber auch Weisheit.

Ich lausche auf die Ratschläge meines Körpers.

Paracelsus sagte, er hätte seine Heilkenntnisse von einer Hexe. Ich suche in den Mythen und Symbolen, die mein Vermächtnis sind, nach einer Bestätigung für jene geheimnisvollen Eigenschaften, die als «Altweibergeschichten» und «weibliche Intuition» abgetan werden.

Allegra Taylor

Wir entdecken unser Vermächtnis als ältere und alte Frauen inzwischen wieder. Hexen waren Heilerinnen, die die Weltordnung des Patriarchats so erschütterten, daß viele von ihnen zum Tode verurteilt wurden. Es ist ein Beweis für ihre Macht, daß sie in unserer Imagination so hervorragend überlebt haben.

Wo wären wir ohne «Altweibergeschichten» und «weibliche Intuition»? Sie sind Aspekte unserer Lebensklugheit. Sie sagen uns, daß wir großartige alte Frauen werden, daß dieser Übergang in der Lebensmitte etwas ganz Besonderes ist, daß uns unsere Weisheit heilen und zu Heilerinnen machen wird.

Ich nehme mein Vermächtnis mit offenen Armen in mich auf.

Sie sind wie Knochen, die Felsen. Sie stützen. Sie bleiben. Sie tragen dich.

Judy Grahn

Felsen sind unverzichtbar für uns. Sie sind Fundamente, die uns tragen, wie unser Skelett unseren Körper stützt. Vielleicht war unsere Mutter ein Fels für uns oder unser Vater. Unsere Freunde könnten Felsen sein. Wir sind darauf angewiesen, daß die Menschen um uns so fest, beständig und solide wie Felsen sind.

In der Lebensmitte geben uns die Felsen Halt. Veränderung liegt in der Luft. Hitzewallungen durchzucken uns. Wir haben keinen Einfluß darauf, daß sich unser Hormonspiegel verändert. Wenn wir das Gefühl haben, von den Ereignissen hilflos hin und her geschleudert zu werden, müssen wir uns fester denn je an unsere Felsen klammern.

Wie glücklich können wir uns schätzen, daß immer irgendwo ein Felsen gefunden werden kann.

Ich stehe heute auf einem Felsen und spüre, wie hervorragend er der Zeit widersteht.

Wenn es Zeit für den Übergang ist, wenn das Ego einen methodischen, reflektierenden, bewußten Prozeß durchläuft, dann erwägt die Frau Prioritäten, Loyalitäten, Wertvorstellungen und Gegebenheiten. Sie erzwingt keine Entscheidungen aufgrund widersprüchlicher Alternativen. Die Entscheidung ergibt sich, wenn die strittigen Punkte geklärt sind.

Jean Shinoda Bolen

In der Lebensmitte haben die meisten von uns begriffen, daß es sinnlos ist, Dinge erzwingen zu wollen. Denn wenn wir das versuchen, müssen wir häufig genug feststellen, daß wir am Ende mit etwas dasitzen, was wir überhaupt nicht brauchen. Verbissenes Vorwärtsdrängen bringt uns nur von unserer eigentlichen Richtung ab.

Jetzt befinden wir uns in einer Übergangsphase. Mit dem langsamen Übergang demonstriert unser Körper, daß derartige Veränderungen nicht über Nacht zu bewältigen sind. Wir erkennen, daß unsere emotionalen und geistigen Veränderungen als «methodischer, reflektierender, bewußter Prozeß» ablaufen können. Wir erhalten die Chance, die Geduld anzuwenden, zu der wir gefunden haben. Während des Wartens gewinnen wir die Klarheit, die wir für unsere Entscheidung brauchen und die uns Frieden gibt.

Wenn ich nicht weiß, was zu tun ist, tue ich gar nichts. Ich warte darauf, daß mir meine Richtung gewiesen wird.

Wie erschreckend war es doch, Freiraum zu lassen, ohne sofort jeden Winkel und jede Nische mit vertrauten Zerstreuungen zu füllen. Ich lernte, stundenlang dazusitzen – ohne jeden Plan und ohne jede Gewißheit.

Holly Near

Mitunter müssen wir erst zusammenbrechen, bevor sich unser Lebensrhythmus so verlangsamt, daß wir zum Übergang fähig sind. Wir überschreiten unsere Grenzen und setzen uns über die Signale unseres Körpers hinweg, der uns mitteilen will, daß er ausgebrannt ist und der Erholung bedarf. Wenn wir die Warnsignale vernehmen, könnten wir uns sogar veranlaßt sehen, noch heftiger durchzustarten, bis wir schließlich durch Erkrankung zur Vernunft gebracht werden.

Dann müssen wir lernen, stillzusitzen und die Fenster und Türen unserer Seele ganz weit zu öffnen. Wir lernen, ablenkenden Gedanken wenig Beachtung zu schenken, uns nicht auf sie zu fixieren, und unserer Innerlichkeit den Raum zu überlassen, den sie braucht. Das könnte uns in Tränen oder Lachen ausbrechen lassen. Wir geben nach und entspannen uns.

Schließlich spüren wir, daß uns neue Energie durchströmt und uns ganz erfüllt.

Ich pflege mein Ich mit Ruhe, Raum und Zeit.

Stärke ist die Fähigkeit, seinen Standpunkt in allen Diskussionen zu vertreten, die zum Handeln nötig sind, und auf dem Recht zu bestehen, daß der eigene Beitrag gehört wird. Das trifft für das Pentagon zu, für die Ehe, für Freundschaften und für die Politik.

Carolyn G. Heilbrun

Wir müssen unsere Stimme erheben, um unsere Stärke zu beweisen. Wenn die allgemeine Diskussion über das Altern unsere Erfahrungen nicht berücksichtigt, müssen wir dafür sorgen, daß sich das ändert.

In unserem Alltag müssen wir unseren Standpunkt vertreten und dafür sorgen, daß unser Beitrag beachtet wird. Wir wurden dazu erzogen, mit unseren Ansichten hinterm Berg zu halten. In der Lebensmitte können wir Frauen leicht den Eindruck gewinnen, auch noch den letzten Rest von Macht zu verlieren.

Unsere wahre Stärke beruht im Ansammeln unserer Erfahrungen und ihrer Bewahrung, bis sie zu Weisheit werden.

Ich nehme heute meinen Platz am Tisch des Lebens ein und sorge dafür, daß mein Beitrag gehört wird.

Wissen entsteht durch Leiden, und durch den Tod wird das Leben vollkommen.

Elizabeth Barrett Browning

Wieviel von unserer Naivität wären wir bereit aufzugeben, wenn da das Leiden nicht wäre? Wir scheinen einer idealisierten und jugendlichen Lebensauffassung anzuhängen, preisen die Romantik und träumen davon, daß sich schon alles fügen wird, anstatt die Erfahrung zu akzeptieren, die sich uns präsentiert. In unserer Naivität versäumen wir häufig die Gegenwart: das kleine, aber befriedigende Gefühl, mit dem Tag in Einklang zu sein, die Sonne auf unserem Gesicht zu spüren, den Duft einer Rose.

So sehr wir das Leiden auch fürchten, es vermittelt uns ein Verständnis für das Fundament unseres Lebens. Dieses Fundament gibt uns Gelassenheit sowie die Fähigkeit, weniger extrem zu handeln und in größerer Übereinstimmung mit unseren Bedürfnissen.

In der Lebensmitte erkennen wir, wie sinnlos es ist, dem Leiden ausweichen zu wollen. Unsere Herausforderung besteht nicht darin, ihm zu entkommen, sondern ihm auf eine Weise zu begegnen, in der unser Leiden unsere Menschlichkeit enthüllt.

Ich leide nicht sinnlos. Mein Leiden erweitert mich.

Nichts beruhigt das Gemüt so wie ein angestrebtes Ziel: ein Punkt, auf den die Seele ihren intellektuellen Blick richten kann.

Mary Wollstonecraft Shelley

Verunsicherung entsteht in der Lebensmitte oft durch den Verlust klar definierter Ziele. Viele von uns haben sich lange Jahre voller Begeisterung ihrem Beruf gewidmet, doch nun stellen sie fest, daß ihr Interesse daran schwindet. Andere haben hingebungsvoll Kinder aufgezogen, aber nun haben sie das Haus verlassen. Ohne feste Ziele und Aufgaben fühlt man sich schnell verloren.

Aber unser Bewußtsein hat sich verändert. Jetzt besteht unsere Aufgabe darin, auf die Stimme zu lauschen, die uns unserem nächsten Ziel zuführt. Wir sind nicht fertig; in vielerlei Hinsicht haben wir gerade erst begonnen.

Vielleicht ist es unsere nächste Aufgabe, eine Reise in unser Inneres anzutreten, um uns besser kennenzulernen, bevor wir uns wieder anderen zuwenden. Vielleicht bereiten wir uns auf einen Berufswechsel vor. Vielleicht nehmen wir uns vor, unsere kreativen Begabungen zu fördern. Ganz gleich, was unsere Bestimmung auch sein mag: Die Erforschung unserer Ziele hat eine ausgleichende Wirkung auf uns.

Meine Ziele stehen klar vor mir.

Schmerz – hat ein Element von Leere –
Er kann sich nicht erinnern –
Wann er begonnen hat – oder ob eine Zeit war
In der es ihn nicht gab –

Emily Dickinson

Wir alle erleben schmerzliche Momente in unserem Leben. Letztendlich begreifen wir das lückenhafte Gedächtnis des Schmerzes, denn er erteilt uns keine einmalige Lektion, sondern immer wieder und wieder. Denn sobald wir Schmerz empfinden, glauben wir, ihn unaufhörlich zu fühlen und nie wieder etwas anderes zu verspüren.

Aber Schmerz vergeht. Ist es nicht eine seltsame Vorstellung, daß eine Zeit kommen wird, in der wir nie wieder menstruelle Krämpfe verspüren? Nach ein paar Monaten ohne sie werden wir uns fragen, ob wir sie uns überhaupt wieder ins Gedächtnis rufen können.

In Herzensdingen könnte der Schmerz eine längere Spur hinterlassen. Aber durch diesen Schmerz erfahren wir von unseren Verletzungen.

Aller Schmerz vergeht schließlich – ganz gleichgültig, wie tief eingegraben er sich auch anfühlt.

Die meisten alten Religionen räumten dieser dunkleren weiblichen Gestalt einen eindeutigen, symbolischen Raum ein. Sie wurde als präsent und mächtig empfunden und von gleichen Proportionen wie die schöne, sinnliche, göttliche Spenderin von Geburt, Licht, Liebe und Nahrung – so wie die Nacht neben dem Tag steht, der Winter neben dem Sommer.

Barbara G. Walker

Das Christentum löste die präpatriarchalischen Göttinnen-Religionen ab und trennte sich von der Vorstellung, daß der Kosmos Zyklen unterworfen ist. Es gab keinen Gott, keine Göttin mehr, um die Furcht zu symbolisieren. Statt dessen wurden die Menschen aufgefordert, Gott zu fürchten. Während bestimmte feminine Elemente – die Jungfrau und die Madonna – in die Marien-Verehrung übernommen wurden, wirkte die Alten-Phase – mit ihren Gegensätzen von Dunkel und Licht, Schönheit und Häßlichkeit – als zu bedrohlich und wurde ausgelassen.

Heute brauchen wir die Weise Alte nicht nur zu unserer individuellen Unterstützung beim Übergang in das Alter, sondern damit unsere Gesellschaft zu größerer Reife finden kann. Wir müssen in uns die Energien von Ablehnung und Zurückweisung erkennen. Wir müssen die Versäumnisse erkennen, die zu Kriegen führen. Wir dürfen diese Energien nicht verleugnen, sondern müssen lernen, sie zu integrieren.

Ich anerkenne mein zyklisches Wesen und die Zyklen der Natur.

Niemand kann seine Sicherheit auf dem Edelmut eines anderen Menschen aufbauen.

Willa Cather

Worauf bauen wir unsere Sicherheit auf? Häufig auf unseren Freundschaften mit anderen Menschen. Wenn wir eine geachtete Persönlichkeit kennen, garantiert uns das nicht, daß auch wir geschätzt werden? Nein. Dieser Mensch kann uns ein Spiegel sein und die Eigenschaften reflektieren, die wir achten, bewundern und selbst gern hätten. Aber unsere Sicherheit müssen wir selbst aufbauen.

Sicherheit erwächst aus Selbsterkenntnis und dem Wissen um unseren Platz im Universum. Die Bereitschaft, auf die Ratschläge unseres geistigen Ich zu hören, gibt uns Sicherheit. Denn unser Wille mit seiner Neigung zum Amoklaufen reicht nicht aus, um uns unsere Richtung zu weisen.

Meine Sicherheit kommt aus mir selbst, aus dem Wissen, daß ich ein Kind des Universums bin und nie ganz abhängig von meinen Beziehungen zu anderen.

Unser Vorteil (als Alternde oder Alte) ist die Liebe: Wir wissen so viel mehr. Wir sind so viel besser in der Lage, mit Ängsten, Frustrationen, selbst unserer eigenen Romantik fertig zu werden; und tief in uns ruht ein Schatz an Zärtlichkeit.

May Sarton

Das Alter läßt Haut und Knochen erschlaffen, unser Zahnfleisch und unsere Taille. Es macht uns aber auch nachgiebiger. Viele von uns brauchen lange Jahre zu der Erkenntnis, daß Selbstgerechtigkeit uns nicht gerecht macht, daß wir uns vieler oder der meisten der Schwächen schuldig gemacht haben, die wir an anderen bemängeln, daß wir besser daran täten, uns zu akzeptieren, als andere dafür zu kritisieren, daß sie uns den Spiegel unserer eigenen Fehler vorhalten.

Unser zunehmender Schatz an Zärtlichkeit befähigt uns zur Liebe. Auch wenn es schwerer sein mag, uns mit einem Partner zusammenzutun, weil jeder von uns bereits über ein geprägtes Leben verfügt; doch dieses Manko wird durch unsere Fähigkeit kompensiert, unsere Enttäuschungen zu bewältigen, falls es einmal rauh werden sollte. Wir wissen, daß das vorübergeht. Wir haben gelernt, mehrere Gefühle gleichzeitig zu empfinden: Liebe und Zorn beispielsweise. Wir sind vertraut mit unseren Reaktionen auf Bedrohung. Wir haben erkannt, daß Liebe über Verliebtsein und Romantik hinausgeht, und sind bereit, für ihre Präsenz in unserem Leben Dankbarkeit zu empfinden.

Ich weiß meine zunehmende Liebesfähigkeit zu schätzen.

OKTOBER

Ich lasse mir sehr viel mehr Zeit, um den Körper meiner Geliebten zu betrachten, um sie zu streicheln und zu liebkosen. Zum Teil kommt diese Zärtlichkeit aus meinem Gefühl für die Summe unserer Jahre – wir teilen uns fast neunzig Lebensjahre –, und so wird selbst die Zeit zu einer erotischen Verbündeten.

Joan Nestle

Sicher kommt es in der Lebensmitte zu Veränderungen auf erotischem Gebiet. Häufig leiden Frauen durch die hormonellen Umstellungen der Menopause unter vaginaler Trockenheit. Doch das Problem besteht darin, daß wir allzu häufig hören, wir würden vertrocknen wie überreife Pflaumen.

Es gibt einfache Lösungen für diese Veränderungen – von extern anzuwendenden Gleitmitteln über Kräuter bis zu Progesteronsalbe. Und wenn wir unseren eigenen Erfahrungen Aufmerksamkeit schenken und mit anderen älteren Frauen sprechen, können wir das falsche Bild von der Sexualität in der Lebensmitte mit Leichtigkeit vergessen. Auf diese Weise entdecken wir die bestgehüteten Geheimnisse.

Viele Frauen berichten, daß ihre Sexualität in der Lebensmitte aufblüht. Wir wissen inzwischen, was uns befriedigt, und haben keine Scheu, es zu fordern. Wir wissen unsere Erfahrung und diejenige unserer Liebhaber zu schätzen. Wenn wir viele Jahre mit einem Partner verbracht haben, genießen wir die Tiefe unserer gegenseitigen Gefühle und unsere Vertrautheit.

Ich befreie meine Sexualität von der vorgefaßten Meinung, wie sie in der Lebensmitte auszusehen hat.

Es empfiehlt sich, nie zu systematisieren – nicht bevor man 70 ist, zugänglich & teilnahmsvoll war & kreativ & alle seine Empfindungen und Horizonte erkundet hat.

Virginia Woolf

Wir neigen dazu, das Leben in ein System pressen zu wollen, alle Ereignisse zu analysieren und zu erklären, die Resultate vorherzusehen und zu beeinflussen. Sobald wir ein für uns passendes System gefunden oder geschaffen haben, möchten wir es gern auch anderen aufdrängen: «Warum machst du es nicht auf unsere, die beste Weise?»

Das Leben ist weniger komplex als vielmehr so geheimnisvoll, daß es die Grenzen unseres Verständnisses übersteigt. Unser Denken zu systematisieren, reduziert das Leben und nimmt ihm seine Fülle. Wenn ein uns nahestehender Mensch stirbt, können wir unter Umständen erfahren, wie sehr das Bewußtsein für die Kostbarkeit des Lebens unsere Existenz bereichert. Oder wir stellen überrascht fest, wie die Liebe unsere Herzen öffnet und Haß sie verschließt.

In der Mitte des Lebens sind wir noch viel zu jung, um uns einem rigiden System zu unterwerfen. Es ist eine gute Zeit, unser Einfühlungsvermögen auf möglichst viele Bereiche zu erweitern und zu erkennen, wie wenig wir wissen.

Ich verlasse alle Systeme, die ich um mich errichtet habe, und betrachte die Welt mit ganz neuen Augen.

Das Streben nach Jugend hat uns die Augen für die Möglichkeiten des Alters verschlossen. Könnte es nicht sein, daß das Leugnen unseres Alterns weiteres Wachstum blockiert und das Entstehen eines neuen Lebens verhindert, das uns sonst offenstünde?

Betty Friedan

Warum scheinen manche Menschen im Alter buchstäblich aufzublühen, während andere welken und verhärten? Könnte eine gelassene Akzeptanz der Schlüssel sein? Diese These wird von etlichen Forschungsergebnissen bestätigt.

Wir entwickeln uns stets in den Bereichen weiter, denen wir unsere Aufmerksamkeit zuwenden, während die vernachlässigten Gebiete verkümmern. Wenn wir große Furcht davor empfinden, die Tatsache unseres Alterns zu akzeptieren, wenn wir eine Mauer der Ablehnung errichten, bringen wir kaum die nötige Vorstellungskraft auf, um die Chancen zu erkunden, die das Alter bietet, und unser Leben in neue Richtungen zu erweitern.

Wenn wir weiterhin nach Jugendlichkeit streben, müssen wir zwangsläufig frustriert werden. Mit ein wenig Glück erschöpfen wir uns damit so sehr, daß unsere Widerstandskraft erlahmt und wir endlich auf die innere Stimme hören, die uns sagt, wie ein zufriedenes Leben im Alter aussehen kann.

Ich wehre mich nicht mehr gegen das Altern und gebe mich der Vision eines neuen Lebens hin.

Das Anerkennen von Grenzen, von Getrenntheit, von Endlichkeit ist eindeutig die zentrale Aufgabe in der Menopause. Etwas ist vorüber; irgendwann werden wir sterben. Das Sichabfinden mit unserem Tod steht vermutlich am Ende der Phase, in die uns die Menopause einführt, nicht an ihrem Beginn.

Christine Downing

Wenn wir uns die Menopause als behutsame Einführung in die Erkenntnis und das Fügen in unsere Sterblichkeit vorstellen, können wir verstehen, daß es sich um einen langfristigen Prozeß handelt. Denn zu dieser weisen Gelassenheit gelangen wir mit Sicherheit nicht über Nacht. Viele verharren noch immer in Proteststellung: «Aber ich will nicht älter werden», «Ich finde mich nicht damit ab», «Ich will mehr», «Das kann doch nicht alles gewesen sein».

Wenn ein unbefriedigtes Kind in uns noch immer nach «mehr» verlangt, müssen wir uns ihm zuwenden und sorgfältig darauf achten, daß die Grenzen nicht als Strafe empfunden werden, als Entzug.

Im Verlauf unserer Reise durch die Lebensmitte lernen wir, daß noch viel auf uns wartet, daß wir aber nicht alles haben können. Wir müssen auswählen. Wir müssen Prioritäten setzen. Wir müssen einige Dinge zurücklassen. Das ist kein Grund zur Verzweiflung, wenn wir uns an der getroffenen Wahl erfreuen können.

Wenn ich die richtige Wahl treffe, kann ich mich ohne Bitterkeit mit meinen Grenzen abfinden.

Ich glaube, insgesamt sind die Zivilisationen verloren, aber eine nach der anderen können sie gerettet werden.

Lucille Clifton

Angesichts des Niedergangs der Zivilisation können wir eine Nach-uns-die-Sintflut-Haltung einnehmen, wir können uns aber auch auf unsere Fähigkeit besinnen, mit dem Alter und aus der Geschichte zu lernen. Der einzige Platz der Welt, an dem wir mit Sicherheit etwas verbessern können, ist der kleine Platz, auf dem wir stehen. Aber es ist entscheidend, daß wir uns an diesen Veränderungen bewußt beteiligen.

Nehmen Sie beispielsweise das Müllproblem. Wir brauchen nur durch die Straßen einer Stadt zu laufen, um zu erkennen, welche Berge von Abfall unsere moderne Lebensweise produziert. Unsere Einzelbemühungen um Müllvermeidung und Recycling scheinen sinnlos angesichts der Papier- und Kunststoffberge, die uns umgeben. Aber es ist unser individuelles Umweltbewußtsein, das Anlaß zur Hoffnung gibt. Unsere Gewissenhaftigkeit reinigt nicht nur unser Fleckchen, sondern ist auch ein Beispiel, das andere dazu bewegen könnte, ihr eigenes zu putzen.

Ich trage bewußt und ernsthaft zur positiven Veränderung meiner Umwelt bei.

Im Moment bin ich nicht viel mehr als eine vierundvierzigjährige Frau, die sich an ein total neues und größtenteils ungeplantes Überflüssigsein gewöhnt, das in ihr Stolz und Bedauern auslöst.

Nikki Giovanni

So beschreibt Nikki Giovanni ihren neuen Status als Mutter eines Sohnes, der nach achtzehn Jahren unter ihrem Dach seine «Volljährigkeit» erreicht hat. Es ist ein Zustand, der vielen Frauen in der Lebensmitte vertraut sein wird. Weil die Mutterschaft eine so beanspruchende Aufgabe ist, erleben Mütter, deren Kinder das Haus verlassen, häufig eine echte Krise.

Wir wissen, daß der Ruhestand nach einem langen Berufsleben eine grundsätzliche Neuorientierung verlangt. Warum sollte das für eine Frau anders sein, die ihre alltäglichen Mutterpflichten aufgibt? Wir müssen lernen, ohne diese Identifikation zu leben. Wir müssen uns unseren Weg durch das «Überflüssigsein» ertasten, bis es zu einem freien Raum wird, in dem wir nach jenen Dingen in uns forschen können, die darauf warten, entdeckt zu werden.

Nicht mehr gebraucht zu werden, ist kein Verlust. Es schafft Raum für neue Chancen.

Ich fürchtete mich vor dem Alter, weil ich glaubte, dann nicht mehr die Dinge tun zu können, die ich tun wollte. Aber jetzt stelle ich fest, daß sie mich gar nicht mehr interessieren.

Lady Nancy Astor

Denken Sie an all das, was wir früher einmal unbedingt erreichen und unternehmen wollten. Tauchen diese Wünsche jetzt wieder auf, da wir erkennen, daß wir sie unter Umständen nicht mehr verwirklichen können? Nein. Statt dessen stellen wir überrascht fest, daß sie immer mehr an Bedeutung verlieren, um schließlich ganz zu verschwinden, wenn wir uns mehr auf uns selbst besinnen.

Das Leben hat seine eigene Art, unsere Probleme zu lösen. Nach und nach dämmert es uns, wieviel Zeit und Energie wir verschwendet haben, weil wir dachten, eine Schwierigkeit nur bewältigen zu können, wenn wir uns voll auf sie konzentrieren. Doch dann tauchten unablässig neue Probleme auf, die die Dinge mitunter so veränderten, daß sich alte Schwierigkeiten buchstäblich in Luft auflösten.

Der natürliche Ausleseprozeß der Natur hilft mir bei der Entdeckung dessen, was wirklich wichtig ist.

In der Sarvodaya-Bewegung ist das persönliche Erwachen wesentlich für das Erwachen des Heimatortes, und beide sind entscheidend für das Erwachen des Landes und der Welt.

Joanna Macy

Wir haben das Glück, in einer Zeit zunehmenden Interesses an der Menopause zu leben, in einer Zeit, in der wir vom Erwachen anderer beeinflußt werden, sowie einer, an der wir teilhaben. Unser persönliches Erwachen findet seinen Nachhall in unserer engeren Umgebung, darüber hinaus in unserem Land und in der Welt.

Wie wir erwachen? Wir hören auf unsere Körper. Wir schulen unseren Geist. Wir sprechen mit anderen über ihre und unsere Erfahrungen. Wir achten auf unsere Empfindungen. Wir holen uns den Rat, den wir brauchen, bei anderen Menschen. Wir ziehen Nutzen aus der Klugheit unseres inneren Ich.

Wir erwachen unablässig, und durch dieses erweiterte Bewußtsein verströmen wir ein Licht, das andere zum Sehen befähigt.

Ich messe meinem Erwachen große Bedeutung zu.

Der Duft bleibt stets in der Hand, die die Rose verschenkt.

Heda Bejar

In jüngeren Jahren halten wir nicht besonders viel vom Geben. Die meisten von uns sind vor allem mit dem Nehmen beschäftigt. Wir wollen unsere Unabhängigkeit. Wir wollen «vorankommen». Wir wollen das, was uns unserer Ansicht nach zusteht.

In der Lebensmitte richten wir unsere Energien nicht mehr auf die schnellstmögliche Bewältigung der Entfernung zwischen Punkt A und Punkt B, sondern erkennen den Wert des Kreises. Wir bemerken, daß unsere innere Weiterentwicklung spiralförmig verläuft. Und so erkennen wir ganz natürlich die Vorzüge des Gebens.

Wenn wir mit Hintergedanken geben – um anderen eine Nasenlänge voraus zu sein oder uns jemanden zu verpflichten –, ergibt sich für uns die Chance, mehr über die Bereiche in uns zu erfahren, die noch immer der Zuwendung bedürfen. Auch das ist nützlich, selbst wenn wir erkennen müssen, daß unser Geschenk kein Geschenk war, sondern eine Manipulation. Wenn wir dazu bereit sind, können wir aufrichtig und großzügig geben. Dann erfahren wir die Wohltat des Duftes, der bleibt.

Ein uneigennütziges Geschenk macht Gnade greifbar.

Wenn uns die Einheit bewußt wird, in die wir eingebettet sind, die heilige Gesamtheit, die uns umgibt und in uns ist, befinden wir uns im Zustand der Gnade. In diesen Momenten begreift unser Bewußtsein nicht nur unser individuelles Ich, sondern auch unser größeres Selbst, das Selbst des Kosmos. Die existenzvereinigende Gestalt wird greifbar.

Charlene Spretnak

Die Gnade ist nie weit entfernt, und doch ist sie nichts, was sich manipulieren ließe. Sie ist eine Qualität, die zu empfangen ist, nicht zu fordern. Wir können uns nur auf sie vorbereiten, indem wir unsere Herzen allem öffnen, das uns umgibt.

Durch spirituelle Übungen können wir uns dem Zustand der Gnade nähern, denn durch sie demonstrieren wir unsere Bereitschaft, unser individuelles Ich zu überwinden und in einen größeren Zusammenhang zu bringen. Wir machen uns bewußt, daß wir ein Wesen unter anderen Wesen sind. Wir erinnern uns daran, daß wir ganz in uns ruhen und gleichzeitig mit allen anderen verbunden sind.

Die Gnade ist ein Geschenk des Universums, das nie weit entfernt ist.

Die Pubertät bereitet uns auf die Sexualität vor, die erregende Lebenslust. Die Menopause bereitet uns auf die Stärke der Unabhängigkeit vor, auf Freundschaft mit dem Tod, auf Weisheit.

Sandy Boucher

Ähnelt nicht viel am Alterungsprozeß der Form einer Sanduhr? Wir beginnen als selbstzentrierte Babys und verspüren am Ende des Lebens den inneren Auftrag, unsere Energien erneut auf uns selbst zu konzentrieren.

Das Klimakterium kann eine Art Vorläufer dafür sein. Es fordert uns auf, in uns zu gehen und uns auf die zweite Lebenshälfte vorzubereiten. Durch die körperliche Umstellung zeigt es uns, daß sich auch der Sinn unseres Lebens ändern könnte, und befähigt uns dazu, uns wieder mit neuen Freuden und Kräften ins Leben zu stürzen, wie wir es nach unserer Pubertät getan haben.

Ich vertraue darauf, daß Mutter Natur meinen Körper auf eine neue Lebensphase vorbereitet.

Ich heize mich auf, der Thermostat funktioniert nicht.

Judith Bishop

Frauen machen vielfältige Erfahrungen mit Hitzewallungen in der Menopause. Ein kleiner Prozentsatz erlebt sie überhaupt nicht. Andere erfahren sie alle fünfzehn Minuten, und das durch viele Monate hindurch. Manche Frauen werden durch sie in ihren alltäglichen Beschäftigungen nicht behindert, andere haben das Gefühl, nicht klar denken zu können. Einige Frauen lernen sogar, sich ihre fliegende Hitze zunutze zu machen. Eine Frau berichtete beispielsweise, daß sie an kalten Wintermorgen auf ihre erste Hitzewallung wartete, bevor sie das Bett verließ und ihren Ofen in Betrieb setzte.

Unsere erste Hitzewallung könnten wir für ein Signal halten, daß etwas nicht stimmt. Wir könnten in Panik geraten, so wie wir es tun, wenn aus der Motorhaube unseres Autos Rauch aufsteigt. Aber es ist lediglich ein Anzeichen dafür, daß unser Körperthermostat durch unseren Hormonspiegel durcheinandergebracht wurde. Aus unserem Motor steigt kein Rauch auf. Wir können entspannen, uns den Schweiß von der Stirn wischen und weiter nach vorn blicken.

Ich sehe in meiner fliegenden Hitze die Energie für wichtige Veränderungen.

Wie oft in jenen Jahren des Alleinseins hatte sich Carrie über die Nutzlosigkeit ihrer zyklischen Blutungen geärgert. Und doch empfindet sie jetzt, da sie abnehmen, in unerwarteten Schüben kommen, manchmal ihre Röcke durchfeuchten und plötzlich wieder aufhören, Bedauern. Das Leben schwindet unbestreitbar dahin. Aber es ist kein Verfall. Verzicht vielleicht. Das Ende ihrer langen Ehe mit dem Mond.

Charlotte Painter

Wie oft hatten wir das Gefühl, unsere Menstruation sei mit den Mondphasen verbunden? Vielleicht veranlaßte der Vollmond das Einsetzen unserer Periode. Vielleicht bewirkte er mit seinem unvermeidlichen Zu- und Abnehmen ein Bewußtsein für unseren Schoß. Mit der Menarche hat er mit uns allen Hochzeit gefeiert.

In der Menopause zeigt er uns, daß Abnahme kein Verfall ist, sondern nur zur nächsten Stufe im Zyklus des Lebens führt. Als Weise Alte werden wir eine neue Beziehung zum Mond haben. Wir behalten unser Blut bei uns. Wir verströmen unsere Lebensweisheit.

Der Mond wacht über mich und erinnert mich an das Wunder, das uns alle zusammenhält.

Ich freue mich darauf, vorwärts zu gehen und die Vorteile einzuheimsen, die umfassendere Reife mit sich bringt, bin aber noch nicht ganz bereit, die jugendliche Haltung des Angewiesenseins aufzugeben.

Ellen

Viele von uns hatten unter Umständen das Gefühl, zum verfrühten Erwachsensein genötigt worden zu sein. Vielleicht waren wir als älteste Tochter verpflichtet, unserer Mutter bei der Versorgung unserer Geschwister zu helfen. Vielleicht haben uns Kindheitstraumata dazu gebracht, unsere Verwundbarkeit hinter einer Maske der Selbstsicherheit zu verbergen. Wenn wir der Ansicht sind, keine richtige Kindheit gehabt zu haben – gleichgültig aus welchen Gründen –, könnte es uns widerstreben, erneut erwachsen werden zu müssen.

Vielleicht werden wir den Gefühlen dieses Kindes mehr Aufmerksamkeit schenken müssen, um uns von dem Wunsch zu befreien, einen anderen für uns sorgen zu lassen. Wir sind der Erwachsene, der sich um dieses Kind kümmern kann, und indem wir es tun, finden wir zu der Reife, die wir verdienen und die wir uns wünschen.

Die Spannungen vergehen, wenn ich beide Seiten meines Konflikts verstehe.

Kurz nach meinem Einzug ging ich hinaus und traf sie (meine Hauswirtin und Nachbarin) barfüßig und mit einem Bikinioberteil und Shorts bekleidet auf dem Dach ihres Hauses an, wo sie Risse energisch mit Teer zuspachtelte. Sie war zu dieser Zeit siebenundachtzig. Ich begriff, daß sie allen Klischees über alte Frauen widersprach.

Pamela Valois

Je mehr vitale ältere Frauen wir kennenlernen, desto leichter ist es, den Klischees des Alterns zu entsagen. Doch in einer Gesellschaft, die das Alter in zunehmendem Maße ausgrenzt, in der alte Menschen in besonderen Häusern, mitunter sogar besonderen Ortsteilen leben müssen, lernen wir immer weniger von den Menschen kennen, die einer älteren Generation angehören. Wir müssen uns schon bemühen, Beziehungen zu Älteren aufzubauen und zu pflegen, die uns lebende Beispiele für unsere eigene Zukunft sind.

Es liegt in der Natur der Klischees, daß wir jene Alte, die ein erfülltes und befriedigendes Leben führen, als Ausnahmen empfinden, als Menschen, die nicht der Norm entsprechen. Doch indem wir das tun, werten wir sie ab. Wir müssen sie aufwerten und uns von ihnen inspirieren lassen.

Heute rufe ich mir alle vitalen alten Menschen in Erinnerung, die ich in meinem Leben kennengelernt habe.

Um die Welt und damit auch uns zu heilen, müssen wir zwei Dinge begreifen: Wie sehr wir das Konzept der Beherrschung verinnerlicht haben und wie wir das der Freiheit fördern können. Wir müssen begreifen, wie sehr wir jeden Aspekt des Selbsthasses verinnerlichen, und Methoden entwickeln, uns von verinnerlichter Dominanz zu befreien. Wir müssen uns Situationen der Befreiung vorstellen, damit wir sie schaffen können.

Starhawk

Wir alle haben die negative Einstellung unserer Gesellschaft zum Altern verinnerlicht – zumindest bis zu einem gewissen Punkt. Wie können wir den Selbsthaß erkennen, um uns nicht von ihm in unseren Entscheidungen beeinflussen zu lassen?

Der erste Schritt ist Bewußtmachung. Wir müssen auf unsere innere Stimme hören. Sagt sie: «Nun sieh dir deine Falten an. Du solltest wirklich etwas dagegen unternehmen», «Du solltest nicht immer so viel mit älteren Leuten zusammen sein. Jüngere passen besser zu dir», oder sagt sie: «Meine Knieoperation? Na und? Ich sause über die Skihänge wie immer. Meine Jahre werden mich nicht davon abhalten.»?

Wir bringen diese Stimme zum Verstummen, indem wir zu unserem Alter stehen und es genießen. Wenn wir wissen, daß es gut für uns ist, werden wir unsere Aktivitäten einschränken. Wir nehmen uns ein Beispiel an älteren Frauen, die uns zeigen, wie erfüllt die reifen Jahre sein können.

Ich mache mir meine verinnerlichten Negativeinstellungen bewußt, damit ich mich von ihnen trennen kann.

Das Hauptmerkmal für das Streben nach Vollkommenheit ist Obsession. Zu Besessenheit kommt es, wenn alle psychische Energie, die auf die verschiedenen Bestandteile der Persönlichkeit verteilt werden sollte, um sie zu harmonisieren, ausschließlich auf einen Bereich der Persönlichkeit konzentriert wird.

Marion Woodman

Besessenheit läßt uns erstarren. Sie läßt keinen Raum mehr für Spontaneität, für die Entdeckung unserer individuellen Bedürfnisse und Wünsche sowie der Möglichkeiten, sie zu befriedigen. Warum streben wir so zwanghaft nach Perfektion? Versuchen wir noch immer, Vorstellungen zu entsprechen, die andere von uns haben?

Es ist nicht unsere Aufgabe, vollkommen zu sein, sondern uns in Richtung Ganzheit und Vollständigkeit zu entwickeln. Unsere Abhängigkeit hindert uns daran, diese Ganzheit zu erlangen, indem wir uns obsessiv auf einen Aspekt von uns konzentrieren.

Die Lebensmitte ist eine Zeit, in der es vonnöten ist, nach Ausgeglichenheit zu streben. Es ist das Stadium, um uns obsessive Vorstellungen bewußtzumachen und nicht mehr auf sie zu reagieren. Nachdem es uns so lange nicht gelungen ist, Vollkommenheit zu erreichen, lassen wir uns nicht mehr hinters Licht führen.

Ich erkenne die Unsinnigkeit im Streben nach Vollkommenheit.

Kein Pessimist hätte jemals die Geheimnisse der Sterne entdeckt, unbekannte Meere befahren oder dem menschlichen Geist neue Horizonte eröffnet.

Helen Keller

Der Glaube, daß uns etwas Gutes erwartet, erleichtert uns das Leben. Der Glaube an das Gegenteil belastet uns mit Furcht. Von Angst erfüllt, wagen wir kaum aufzusehen. Wir entdecken nur wenig. Wir bereiten uns defensiv auf das Eintreffen schlechter Nachrichten vor. Das Schlimmste könnte passieren, und wir sollten möglichst darauf vorbereitet sein. Je offener unser Herz ist, so will es uns scheinen, desto tiefer kann es verletzt werden. Und da wir das verhindern wollen, kreisen wir ausschließlich um unsere bösen Vorahnungen.

Die Lebensmitte ist eine Phase, in der wir Rückschau halten können, um zu erkennen, wie unser Leben bisher verlaufen ist. Wir hatten unser gerüttelt Maß an Problemen und Rückschlägen, aber wir haben sie überlebt. Wieviel ist uns entgangen, weil wir uns unserem Pessimismus hingegeben haben? Wieviel soll uns noch entgehen, indem wir dieser Einstellung weiterhin anhängen? Wenn wir ganz aufrichtig sind, müssen wir zugeben, daß das Leben stets bemüht zu sein scheint, die Dinge so positiv wie möglich für uns zu regeln. Ist es nicht höchste Zeit, uns davon anregen zu lassen und größere Optimisten zu werden?

Heute werfe ich meine pessimistische Einstellung über Bord.

Wir sind nicht Herr unseres Geschicks. Wir führen unser Leben weder ohne Unterstützung noch unbehindert. Unser Sein ist den Wechselfällen des Lebens unterworfen.

Katherine Anne Porter

Bestimmt kennen wir Menschen, die unter einem schweren Schicksal zu leiden hatten. Vielleicht zählen wir uns selbst zu diesen Menschen und fragen uns, was wir hätten erreichen können, wenn dieses oder jenes nicht geschehen wäre. Trotz dieser Empfindungen müssen wir jedoch weiter an der Entwicklung unserer Persönlichkeit arbeiten.

Welches Unglück uns auch getroffen haben mag, wir müssen auch die Kräfte anerkennen, die uns mit seiner Überwindung zukamen. Unsere Leiden haben unseren Visionen Tiefe verliehen. Unsere Armut hat uns nichtmaterielle Geschenke schätzen gelehrt. Welche Hürden sich auch vor uns aufstellten, wir fanden Mittel und Wege, sie zu überwinden. Zweifellos wären wir weiter gekommen, hätten viele unserer Ziele schneller erreicht, wenn unsere Startbedingungen besser gewesen wären. Lassen Sie uns Genugtuung darüber empfinden, daß wir uns – im Rahmen unseres Schicksals – nach Kräften bemüht haben.

Ich konzentriere mich heute auf die Dinge, die ich ändern kann, und nicht auf jene, bei denen das unmöglich ist.

Man kann seinem Schicksal nicht entgehen; es muß in seinem ganzen Ausmaß angenommen werden, und eines Tages ergibt sich die unendlich einfache Lösung.

Marie-Louise von Franz

Einige von uns wandern durch die erste Hälfte ihres Lebens, als wäre es ein Traum oder eine Phantasie. Die Lebensmitte bietet uns die Möglichkeit, das ganze Ausmaß unseres Schicksals anzunehmen und die Hände nach etwas auszustrecken, das wir lieben. Dann entdecken wir die Spontaneität, die wir in der ersten Hälfte vermißt haben.

Wir – die wir auf diese Weise wach geworden sind und eine lange Reise in unser Inneres hinter uns haben, um Lebendigkeit zu finden – kennen den Sinn des Lebens. Wir sind darüber hinaus fähig, das Leid anderer zu sehen. Wir leben bewußt, von Augenblick zu Augenblick. Wir lassen ab von der Trauer über vermeintlich verlorene Jahre, indem wir den Sinn unseres Leidens erkennen. Unser Schicksal wurde uns gegeben. Die Lösung auch.

Sobald ich mich in mein Leben füge, geht Spontaneität von mir aus.

Der Frau wird ihr Alter nicht verziehen. Robert Redford hat ein markantes Gesicht, ich habe Runzeln.

Jane Fonda

Stellen Sie sich eine Welt vor, in der Frauen mit tiefen Falten als charaktervoll betrachtet werden, eine Welt, in der wir sagen: «Ihr Gesicht zeigt, daß sie gelebt, geliebt und gelitten hat.» Stellen Sie sich vor, daß in dieser Welt Männer mit tiefgefurchten Gesichtern als schwach und hinfällig angesehen werden, daß wir sie aus dem Rampenlicht halten, weil sie die Verwundbarkeit unserer Menschlichkeit widerspiegeln – jenen Aspekt, den wir auf dem TV-Bildschirm gar nicht gern sehen.

Nirgendwo im Geschlechterkampf haben wir Frauen die Nase vorn – nur mit unserer Langlebigkeit. Aber haben wir nicht die gleiche Anerkennung für unsere Jahre verdient wie die Männer? Gibt es irgendeinen Grund dafür, daß Robert Redfords Falten ihm zusätzliche Sympathie einbringen, während Jane Fondas sie abwerten? Lassen Sie uns die falschen Vorstellungen über das Altern erkennen und überwinden.

Ich nehme die Auszeichnung an, die ich mir mit meinen Falten verdient habe.

In der Jugend lernen, im Alter verstehen wir.

Marie von Ebner-Eschenbach

Wenn wir Babys beobachten, stellen wir verblüfft fest, wie sie durch ständiges Experimentieren und Wiederholen lernen. In dem Alter, in dem wir nichts wissen, probieren wir alles aus. Im Laufe unseres Lernens werden wir zunehmend selektiver. Sonst wäre das Leben unerträglich ermüdend.

Es ist keineswegs so, daß wir eines Tages zum umfassenden Verständnis gelangen werden und nichts mehr lernen müssen. Wir bleiben bis zum Moment unseres Todes Schüler des Lebens. Aber jetzt, in der Lebensmitte, stellen wir fest, daß sich ein Wandel vollzogen hat. Während wir früher in der Ferne nach Antworten suchten, blicken wir nun nach innen. Häufig finden wir dort die Antwort – vorausgesetzt, unser Wissen wurde integriert.

Ich schätze mein angesammeltes Wissen und meine zunehmende Fähigkeit, es zu meinen Gunsten zu nutzen.

Auf zwei Dinge muß ich hier verzichten: Spiegel und Uhren. Zunächst war es sehr schwer. Ich wollte ganz instinktiv wissen, wie ich aussah; vielleicht wollte ich aber auch nur einen kurzen Blick auf mich erhaschen, um mich zu vergewissern, daß ich existiere. Davon überzeugen Spiegel; und ich habe beschlossen: Uhren auch.

Joan Barfoot

Joan Barfoots Heldin zieht in eine Hütte im Wald, um abseits von ihrer Familie zu entdecken, wer sie ist. Sie erfährt die Verunsicherung eines Daseins ohne Uhren und Spiegel. Stellen wir uns vor, einen Tag so verbringen zu müssen.

Ohne Uhren und Spiegel müssen wir nach innen blicken, um uns zu bestätigen. Wir erkennen sofort, wie sehr wir in der Vergangenheit versäumt haben, das zu praktizieren, wieviel von unserer Selbstdefinition sich aus äußerlichen Quellen speist. Besonders in der Lebensmitte ist es wichtig für uns, Rat von den Vorstellungen zu beziehen, die tief in uns ruhen. Das primitive Wissen der Weisen Alten ist dort, ein Teil unseres Erbes, wie auch die Weisungen unseres Herzens.

Heute mache ich mich von äußerlichen Spiegelbildern frei und suche meine innerliche Reflexion.

Ich beginne zu erkennen, daß ich altere – schon immer gealtert bin – und daß mich nur starke Kräfte davon abhalten konnten, eine so offensichtliche Tatsache zu übersehen, sowie davon – schon aus Eigeninteresse –, auf eine Veränderung der sozialen und wirtschaftlichen Lebensbedingungen älterer Frauen hinzuwirken.

Cynthia Rich

Die Diskriminierung des Alters bringt uns dazu, möglichst jünger erscheinen zu wollen, als wir sind, das Schicksal unserer Älteren zu ignorieren, als würde es uns nicht eines Tages ebenso ergehen wie ihnen, und häufig den Reichtum der Lebensmitte zu übersehen. Es tut Frauen nicht gut, sich von diesem Bazillus anstecken zu lassen. Er hält uns davon ab, auf die Verbesserung der Lebensumstände jener Frauen hinzuwirken, die wir eines Tages sein werden.

Was können wir tun, um Veränderungen einzuleiten? Wir müssen die Klischees erkennen, die alternde Frauen verunglimpfen.

Heute erkenne ich die Art und Weise, in der mich die Diskriminierung des Alters einengt, und schüttle ihre Fesseln ab.

Das Mondlicht beseelte ihr Gesicht. Ich fragte mich, ob dreißig Jahre zuvor, als sie ein von Gedichten träumendes Mädchen war, dieses Gesicht ebenso schön aussah wie jetzt. Die Prüfungen, denen sie mit Sicherheit ausgesetzt war, haben ihr Ruhe und Tiefe verliehen.

Anzia Yezierska

Wenn wir einen Menschen mit den Augen der Liebe betrachten, sehen wir die Schönheit seines gesamten Seins. Wir erkennen, wie ein Mensch in seine Persönlichkeit hineingewachsen ist, wie er zur Würde gefunden hat, wie er gealtert ist und in seinem Gesicht die schweren Zeiten widerspiegelt, die sein Wissen über sich selbst vertieft und gefestigt haben.

Diese Momente, in denen wir einen anderen ansehen und voll in uns aufnehmen, sind kostbar. Sie zeigen uns die Wahrheit eines Lebewesens. Sie spiegeln die Wahrheit unseres Seins wider. Schönheit liegt nicht in klassischen Zügen, einer makellosen Haut oder dichten Wimpern. Sie liegt im sichtbar gemachten Leben, manchmal im Bemerken vergossener Tränen, manchmal im Lächeln eines Fremden, dem wir auf der Straße begegnen.

Wenn meine Augen offen sind, sehe ich die Schönheit um mich herum.

Hekate verändert die Frau. Das vorrangige Wesen der Alten ist das Heilen und die Transformation... Man partizipiert an ihrer Substanz, man gewinnt ihre Macht, wenn man sich der Transformation mit allen Momenten, Tagen und Jahreszeiten unterwirft, wie auch der Gesamtheit des Lebens.

Donna Wilshire

Wir können die Gestalten der Mythologie dazu nutzen, unserer Weisheit näherzukommen. Die Gaben der Weisen Alten entstammen der Achtung vor dem Kreislauf Geburt-Tod-Geburt. Dieser Zyklus ereignet sich in uns ebenso wie in unserer Umgebung.

Der Winter ist eine Periode der Dunkelheit. Pflanzen ziehen sich zurück, Tiere treten den Winterschlaf an. Die Menopause ist eine ähnliche Phase des Übergangs. Die fruchtbare Frau in uns stirbt. Wir betrauern sie. Wir lassen sie sterben. Aus ihr wird die Weise Alte geboren. Wir erkennen sie zunächst nicht immer in uns. Aber allmählich tun wir es, wenn sie in uns wurzelt und wächst.

Ich gebe mich den zyklischen Veränderungen meines Körpers hin.

Unsere Körperlichkeit – die stets unsere Spiritualität, Mentalität, Emotionalität, gesellschaftlichen Gewohnheiten und sozialen Prozesse umfaßt – ist eine Mikroform aller Körperlichkeit. Jeder von uns reflektiert in seiner Einstellung gegenüber unserem Körper und den Körpern anderer irdischer Lebewesen seine innere Einstellung gegenüber dem Planeten. Und wie wir glauben, so handeln wir.

Paula Gunn Allen

Welche Einstellung haben wir zu unserem Körper? Eine liebevolle, zärtliche, respektvolle? Oder eine ablehnende, verleugnende, kritische? Verübeln wir unserem Körper sein Stadium der Veränderung? Tun wir so, als verrate er uns durch sein Altern? Schenken wir der Korrelation zwischen unserer Einstellung gegenüber unserem Körper und der anderen Lebewesen gegenüber Aufmerksamkeit.

Wenn wir unsere Einstellung gegenüber unserem Körper erforschen und erkennen, was wir verändern möchten, können wir es uns zur täglichen Übung machen, uns pfleglicher zu behandeln. Wir können unseren Körper endlich als das heilige Gefäß anerkennen, das er ist – stets für uns da, immer bereit, uns Behausung zu sein –, indem wir uns bewußt ernähren und uns genug Erholung gönnen. Wir können uns der Heilung jenes Bereiches von uns zuwenden, der einer Gesundung bedarf.

Ich behandle meinen Körper mit dem großen Respekt, den er verdient.

Der einzige Mut, dessen es bedarf, ist der, der einen von einer Minute zur nächsten bringt.

Mignon McLaughlin

Im allgemeinen verbinden wir Mut mit dramatischen, heroischen Ereignissen, aber brauchen wir ihn nicht viel eher in Augenblicken der Not, in Momenten stiller Verzweiflung, wenn wir einfach nicht mehr wissen, wie wir weitermachen sollen? Und finden wir ihn dann nicht immer irgendwo in uns, als eine Art verborgener Reserve? Mitunter hilft es, mit anderen über unsere Nöte zu sprechen, manchmal finden wir Mut durch Gebet oder Meditation, wenn wir uns mit einer größeren Macht des Universums in Verbindung sehen.

Mitunter brauchen wir den Mut zum Weitermachen nicht so sehr in Zeiten großer Verzweiflung als vielmehr in den Momenten, in denen uns das benötigte Wissen fehlt. Wenn wir beispielsweise ein Bild malen oder eine Geschichte schreiben wollen, oder wenn wir am Fließband arbeiten. Plötzlich sind wir so erschöpft, daß wir fest davon überzeugt sind, keine Sekunde weitermachen zu können. Aber wir müssen es. Und irgendwie schaffen wir es dann auch: ein großer Sieg.

Mut ist nicht etwas, das nur andere haben. Ich erkenne die Momente, in denen mich mein eigener Mut weiterträgt.

Für eine Prärie braucht es Klee und eine Biene. Und Träume. Die Träume reichen schon, wenn es an Bienen mangelt.

Emily Dickinson

Was sind Träume, Tagträume? Und was entgeht uns, wenn wir sie nicht haben? Um etwas zu schaffen, müssen wir es uns vorstellen können. Wir müssen uns diesem Ziel mit Hingabe zuwenden. Manchmal erträumen wir uns eine Sache, ein Objekt, manchmal empfinden wir ein Verlangen: die Reise in ein bestimmtes Land, den Besuch bei einer/m alten Verwandten, die/der vielleicht nicht mehr lange leben wird.

Indem wir unsere Träume achten und ausleben, bringen wir sie der Erfüllung näher. Indem wir uns Zeit für unsere Träume nehmen und uns durch nichts von ihnen abhalten lassen, geben wir unserer Seele Nahrung und unseren Visionen größere Klarheit.

Heute gebe ich mich den Geschenken hin, die Tagträume mir bieten.

Das Leben ist ein leuchtender Heiligenschein, eine halbtransparente Hülle, die uns von Beginn an umgibt.

Virginia Woolf

Das Leben scheint stets über uns zu wachen, selbst wenn wir es nicht bemerken, selbst wenn wir ringen und strampeln und uns fragen, was das eigentlich alles soll. Manchmal können wir absolut kein Licht erkennen. Wenn wir weinen, kommt es uns so vor, als wären wir nur von Dunkelheit umgeben. Aber nachdem wir unsere Tränen getrocknet haben, könnten uns andere sagen, daß unsere Augen vor Licht glänzen. Um diese Widersprüche zu vereinen, müssen wir erkennen, daß sich das Leben mitunter unserem Verständnis entzieht.

Jetzt führt uns das Leben durch seine «Halbzeit». Bestimmte natürliche Prozesse – die körperlichen Veränderungen der Menopause, möglicherweise der Tod eines Elternteils, der Auszug unserer Kinder – ändern unser Verständnis für uns selbst. Manche von uns haben das Gefühl, auf ihrem Lebensweg in die Irre zu gehen. Wir fragen uns, wo wir gewesen sind und wohin wir gehen. Aber das Licht leuchtet noch immer, auch wenn wir es nicht sehen.

Ich sehe die Leuchtkraft anderer und vertraue darauf, daß sie meine Spiegel sind.

Ich weiß, daß ich den Körper einer schwachen und zarten Frau habe, aber ich besitze das Herz und die Tapferkeit eines Königs, auch eines Königs von England.

Königin Elisabeth I.

Kennen wir nicht alle Frauen, die schwach und zart wirken, aber mit einer geradezu eisernen Konstitution ihre vielfältigen Pflichten erfüllen? Viele Frauen haben es gelernt, sehr geschickt mit ihren Energien umzugehen, wenn sie beispielsweise für kleine Kinder sorgen, vielleicht noch einen Beruf ausüben und sich dann gegen Abend ein paar Minuten der Ruhe gönnen, in denen sie zu sich finden und die Energien sammeln, die sie für den nächsten Tag brauchen.

Wenn wir älter werden und der Anfälligkeit unserer Körper mehr ausgesetzt sind, stellen wir ironischerweise fest, daß wir uns stärker fühlen, als wir jemals waren. Aber die Kraft liegt nicht in unseren Muskeln, sondern in unserem Inneren, unseren Überzeugungen. Unsere Herzen und unsere Tapferkeit wurden Prüfungen unterzogen und haben sich als offen und widerstandsfähig erwiesen. Wir haben gelernt, auf sie zu hören und uns von ihnen beraten zu lassen.

Mein starkes Herz und meine große Tapferkeit geben mir heute Kraft und ein Gefühl von Vollständigkeit.

NOVEMBER

Ich könnte vielleicht mehr reale Probleme bekommen, aber ich hätte weniger eingebildete.

Nadine Stair

Im Laufe der Jahre lernen wir es, zwischen unseren tatsächlichen und unseren eingebildeten Problemen zu unterscheiden. Wir hatten die Zeit, vieles von unserer Vergangenheit aufzuarbeiten, das sich dauernd in unsere Gegenwart drängte, bis es unsere Aufmerksamkeit erregt hat. Damit aufzuräumen, war befreiend.

Wenn wir dann zu unseren aktuellen Schwierigkeiten kommen, haben wir zwar noch genug zu tun, aber wir stellen fest, daß deren Bewältigung das Leben selbst ist: Uns wird nicht mehr aufgebürdet, als wir ertragen können. Es bringt gar nichts, uns mit unseren Nachbarn zu vergleichen. Noch bereichert es unser Leben, uns auf den Zeitpunkt zu konzentrieren, an dem unsere Probleme hinter uns liegen. Das Heute zählt. Die Einstellung, die wir unseren Problemen entgegenbringen, kann uns erheben, wenn wir den Humor und die Hoffnung nicht verlieren und Raum für das Unerwartete lassen.

Heute wende ich meine Energien meinen tatsächlichen Schwierigkeiten zu und vergesse die eingebildeten.

Mich verlangt nach großem Frieden und Lust, dem unbezähmbaren Gut.

Muriel Rukeyser

Wissen wir, was wir wollen? Sind wir bereit, etwas dafür zu tun? Ein Vorteil des Älterwerdens ist unsere Erfahrung. Wir haben verschiedene Richtungen eingeschlagen, um das zu finden, was uns befriedigt. Vielleicht haben wir mehr als einen Beruf ausgeübt und hatten mehrere Freunde und Partner.

Zunehmend führen unsere Wege zu dem gleichen Ziel: daß wir Frieden und Freude wollen. In früheren Jahren trachteten wir vielleicht danach, mit anderen Menschen zur Erfüllung zu finden. Wir könnten nach jemandem gesucht haben, der uns vervollständigt. Doch inzwischen wissen wir, daß wir in uns selbst ganz und vollständig sind. Wir finden unseren Frieden in uns. Lust und Freude suchen wir sowohl in uns als auch in der Gesellschaft jener, die wir lieben.

Ich finde großen Frieden in mir.

Ein Baum senkt seine Wurzeln hinab, bevor er nach oben treibt und sich ausbreitet.

Judith Jamison

Die Lebensmitte ist eine Zeit der Expansion, weil wir fest wurzeln. Selbst wenn wir in eine neue Gegend ziehen, nehmen wir unsere psychischen Wurzeln mit. Wir wissen, wer wir sind, was wir schätzen und an welche Prinzipien wir uns halten.

Ausgehend von diesen Wurzeln treiben wir nach oben und breiten uns aus. Wir konsolidieren unsere Energien, die wir früher vielleicht verschwendeten. Zur Zeit unserer Menopause ziehen wir uns zusammen, um zu reifen und uns für unsere nächste Expansion vorzubereiten.

In der Expansionsphase unserer Lebensmitte werden wir vertrauter mit uns selbst. Was wir einst glaubten, verändern zu müssen, brauchen wir nun lediglich zu akzeptieren. Wir müssen nicht länger auf die kritische innere Stimme hören, die uns manchmal zurückhält.

Ich stehe fest auf meinen Beinen und spüre mein Verwurzeltsein.

Was für ein unglaubliches Leben ich doch hatte, wieviel Glück, und wie leicht es war – im Rückblick. Manchmal war es natürlich nicht einfach. Aber vielleicht war mein ganzes Leben auf gewisse Weise leicht, weil all der Schmerz zu etwas führte.

Roseanne Barr

Nachträgliche Einsicht weist auch dem Schmerz seinen Platz zu. Rückblickend erkennen wir, daß er uns – wenn auch zögernd – vorangebracht hat. Wie viele von uns hätten sich denn ohne ihre Verletzungen auf die Suche nach sich selbst begeben? Und wieviel wäre uns entgangen, wenn wir an der Oberfläche verharrt hätten?

In der Lebensmitte stellen wir häufig fest, daß unser Schmerz «zu etwas geführt» hat. Vielleicht können wir deutlicher erkennen, wer wir sind und was wir anstreben, und fühlen uns wohler in unserer Haut. Die Welt bietet uns Möglichkeiten, unsere Begabungen zu nutzen, und wir sind in der Lage, sie zu ergreifen.

Mein Schmerz hat mich auf meinem Lebensweg vorangebracht.

Unsere Reise nach innen führt uns durch die Zeit – vorwärts oder zurück, selten in gerader Linie, eher spiralenförmig. Jeder von uns bewegt sich, verändert sich in Beziehung zu anderen. Mit der Entdeckung erinnern wir uns, in der Erinnerung entdecken wir. Am intensivsten empfinden wir das, wenn unsere getrennten Wege zusammenlaufen.

Eudora Welty

Wir stellen unsere Uhr auf die korrekte Zeit ein, um uns über den Ablauf der Stunden und Tage zu informieren. Aber gleichzeitig bemerken wir, daß die Zeit mit unserer Reise nach innen nicht linear verläuft. Wir arbeiten lange an der Bewältigung eines Problems, bis sich dann plötzlich, ganz unvermittelt, die Lösung präsentiert.

Wir lernen Menschen kennen, die uns bewußt zu dieser Stunde unseres Lebens geschickt worden zu sein scheinen. Vielleicht sind wir ihnen früher schon einmal begegnet, aber achtlos an ihnen vorbeigelaufen. Wenn wir zum Lernen bereit sind, kommen sie, uns zu lehren. Mitunter stellen wir aber auch fest, daß jemand gekommen ist, um sich von uns belehren zu lassen.

Wir fahren alle fort, zu enthüllen, zu entdecken und zu erinnern. Auf diese Weise verweben sich die Fäden unseres Lebens zu einem Teppich. Je älter wir werden, desto deutlicher können wir das Muster dieses Teppichs erkennen – und doch stellen wir fest, daß wir vom Geheimnis der Zeit gar nichts wissen.

Ich sehe mich auf einer Welle der Zeit treiben.

Warum ist das Maß der Liebe Verlust?

Jeanette Winterson

Der Wert der Liebe erscheint uns höher, wenn wir sie verlieren oder gerade erst kennenlernen. Wenn wir uns neu verlieben oder eine neue tiefe Freundschaft schließen, werden wir auf gewisse Weise entzündet. C. G. Jung sagte, wenn zwei Menschen zusammentreffen und es zwischen ihnen zu einer Reaktion kommt wie bei zwei Chemikalien, wird jeder von ihnen durch die Erfahrung verändert.

Nach der ersten Glut der Liebe wird es schwerer für uns, den Wert unserer Verbindung miteinander zu schätzen. Oft neigen wir dazu, ihn erst dann voll zu begreifen, wenn Gefahr besteht, daß wir unsere Liebe verlieren. Dann sagt uns die Tiefe unseres Verlustes, wie wertvoll diese Beziehung gewesen ist, wie sehr sie uns bereichert und getragen hat.

In der Lebensmitte verfügen wir über genügend Erfahrungen mit der Liebe, um nicht erst auf das Ende warten zu müssen, um schätzen zu können, was wir haben. Wir können den Wert unserer Liebe täglich erhöhen, weil wir uns ihrer bewußt sind.

Liebe ist ein Maß der Offenheit meines Herzens. Ich gebe und nehme, ohne sie für selbstverständlich zu halten.

Natürlich beginnt nichts zu dem Zeitpunkt, den du für den Anfang hältst.

Lillian Hellman

Beginnt die Lebensmitte mit vierzig? Fängt das Alter mit siebzig an? Wir bewegen uns auf diese «Grenzpunkte» zu, doch in Wahrheit verläuft das Leben weit übergangsloser. In der Lebensmitte bekommen wir gelegentlich einen Vorgeschmack auf unser Alter. Wir durchlaufen einen Moment, in dem wir uns alt fühlen, einen Moment, der uns sehr real erscheint. Die Spannweite jedes Alters unterliegt der allgemeinen Vorstellung, und wir brauchen diese Vorstellung nur anzugreifen.

Wenn wir uns unseren Impulsen stellen, Bereiche von uns zu entwickeln, die vernachlässigt wurden, bemerken wir, daß unser Verlangen schon seit langem besteht. Wir wollten uns schon immer einmal im Aquarellieren versuchen. Wir wollten schon immer einmal eine Reise in das Land unserer Vorfahren unternehmen. Wir haben schon immer gewußt, daß wir eine gute Lehrerin in dem Arbeitsbereich sein würden, den wir lieben. Die Vielfalt unserer Impulse enthüllt sich selbst, wenn wir daran gehen, sie zu verwirklichen.

Ich sehe, daß die Anfänge dessen, was ich tun werde, schon lange bestehen.

Achte deinen Körper. Sag nie ein abfälliges Wort über ihn.
Rebecca Beard

Wer ist unser treuester Gefährte von der Geburt bis zum Augenblick unseres Todes? Unser Körper. Er ist stets bei uns – in den Momenten, in denen wir ihn akzeptieren, ebenso wie in jenen, in denen wir ihn ablehnen. Er trägt uns durch jeden Schmerz und jede Lust. Er verdient unseren größten Respekt und sorgsame Pflege.

In der Menopause verspüren wir häufig den Wunsch, unser Körper möge einer anderen gehören. Vielleicht werfen wir ihm vor, uns Probleme zu machen, dabei drückt er nur unsere Veränderung aus. Wir sollten ihn mit unseren Kenntnissen unterstützen, mit unserer Aufmerksamkeit und mit vernünftiger Ernährung. Wir sollten uns unseres Körpers stets bewußt sein und uns von ihm leiten lassen.

Ich kann mich meines Körpers glücklich schätzen. Dieses Glück weckt in mir Dankbarkeit und Respekt.

Für mich sind Leben und Arbeit nicht zu trennen. Nur wenn ich dem Leben gegenüber aufrichtig bin, kann ich auch der Kunst gegenüber aufrichtig sein. Und aufrichtig zu sein, heißt, gut, einfach und ehrlich zu sein.

Katherine Mansfield

Was heißt es, «dem Leben gegenüber aufrichtig» zu sein? Sollen wir strikt unserer Natur folgen? Sollen wir uns dem Strom des Lebens nicht widersetzen, sondern die Richtung einschlagen, die er uns weist? Sollen wir uns eng an die Prinzipien halten, von denen wir einmal annahmen, daß sie uns ein gutes Leben bieten?

Mitunter verhalten wir uns dem Leben gegenüber nicht aufrichtig, weil wir versuchen, die Dinge um uns in den Griff zu bekommen – das Verhalten anderer, sogar das schlechte Wetter. Inzwischen geht unser Leben ohne unsere volle Aufmerksamkeit weiter.

Wenn wir mit Vorurteilen belastet in das Klimakterium eintreten, werden wir uns natürlich wünschen, diesen Übergang auf irgendeine Weise hinauszuschieben. Aber Aufrichtigkeit gegenüber dem Leben bedeutet, unseren Widerstand aufzugeben, damit wir bewußt in unser neues Stadium eintreten und die Veränderungen schätzen können, die in und mit uns vorgehen: körperlich, emotional, intellektuell und spirituell.

Dem Leben gegenüber aufrichtig zu sein, heißt: mich ganz als der Mensch zu fühlen, der ich heute bin.

Wenn ich mir bewußtmache, wie anregend der Kontakt zur Erde ist, dann frage ich mich, wie die Menschheit je bereit sein konnte, sich so weit vom Dschungel zu entfernen.

Ellen Glasgow

Kontakt mit der Erde ist wichtig. Selbst wenn wir in einer Stadt leben, müssen wir diese Verbindung aufrechterhalten. Wir können diesen Kontakt durch Spaziergänge herstellen, selbst durch die Pflege einer Zimmerpflanze. Er erinnert uns an unsere planetarischen Verbindungen und daran, daß wir Menschen nur eine von vielen Spezies sind, die von der Großen Mutter erhalten werden.

Jetzt im Herbst beobachten wir, wie die Pflanzen müde werden. Auch wir bereiten uns auf unsere Ruhepause vor, werden stiller, gelassener und halten bewußt Innenschau.

Die Menopause erinnert mitunter an den November. Sie fordert uns auf, innezuhalten und zu sammeln, bis wir zu einem neuen Verständnis von uns gefunden haben. Wenn der rechte Zeitpunkt gekommen ist, wird es wieder heller werden.

Ich trete täglich auf irgendeine Weise mit der Erde in Kontakt.

Großartig, aber schwer ist es, an Vorhaben festzuhalten, wenn die erste Phase des Interesses verflogen ist, aber die zweite noch nicht erreicht ist, die eine Art von Meisterschaft mit sich bringt.

Janet Erskine Stuart

Häufig ist die Lebensmitte der geeignete Moment, neue Interessen zu entwickeln oder alte wiederaufzunehmen, für die wir uns nie genügend Zeit gelassen haben. Vielleicht ist es für viele von uns schwierig, wieder zu Schülern zu werden. Aber wir können nur lernen, wenn wir zugeben, nichts zu wissen. Unser Alter hält uns nicht davon ab, etwas ganz Neues zu beginnen und wieder von vorn anzufangen.

Vielleicht hatten wir schon immer das Verlangen, unsere Persönlichkeit durch eine Kunstform wie Malen oder Klavierspielen auszudrücken. Niemand kann uns davon abhalten, jetzt mit dem Unterricht zu beginnen und in der Lebensmitte wieder zu Anfängern zu werden.

Vielleicht kommen wir irgendwann an einen Punkt, an dem das erste Feuer der Begeisterung erloschen ist, wir aber von jeder Meisterschaft noch meilenweit entfernt sind. Wir fragen uns, wie wir diese Aufgabe überhaupt je beginnen konnten. Das ist der Moment, in dem unsere Ausdauer gefragt ist.

Ich bleibe beharrlich bei meinen Vorhaben – bis zur Meisterschaft.

Wenn dein Handeln nutzlos wird, sammle Informationen. Wenn Informationen sinnlos werden, schlafe.

Ursula K. Le Guin

Viele von uns haben im Klimakterium ein erhöhtes Schlafbedürfnis. Zunächst wehren wir uns dagegen, weil wir ein Nachgeben als Resignation betrachten. Doch früher oder später erkennen wir, daß wir unserem Körper schuldig sind, wonach er verlangt. Mehr Schlaf könnte sich in zweierlei Hinsicht als nützlich erweisen; er kräftigt uns und er bereitet uns auf die nächste Phase unserer Lebensreise vor.

Schlaf ist eine Zeit der Reife – sowohl regelrechter Schlaf als auch ein Stadium der Ruhe, in dem wir über unsere Probleme nachdenken, tagträumen oder uns von der Anstrengung erholen, entscheiden und leisten zu müssen. Es ist ein Stadium, in dem wir aufnahmefähig werden. Wir hören auf zu funktionieren. Die Botschaften unseres Unterbewußtseins können uns erreichen. Die Gefühle, die wir verdrängt haben, nehmen wieder ihren angemessenen Platz ein. Und während wir uns erholen, sammeln wir Energien für aktives Handeln. Schließlich beginnt dieser Kreislauf irgendwann von neuem.

Ich erkenne den großen Nutzen meiner Zeiten der Ruhe.

Die Empfindung, auf einem Gipfel zu stehen und weit ins Land zu blicken. Perspektive. Abstand. Einzelheiten werden belanglos. Es kommt mehr darauf an, wie sie alle zusammenpassen. Diese Perspektive hat etwas von Toleranz.

Carmen de Monteflores

In der Mitte des Lebens sehen wir manches sehr viel deutlicher. Vielleicht erkennen wir Interessen, die uns bislang entgangen sind. Vielleicht sehen wir jetzt, daß wir alles lernen, was wir lernen müssen – wenn mitunter auch durch Enttäuschungen. Vielleicht bemerken wir, daß manche unserer «Fehler» gar keine Fehler waren, sondern notwendige Schritte auf dem Lebensweg.

Wir sagen – und meinen – jetzt eher: «Auch das geht vorbei», wenn wir auf Schwierigkeiten stoßen. Wir machen uns bewußt, daß wir oft weniger Einfluß haben, als ursprünglich angenommen, und das wird eher eine Erleichterung als eine Irritation sein. Wir finden uns mit unserer Unfähigkeit ab, Ergebnisse im voraus zu kennen, da wir wissen, daß wir sie rechtzeitig erfahren werden.

Ich freue mich darüber, die Vielfalt meines Lebens aus einer gewissen Distanz betrachten zu können.

Jugend ist etwas sehr Neues; vor zwanzig Jahren hat niemand davon geredet.

Coco Chanel

Coco Chanels Äußerung ist sehr hilfreich, denn sie zeigt uns, daß vor fünfzig oder sechzig Jahren Jugend kein Thema war. Der Vormarsch der Jugendindustrie ist parallel zu den visuellen Kommunikationsmedien verlaufen. In den vierziger und fünfziger Jahren sprachen Werbeanzeigen für Haushaltsprodukte ausschließlich die reife Hausfrau an. Dann richteten sie sich an die junge und bezaubernde Frau. Inzwischen sehen wir uns genötigt, ein Produkt zu kaufen, um uns allein durch die Assoziation für jung und bezaubernd zu halten.

Auch wenn die Konzentration der Gesellschaft auf die Jugend den Rechten der Kinder größere Beachtung geschenkt hat, müssen wir allen Altersgruppen größere Aufmerksamkeit entgegenbringen. Dann wird die Glorifizierung der Jugend als einer Bühne, auf der wir alle auftreten sollen, mit der Zeit nachlassen.

Ich gebe der Jugend den ihr zukommenden Platz.

Unter diktatorischen Bedingungen ist es leichter zu handeln, als zu denken.

Hannah Arendt

Was sind das für Stimmen in uns, die uns sagen, wir sollen jünger aussehen und sein, als wir sind? Wem nützt das? Uns mit Sicherheit nicht, denn es hält uns von der Selbstakzeptanz ab, die wir brauchen, um uns optimal weiterentwickeln zu können.

Das entscheidende Werkzeug der Diktatur ist Beherrschung durch Angst und Erniedrigung. Wir lernen Gehorsam, wenn wir diese Taktiken auf uns selbst anwenden, wenn wir auf die Stimmen hören, die uns sagen, was wir tun sollen.

Wir werden sehr viel positiver über unser Älterwerden denken, wenn wir diesen Stimmen zu widersprechen beginnen. Auf diese Weise beginnen wir einen Dialog, mit dem wir uns selbst und allen Frauen helfen. Wir sagen: Jedes Alter ist schön. Laßt uns den Reichtum des Jahres genießen, in dem ich mich gerade befinde. Wir feiern jeden Geburtstag und das Leben, das uns geschenkt wurde.

Mein Alter ist schön, ich genieße seine Möglichkeiten.

Was sind Stimmungen? Sind sie Aura und Ornamente der Persönlichkeit oder die ungewissen Sandbänke, auf die wir auflaufen? Sollten sie wie edle Blumen gepflegt oder ausgerissen werden wie das Unkraut, «das das Wahre erstickt»?

Ruth Benedict

Wenn wir in der Menopause extreme Gemütsschwankungen durchlaufen, werden sich viele von uns des Einflusses von Stimmungen deutlicher bewußt. An einem Tag sind wir ohne jeden ersichtlichen Grund schlechter Laune. Am nächsten scheinen wir auf Wolken zu schweben. Warum? Wir wissen es nicht. An den überschwenglichen Tagen sind Stimmungen «die Aura und Ornamente der Persönlichkeit», an den mürrischen eine Methode, uns untergehen zu lassen.

In Moll-Laune tendieren wir dazu, das Negative überzubewerten: Das Leben ist nicht schön, war nie schön und wird nie schön sein. Unsere Lebenserfahrung sagt uns jedoch, daß diese Stimmungen vergehen wie das Regenwetter. Am Ende einer Reihe von trüben Tagen werden warme Sonnenstrahlen unsere Stimmung wieder verbessern.

Bei allem Respekt vor meinen Gefühlen höre ich an trüben Tagen auf meine Lebenserfahrung.

Einsamkeit ist die Armut des Ich; Alleinsein der Reichtum des Ich.

May Sarton

Welch breites Spektrum – von Armut bis Reichtum – gibt es im Stadium des Alleinseins. Eine ähnliche Vielfalt besteht in unserem Zusammensein mit anderen. Denn wo wir in diesem Spektrum stehen, hängt stets von unserer inneren Einstellung ab. Wir können allein einsam sein, aber auch inmitten vieler Menschen.

Viele fühlen sich im Klimakterium einsam, weil sie sich von allen isoliert glauben, die sich nicht in dieser Phase befinden. Wir beklagen uns darüber, von niemandem verstanden zu werden. Unsere Ehemänner unterliegen den Veränderungen nicht, denen wir in der Lebensmitte ausgesetzt sind. Vielleicht ist es wichtig, unvoreingenommen auf unsere inneren Botschaften zu lauschen und uns eine Zeit der Ruhe und des Alleinseins zu gönnen, um uns selbst zu würdigen und die Veränderungen, die wir erfahren.

Wenn wir befürchten, durch unser Anderssein ausgegrenzt zu werden, liegt das üblicherweise daran, daß wir uns mit uns selbst nicht im Einklang befinden. Lassen Sie uns zur Ruhe kommen, unseren Widerstand überwinden und auf das neue Selbstgefühl warten, das uns schließlich erfüllen wird.

Ich betrachte meine Einsamkeit als Entfernung von mir selbst, durch die ich mir schließlich näherkomme.

Sobald man das Leid als Bestandteil des Lebensprozesses begreift, betrachtet man es nicht mehr als ausschließlich pathologisch oder stigmatisierend. Man beginnt Mitgefühl zu empfinden, und das begünstigt die natürliche Heilung. Es erlaubt ein Überwinden des Leids und das Reifen einer neuen Lösung zur rechten Zeit.

Sylvia Brinton Perera

In der Mitte des Lebens wissen die meisten von uns, daß das stimmt: Das Überwinden von Leid bringt neue Lösungen. Es sind Lösungen, die zwischen den Gegensätzlichkeiten zu Kompromissen kommen, die uns die Mitte zeigen, die wir früher nicht erkennen konnten.

Leid – gleichgültig in welcher Intensität – ist eine der Gegebenheiten des Lebens. Wir sind keine Ausnahme, wenn wir leiden, noch gibt es eine Möglichkeit, Schmerz zu vermeiden. Aber vermutlich würden wir ohne Leid auch kein Glück und keine Freude kennen. Vermutlich würden wir uns nie trostsuchend an andere Menschen wenden. Sehen wir im Leiden einen wertvollen Bestandteil unseres Lebens, und geben wir uns ihm hin – es ist unvermeidlich und bereichert uns.

Ich ertrage mein Leid und lasse mir von ihm den richtigen Weg zeigen.

Ein überraschend großer Teil des Lebens wird in einer Art abwesendem Schwebezustand verbracht, wie in der Erwartung irgendeines wunderbaren, nur vage vorgestellten Ereignisses, das – wenn es überhaupt je eintritt – uns beraubt und wehmütig zurücklassen wird. Wie schwer ist es doch, in der Zeit zu leben!

Rachel Hadas

Wie oft verbringen wir unsere Zeit in Erwartung irgendeines künftigen Ereignisses oder schwelgen in der Erinnerung an vergangene Zeiten. Inzwischen versäumen wir die Größe des heutigen Tages. Wir hören nicht auf den Gesang der Vögel. Wir bemerken das angenehme Gefühl der Sonne auf unseren Gesichtern nicht, noch lassen wir uns von Musik bezaubern. Selbst die Berührung eines anderen Menschen nehmen wir so mechanisch hin, als würden wir überhaupt nichts mehr empfinden.

Allmählich erkennen wir den großen Verlust, den wir erleiden, wenn wir zu beschäftigt oder abgelenkt sind, um voll in der Gegenwart zu leben. Wir orientieren uns neu und werden uns des intensiven Lebens bewußt, das es zu genießen gilt. Meistens werden wir fast sofort belohnt, denn unser Leben wird nahezu unverzüglich anregender und lebendiger. Es ist erstaunlich, daß wir uns immer wieder versucht fühlen, in die alte Gewohnheit der Erwartungen zurückzufallen, aber wenn wir uns dessen täglich erneut bewußt werden, können wir sie sehr schnell aufgeben.

Ich mache mir täglich bewußt, wie wichtig es ist, den heutigen Tag voll auszukosten.

Dein Schicksal kannst du nicht ändern, aber deine Einstellung dazu.

Amy Tan

Es ist unser Schicksal, älter zu werden. Aber es ist nicht unser Schicksal, das widerstrebend, ängstlich oder sogar voller Zorn zu tun. Wir können nicht wählen, ob wir im Alter krank werden oder gesund bleiben. Was wir wählen können, ist unsere Einstellung.

Mit größerer Gelassenheit haben wir mehr Energie zur Bewältigung der Hürden, die sich uns in den Weg stellen können. Wir akzeptieren sie, anstatt uns gegen sie zu wehren. Viele von uns kämpfen zunächst gegen die Veränderungen unseres Körpers und unserer Psyche an. Wir tun so, als ließen sie uns im Stich. Aber wenn sich der erste Sturm unserer Empörung gelegt hat, erkennen wir, daß Furcht vor unserer Verletzlichkeit der Grund war.

Wir können unsere Einstellung von einer Sekunde zur anderen ändern. Tun Sie es, und beobachten Sie, was geschieht.

Ich entscheide mich für die Einstellung, die mir hilft.

«Hast du es gemerkt? Deine Hitzewallungen und menstruellen Unregelmäßigkeiten erschüttern deinen normalen Lebensrhythmus und bringen deine verdrängten Ängste zum Vorschein. Nähere dich ihnen mit Neugier. Laß dir von deinen Ängsten das Geschenk der Selbsterkenntnis machen.»

«Grandmother Growth» (Susun S. Weed)

Inmitten von Veränderungen empfinden wir stets Angst. Der Boden, der uns bisher festen Halt gegeben hat, beginnt unter unseren Füßen zu schwanken. Wir kommen uns vor, als würden wir über eine Hängebrücke laufen. Wir werfen einen Blick über die Schulter auf den sicheren Grund und wünschen uns, wieder dorthin zurückkehren zu können, um nicht länger dieser Unsicherheit ausgeliefert zu sein. Aber im Klimakterium rät uns unser Körper, das Beste daraus zu machen, denn nachdem wir die Brücke einmal betreten haben, müssen wir sie auch überqueren.

Das Auftauchen unserer verdrängten Ängste gibt uns die Chance, uns ihnen zu stellen und sie zu verstehen, die alten Gespenster zu vertreiben und unsere Seele zu reinigen. Wir vergrößern unsere Lebensweisheit.

Ich lasse mich von der Angst zu den dunklen Orten führen, deren Erhellung mich bereichern kann.

Ich mache einen Anfang, indem ich anfange.

Madam C. J. Walker

In der Mitte des Lebens können wir auf einen beträchtlichen Erfahrungsschatz zurückblicken. Auf vielen Gebieten des Lebens haben wir mit Sicherheit neue Anfänge gemacht. Die Veränderungen der Menopause machen uns notwendigerweise passiver, denn wir müssen innehalten, um unsere neue Richtung zu finden. In dieser aktuellen Phase erinnern wir uns vielleicht nicht immer daran, wie viele unserer Neuanfänge von uns durch unsere Bereitschaft und unser Handeln bewirkt wurden. Doch wenn wir unsere Vergangenheit aufrichtig überprüfen, kann uns das helfen.

Dabei werden wir feststellen, daß Perioden von scheinbarer Trägheit zu Perioden von Erkenntnissen und Weiterentwicklung führten. Wenn wir uns in einer trägen Phase befinden, neigen wir dazu, uns von anderen abhängiger zu fühlen, als wir es in Wahrheit sind. Wir beginnen zu glauben, daß es für einen Neubeginn der Hilfe eines anderen bedarf. Aber in Wirklichkeit warten wir darauf, daß wir selbst endlich bereit sind für einen Neuanfang.

Ich fange an, wenn ich zu einem Neuanfang bereit bin.

Ich bin davon überzeugt, daß wir Frauen einen neuen Heldinnen-Mythos brauchen, eine neue Art des Nachdenkens darüber, wer wir sind, was wir werden können, und über die Aufgaben, denen wir uns in einer Welt überwältigender sozialer, politischer und Umweltkrisen gegenübersehen... Ein neues Denken, das uns lehrt, die Macht unserer Weiblichkeit zu behaupten, nicht zu unterdrücken.

Kathleen Noble

Wir sind mit Mythen aufgewachsen, in denen ausschließlich der männliche Held die Hauptrolle spielte. Weibliche Heldinnen fungierten als verläßliche Liebende und Hausmütterchen. Inzwischen liegt eine feministische Revolution hinter uns, in der wir unsere eigenen Geschichten geschrieben und erzählt haben, in der wir auf die vielfältigen Heldentaten verwiesen haben, die im alltäglichen Lebenskampf von Frauen demonstriert werden. Aber brauchen wir nicht mehr?

Vielleicht müssen wir uns die Heldin vorstellen, die die Welt zu größerem Frieden führt, die durch Anwendung ihrer weiblichen Macht die Führung übernimmt. Vielleicht hätte diese Heldin zur Lösung der vielfältigen Probleme anderes zu bieten als den Krieg. Vielleicht sehen wir in dieser Heldin die Klugheit der Weisen Alten, die sich jetzt in jeder von uns entwickelt.

Ich entwickle Visionen neuer Heldinnen, und ich gehöre zu ihnen.

Ohne Kenntnisse darüber, daß der Tod, den wir erschauernd in den frühen Morgenstunden erfahren, nur symbolisch oder auch die erste Stufe eines Neuanfangs sein könnte, entgeht uns der Schlaf, und Wachsein droht, seinen Platz einzunehmen. Niemand sagt uns, daß dies unser altes weltliches Selbst sein könnte, das sterben muß, um Platz für das neue zu machen.

Jane R. Prétat

Rückblickend wissen wir, daß wir in Zeiten großer Veränderungen stets ängstlich erwachten, den Tod fürchteten, vom Sterben träumten und befürchteten, der Kreislauf würde sich nicht fortsetzen. Aber wir wurden neu geboren, selbst wenn wir mit einem Gefühl von Einsamkeit und Verlust rangen.

Seit unserer Pubertät sind viele Jahre vergangen, aber bestimmt erinnern wir uns noch an Nächte, in denen wir sicher waren, aus Existenzangst kein Auge zuzubekommen. Aufgrund unserer jugendlichen Widerstandskraft konnten wir am nächsten Morgen die Erschöpfung besser abschütteln als heute. In der Lebensmitte ist Schlaflosigkeit besonders mißlich, da wir in dieser Zeit Schlaf nötiger haben denn je. Es könnte uns aber helfen, unsere Angst abzulegen, wenn wir erkennen, daß entscheidende Dinge vor sich gehen, wenn wir keinen Schlaf finden. Sehen wir in unserer Schlaflosigkeit also einen ärgerlichen, aber notwendigen Schritt bei unserem Abstieg ins Dunkel, aus dem wir neu geboren werden.

In der gefürchteten Dunkelheit lasse ich mein altes Ich hinter mir.

Ich finde das einsame, abgeschiedene Gefühl erregend, neue Bereiche zu betreten, in denen mir der Wind um die Ohren pfeift. Wer hätte beispielsweise gedacht, daß ich, einst einer der extrovertiertesten Menschen, nun die Meditation für ein revolutionäres Instrument halten würde (wie sollten wir uns ohne Selbstbeherrschung gegen äußere Beherrschung auflehnen können?) oder innere Räume für wichtiger als den Weltraum?

Gloria Steinem

Es ist ganz natürlich, daß Frauen in der Lebensmitte das Bedürfnis verspüren, in sich nach ihrer «Selbstbeherrschung» zu suchen. Viele von uns fürchten sich anfänglich vor diesem Unternehmen. Wenn unsere inneren Räume relativ unerforschte Gebiete sind, fühlen wir uns dort leicht verloren. Wir kennen ihre Ausmaße nicht. Wir wissen nicht, wie wir uns in ihnen zu verhalten haben. Unseren inneren Geheimnissen überlassen, wissen wir nicht, wie wir einen Dialog beginnen sollen.

Meditationen sind eine gute Möglichkeit, so lange still und ruhig zu verharren, bis wir uns in uns selbst besser auskennen. Aber es gibt auch andere Methoden. So können wir uns beispielsweise unseren Träumen hingeben, mit Gestalten aus ihnen oder Phantasiefiguren aus unseren Tagebüchern in einen Dialog eintreten und sie zu unseren inneren Ratgebern machen.

Heute suche ich in meinen inneren Räumen nach Selbstbeherrschung.

Daß ich jeden Tag weinen muß, ist befreiend, aber die Hitzewallungen sind die Hölle.

Sally

Viele von uns haben zwar als Kinder geweint, sich als Erwachsene dann aber Tränen verboten. Schließlich waren wir groß genug, unsere Gefühle zu beherrschen. Wir waren Erwachsene, und als solche hatten wir uns um die Tränen unserer Kinder zu kümmern. Vielleicht müssen wir nun in der Menopause feststellen, daß unsere Tränen so reichlich fließen, als seien alle Schleusen geöffnet worden, als müßten wir die «Zeit der Trockenheit» wettmachen.

Weinen hat große Heilkraft. Unsere Tränen drükken unser Bedauern aus, und wir alle haben viel zu bedauern. Vielleicht ist das Klimakterium eine Zeit des Ausgleichens. Wir weinen nicht aus Selbstmitleid, sondern weil unsere alten Mauern zusammengebrochen sind, unser neues, zweites Erwachsensein nach Möglichkeiten sucht, unser Ich mit all unseren Gefühlen zu vereinen.

Der ungehinderte Strom meiner Tränen läutert mich.

Das Großartige am Altern besteht darin, daß man seine anderen Altersphasen nicht verliert.

Madeleine L'Engle

Unsere Fältchen nehmen zu. Aber auch die Substanz aller Erfahrungen, die wir gespeichert haben. Sie füllt den Raum aus, von dem wir annahmen, er würde für immer leer bleiben. Wir lassen unsere Jugend hinter uns, aber die Datenbank unserer Erinnerung ist voll von ihr. Und das schlägt eine Brücke zwischen uns und der heutigen Jugend – ganz unabhängig davon, ob ihr Verhalten uns befremdet oder nicht. Wir kennen ihre Naivität. Wir kennen ihr Verlangen, sich durch Rebellion unterscheiden zu wollen.

Wenn wir jetzt etwas erreichen, wissen wir genug, um es schätzen zu können. Wir haben inzwischen ein Alter erreicht, in dem wir uns unsere Leistungen leisten können. Daraus beziehen wir Erfüllung und Zufriedenheit. Unser Eimer hat kein Loch. Unsere gespeicherte Lebenserfahrung füllt ihn bis zum Rand.

Heute erfüllen mich all meine Jahre.

Selten erfolgt das Alter übergangslos und glatt. Es ist vielmehr eine Folge ruckartiger Bewegungen.

Jean Rhys

Eines Morgens wachen wir mit einer steifen Hüfte auf, die uns zu einem gebückten, unbeholfenen Gang zwingt. Wir müssen eine Weile herumhumpeln, bis wir uns ordentlich aufrichten können. Wir bekommen altersbezogene Gesundheitsprobleme. Wenn uns der Zahnarzt beispielsweise mitteilt, daß unser Zahnfleisch schrumpft, stellen wir fast verblüfft fest, daß wir offenbar «in die Jahre kommen».

Die Menopause verläuft für viele von uns in Schüben. Manche Frauen leiden gerade dann unter besonders heftigen Blutungen, wenn sie glauben, die Menstruation höre ganz auf. Andere sind ähnlich geschockt, wenn die erste Periode ausbleibt. Wir tun so, als lasse uns unser Körper im Stich.

Unser Alterungsprozeß ist eine Folge ruckartiger Bewegungen und zwingt uns so zur Aufmerksamkeit. Erst in der Stille, die dem Sturm unseres Aufbegehrens folgt, setzt unser Sichabfinden ein.

Überraschende Vorfälle machen mir mein Altern bewußt.

Mein eigenes Handeln hat mich an diesen äußersten Rand meines Lebens gebracht. Meine Position ist absolut inakzeptabel. Daher muß ich mein Verhalten ändern.

Alice Koller

Häufig müssen wir erst an irgendeinen äußersten Punkt kommen, um zu Veränderungen bereit zu sein. So könnten wir beispielsweise Schulden über Schulden anhäufen, bevor wir endlich erkennen, daß wir in einer tiefen finanziellen Krise stecken. Oder wir könnten die Menschen unserer Umgebung für zu gut oder nicht gut genug halten, bevor wir uns bewußtmachen, daß wir uns unserer unbewußten Angst vor Menschen stellen müssen. Aber wenn wir an diesem Punkt angekommen sind und merken, daß es uns dort nicht gefällt, können wir Maßnahmen zur Änderung einleiten.

Unsere Lebensmitte ist eine Zeit für den Wechsel, für eine Bestandsaufnahme unserer Position. Erfüllt uns unser Beruf? Sind unsere Beziehungen zu anderen das, was wir uns von ihnen erhofften? Ringen wir uns zu einer kühlen Bilanzierung durch und leiten wir Maßnahmen zur Veränderung ein.

Ich akzeptiere das Inakzeptable, indem ich Schritte zur Veränderung einleite.

Leben erzeugt Leben. Energie schafft Energie. Nur wenn man sich verschwendet, wird man reich.

Sarah Bernhardt

Gewissenhaft für die älteren Jahre zu sparen, ist nicht dasselbe wie Horten. Horten hemmt unausweichlich die Lebensenergien, weil es ein Zwang zum Anhäufen ist: Ich will alles für mich behalten, damit ich möglichst viel habe. Wenn wir so denken, bekommen wir nie genug, denn nur durch Geben und Teilen bleiben wir ein Bestandteil des Kreislaufs der Lebensenergie.

Alles Leben drückt sich durch Energie aus. Unsere physische Vitalität ist Energie. Unsere finanziellen Mittel gehören zu unserer Energie. Unsere intellektuelle Regsamkeit ist Bestandteil unserer Energie. Wenn wir großzügig von unserer Energie abgeben, werden wir durch Energie beschenkt. Das muß nicht immer in identischer Form erfolgen. Mitunter erkennen wir das Geschenk nicht einmal, aber wir müssen darauf vertrauen und alle inneren Barrieren beseitigen, die unsere Empfangsbereitschaft behindern könnten.

Wenn wir in der Menopause das Gefühl nachlassender Energie haben, lassen Sie uns darauf vertrauen, daß es lediglich eine Zeit der Stille ist, die uns auf eine Veränderung vorbereitet.

Meine Energie ist unerschöpflich, wenn ich großzügig davon verschenke.

DEZEMBER

So wie eine Wasserfläche nur dann den Himmel oder die Bäume widerspiegeln kann, wenn sie unberührt ist, kann der Geist das wahre Bild des Ich nur reflektieren, wenn er absolut ruhig und entspannt ist.

Indra Devi

Wenn wir uns in der Lebensmitte neu orientieren – unsere Prioritäten unseren Bedürfnissen anpassen, die Veränderungen akzeptieren, bisher verschlossene Bereiche unseres Ich öffnen wollen –, brauchen wir die innere Ruhe, die uns das «wahre Bild des Ich» erkennen läßt. Denn erst dann können wir unsere Richtung erkennen und ihr so vertrauensvoll folgen, als hätten wir einen Kompaß in den Händen.

Wie finden wir diese innere Ruhe? Wir müssen lernen, ganz still und entspannt zu sein. Manche bedienen sich der Meditation, um zur Ruhe zu kommen. Andere zupfen Unkraut im Garten, bis alle ablenkenden Gedanken beseitigt sind. Wieder andere finden in der Betrachtung der Meereswellen zu innerer Harmonie. Sobald wir unseren Ruhepunkt erreicht haben, entstehen vor uns Bilder und Visionen. Sie könnten uns zeigen, in welche Richtung wir gehen müssen. Sie könnten uns aber auch nur in dem Frieden verweilen lassen, in dem wir uns gerade befinden.

Innere Ruhe ist ein Geschenk, dessen Kostbarkeit ich schätze.

Den Menschen mangelt es an Voraussicht für Erfolg.
Mary Kay Ash

Haben wir nicht alle das Idealbild des erfolgreichen Menschen vor uns, der eine lange Treppe hinaufläuft, mitunter eine Stufe überspringt, nie zögert und sich nur umwendet, um an diesem oder jenem Treppenabsatz Applaus entgegenzunehmen? Und doch stimmt dieses Ideal nicht mit unserer Erfahrung überein, nicht einmal in den Bereichen unseres Lebens, in denen wir uns für erfolgreich halten.

Erfolg stellt sich häufig dann ein, wenn wir ihn am wenigsten erwarten, nachdem wir jede Menge Energie auf die Erreichung eines Ziels verwandt und bereits jede Hoffnung aufgegeben haben. Häufig hatten wir bereits das Gefühl, mit unserem Latein am Ende zu sein, um uns dann urplötzlich erneut in der Lage zu fühlen, vorwärts zu springen und ganz neuen Erfolg zu ernten.

Ich versuche nicht mehr, den Erfolg zu erzwingen, sondern lasse ihn geduldig auf mich zukommen.

Das Leben in einem Zustand seelischer Unruhe, in einem Grenzbereich, läßt Dichter schreiben und Künstler Kunstwerke schaffen.

Gloria Anzaldua

Die Menopause kann eine höchst kreative Zeit für uns sein. Unser Dasein in diesem «Grenzbereich» erfüllt uns mit psychischer Unruhe: Wir müssen uns einerseits mit unserem Altern und damit auseinandersetzen, was es für uns zu bedeuten hat, und andererseits mit den in unserer Gesellschaft vorherrschenden unzulänglichen Vorstellungen.

Uns unter diesen Umständen behaglich einzurichten, verlangt von uns ein hohes Maß an Kreativität. Wir müssen dafür sorgen, daß wir zur Kenntnis genommen werden, wenn andere gelernt haben, uns nicht zu beachten und zu schätzen. Wenn wir tief in uns danach trachten, unsere vielfältigen Aspekte deutlich zu machen, finden wir unsere Kreativität und nützen durch ihre Anwendung nicht nur uns, sondern auch anderen.

In meinem Grenzbereich erblühe ich wie eine wilde Blume in einer Felsspalte.

Die einzige Grundlage des Idealen ist das Reale.

Grace Aguilar

Worauf gründen Ideale? Auf der Wirklichkeit. Alles andere sind Luftschlösser und Phantasien.

Ein Ideal gibt uns eine Bestimmung, ein Ziel, auf das wir uns zubewegen können. Wenn wir uns der Lebensmitte nähern, müssen wir uns die ideale Erfüllung dieser Lebensphase vorstellen, die Art und Weise, in der wir das Wesentliche unserer Erfahrungen einfangen und bewahren wollen. Unser Ideal kann auf dem basieren, was wir aus den Erfahrungen älterer Frauen lernen. Was haben sie über das Leben mit fünfzig, sechzig oder siebzig zu sagen?

Wir müssen zwischen einem Ideal und dem Impuls zum Perfektionismus unterscheiden. Ein Ideal ist einfach eine Vorstellung, die wir für wünschenswert halten. Wenn wir sie wider Erwarten nicht sofort verwirklichen, dürfen wir dies nicht zum Anlaß nehmen, mit uns zu hadern. Auf unserem Lebensweg werden wir immer wieder steinige Strecken vorfinden. Wir klettern über sie hinweg, behalten unser Ideal fest im Auge und üben uns in Geduld.

Ich halte mich an ein ideales Bild meines Alters, anstatt meiner verlorenen Jugend nachzutrauern.

Ich habe vier oder fünf Weise Alte kennengelernt, zwei von ihnen waren Männer. Ich bin zu ihnen gegangen, als ich nicht weiterwußte. Ihre Liebe war spürbar. Sie gaben keine Ratschläge, sagten fast nichts, waren nur da. Ich fühlte mich absolut verstanden. Sie konnten zu meinem eigenen inneren Heilmechanismus in Beziehung treten, weil sie mich so sahen, wie ich bin.

Marion Woodman

Zwei Aufgaben kommen in der Lebensmitte auf uns zu; von Weisen Alten zu lernen und uns innerlich darauf vorzubereiten, selbst Weise Alte zu werden.

Was für ein Geschenk ist es doch, von anderen mit der ganzen Fülle unserer Persönlichkeit gesehen zu werden. Viele von uns haben schon große Schwierigkeiten, sich selbst deutlich zu erkennen. Besonders in der Mitte des Lebens können wir Phasen erleben, in denen wir uns verloren vorkommen, als könnten wir uns nicht mehr richtig einordnen. Das ist der Zeitpunkt, an dem es uns bei der Selbstfindung helfen kann, wenn uns jemand stillschweigend so sieht, wie wir sind.

Das Geschenk der Alten ist aus der Lebenserfahrung destillierte Weisheit. Zögern wir nicht, davon Gebrauch zu machen und uns von ihr weiter voranbringen zu lassen.

Ich sehe in den Weisen Alten die Akzeptanz, zu der auch ich finden kann.

Man ist frei von Depressivität, wenn das Selbstwertgefühl auf der Authentizität der Empfindungen basiert, nicht auf dem Besitz bestimmter Eigenschaften.

Alice Miller

Viele Frauen leiden während des Klimakteriums unter Depressivität. Ein Teil dieser Depressivität mag typisch für die Art sein, wie diese Frauen auf Verluste wie das Nachlassen jugendlicher Schönheit und Gesundheit oder auch den Tod nahestehender Menschen reagieren. Und doch gibt es andere Frauen, die diese Verluste betrauern, ohne depressiv zu werden.

Depressivität drückt uns nieder. Es mag uns vorkommen, als senke sich dichter Nebel über unser Leben und halte uns davon ab, den Horizont zu erkennen. In ernsteren Fällen ist eine Behandlung angeraten, aber für die meisten von uns ist sie ein Anstoß, in unserer alltäglichen Betriebsamkeit innezuhalten und in uns zu blicken. Besonders in der Lebensmitte will die Niedergeschlagenheit etwas von uns: Aufmerksamkeit uns selbst gegenüber. Basiert unser Selbstwertgefühl auf dem Besitz bestimmter Qualitäten, einem guten Aussehen oder einer blendenden Konstitution? Oder entstammt es einem tiefen Gefühl innerer Zufriedenheit? Unsere Niedergeschlagenheit will uns unter Umständen darauf aufmerksam machen, unseren inneren Gefühlen mehr Bedeutung beizumessen.

Wenn ich heute deprimiert bin, frage ich meine Niedergeschlagenheit, was sie von mir will.

... Zeit kann so lang oder so kurz sein wie immer, aber wir bewegen uns nicht notwendigerweise auf die vertraute Weise in ihr; und Erinnerungen tauchen mit so verblüffender Klarheit auf, daß sie uns direkt vor Augen stehen.

Mary Meigs

Wir glauben, daß die Zeit in der Jugend langsamer vergeht und im Alter schneller. Wir erkennen den großen Unterschied in unserer Wahrnehmung der Zeit. Ein Vormittag vergeht so schnell, als wäre es nur eine Stunde, ein anderer zieht sich hin, als wäre es ein ganzer Tag.

Wir sehen, daß ältere Menschen mehr Zeit mit Erinnerungen verbringen. Wir wissen nicht genau, wo sie in dieser Phase sind und was sie erleben. Vielleicht neigen wir zu der Ansicht, daß sie irgendwie stumpf und träge sind, während sie – wie Mary Meigs beschreibt – durch die Erinnerung einen höchst lebendigen Moment erleben. Sie sind buchstäblich hingerissen.

Ganz unabhängig davon, wie schnell oder langsam die Zeit für uns vergeht, auf jeden Fall wird sie kostbarer, da wir erkennen, daß unsere Jahre begrenzt sind. Ganz offensichtlich vergeht sie, ob wir nun unseren Wünschen entsprechend leben oder nicht. Lassen Sie uns ihres Vergehens so bewußt wie möglich werden.

Die Zeit vergeht im Alter nicht unbedingt schneller, aber ich werde mir ihres Verlaufs bewußter.

Jeder wird mit einer doppelten Staatsbürgerschaft geboren, einer für das Land der Gesunden und einer für das Land der Kranken. Obwohl wir alle den guten Paß vorziehen, sieht sich jeder von uns früher oder später gezwungen, zumindest für eine Zeitspanne, sich auch als Bürger des anderen Landes auszuweisen.

Susan Sontag

Wir alle werden zu irgendeinem Zeitpunkt krank. Welchen Nutzen ziehen wir aus unserer Staatszugehörigkeit zu diesem Land? Wir lernen, uns auf unseren Körper zu konzentrieren. Manchmal bewegt uns unsere Erkrankung dazu, größere Entscheidungen anzugehen, die wir bislang vor uns hergeschoben haben. Manchmal bringt uns eine Krankheit dazu, nach innen zu lauschen, um neue Entscheidungen in uns reifen zu lassen oder alte zu überdenken.

Während unserer mittleren Jahre erleben viele von uns erstmals eine ernsthafte Krankheit. So nimmt Brustkrebs beispielsweise unter älteren Frauen zu. Eine große Anzahl von Frauen leidet an chronischen Erschöpfungszuständen. Bei manchen von uns machen sich die Anfänge einer Arthritis bemerkbar. Nutzen wir den Paß zu diesem Land, wenn auch nicht freiwillig, so doch zu unserem Vorteil. Die Reise in ein fremdes Land ist immer ein Erlebnis. Öffnen wir unsere Augen für das, was uns unsere Erkrankung zu sagen haben könnte.

Ich reise bewußt mit meinen Krankheiten und lasse mich von ihnen informieren.

Die Natur gibt dir das Gesicht, das du mit zwanzig hast. Das Leben formt das Gesicht, das du mit dreißig hast. Aber es ist an dir, das Gesicht zu verdienen, das du mit fünfzig hast.

Coco Chanel

Mit fünfzig hatte unser Gesicht genügend Zeit, sich zu formen. Wenn wir viel von unserer Zeit in Bitterkeit verbracht haben, so wird sich das in unseren Zügen zeigen. Wenn wir verwirrt und ablehnend durchs Leben gegangen sind, wird unsere Miene aussagen, daß wir noch immer auf der Suche nach unserer Identität sind. Wenn wir vor allem harmonisch und glücklich gelebt haben, wird unser Gesicht unsere gelassene Heiterkeit ausstrahlen.

Manche Menschen sehen lebhaft, agil und freudig aus. Andere wirken beunruhigend melancholisch, lustlos oder erschöpft. Alle von uns sind unterschiedlichen Stimmungen und Gefühlen unterworfen, und dementsprechend verändert sich unser Gesichtsausdruck im Laufe des Tages. Doch gewisse Züge bleiben dominant. Überprüfen wir heute unser Aussehen danach, ob es auf Aspekte hinweist, die in unserer inneren Befindlichkeit der Veränderung bedürfen.

Heute blicke ich in den Spiegel und erfahre, was mein Aussehen mir sagen will.

10. Dezember

Die Nacht, in der sie schied,
Glich jeder andern Nacht,
Nur daß sie starb – und das hat uns
Die Welt so fremd gemacht.

Emily Dickinson

Wenn wir dem Tod durch das Sterben eines geliebten Menschen begegnen, wird unser Leben trotz unserer Trauer intensiver. Kleine Ereignisse der Natur erregen unsere Aufmerksamkeit. Wir hören den Gesang der Vögel deutlicher. Wir spüren Regen oder Schnee so intensiv, als fielen sie, um uns zu liebkosen.

In der Lebensmitte haben viele von uns Vater, Mutter oder auch beide Eltern verloren. Es ist nicht unvorstellbar, daß wir uns auch von einem Menschen unseres Alters trennen mußten. Diese Verluste nehmen uns die jugendlichen Illusionen von Unsterblichkeit und zeigen uns, wie das Leben aufleuchtet, erstrahlt und vergeht. Diese Lektion ermöglicht uns eine tiefere Würdigung des Lebens. Durch den Tod anderer wird uns vieles in unserem Leben bewußter.

Ich lasse mich vom Tod an die Vergänglichkeit meines Lebens erinnern, das mir geschenkt wurde, um jeden Moment zu genießen.

te ich. «Entweder klammere ich mich
ıd vertraut ist, oder ich entwickle mehr
ein etwas zu unternehmen.» Und so
ge später nach Bagdad auf.

Agatha Christie

In der Lebensmitte sind manche von uns unerwartet allein. Oder wir stellen trotz enger Familienbindungen fest, daß wir unbedingt auch einmal etwas allein unternehmen müssen. Vielleicht empfinden wir dann trotz unseres Wunsches Unbehagen. Vielleicht finden wir, daß derartige Abenteuer besser der Jugend überlassen werden sollten, daß wir zu alt für die Erforschung neuer Bereiche sind. Aber wir könnten unsere reifen Jahre auch zur Erkenntnis nutzen, daß wir geübte Weltreisende sind, selbst wenn wir zu Hause geblieben sind, und diese Erfahrungen werden uns nützen, wenn wir uns einmal zum Wagnis entschlossen haben.

Das Risiko, allein irgendwohin zu reisen, kann erfrischend und belebend sein. Wir alle kennen Orte, die uns förmlich rufen. Das kann ein fernes Land sein, aber auch ein nahe gelegener Wald. Wenn wir auf diese Rufe reagieren, wird uns das Geschenk der Entdeckung zuteil: neue Erkenntnisse über uns selbst.

Heute wähle ich einen Ort aus, der mich anzieht, und suche ihn allein auf.

Im letzten Jahr hat sich mein Leben unaussprechlich gesteigert: Ich verspüre größte Aufnahmefähigkeit für ethische und intellektuelle Freuden, ein akuteres Gefühl für meine Schwächen in der Vergangenheit, ein ernsteres Verlangen, kommende Pflichten getreulich zu erfüllen, als zu irgendeinem anderen Zeitpunkt meines Lebens... Nur wenige Frauen, fürchte ich, sehen es wie ich: daß die Lebensmitte die langen, traurigen Jahre der Jugend wert war.

George Eliot

Woher nimmt die Jugend das Recht, als die ideale Zeit des Lebens bezeichnet zu werden? Viele Menschen betonen, daß ihr Wohlgefühl mit jedem vergehenden Jahr zunahm. Nicht wenige von uns durchlebten eine recht unsichere Jugend, um erst in der Lebensmitte zu sich selbst zu finden.

George Eliot empfand ein «ernsteres Verlangen, kommende Pflichten getreulich zu erfüllen». Das ist eine Verpflichtung zur Erfüllung des Selbst, eine Art Friedensschluß mit dem Sinn des Lebens. Wir brauchen nicht mehr zu suchen. Viele von uns haben einen Weg gefunden, der ihnen Harmonie verheißt, zumindest in einigen Bereichen des Lebens. Sie wissen, wie sehr es befriedigt, diesen Weg zu verfolgen. Und nicht wenige von uns sind erleichtert, daß die Jugend hinter ihnen liegt.

Heute ziehe ich eine ehrliche Bilanz der Wohltaten meines Lebens.

Wir wollen «den Himmel stürmen», weil die Erde unser Zuhause ist, nicht unsere Bestimmung. Unsere Bestimmung ist ein besseres Universum, in dem wir in Frieden und Verständnis miteinander leben können.

Nikki Giovanni

Was für ein großartiges Zuhause wir doch haben. Wenn wir begreifen, daß der Himmel unser Dach, die Erde unser Fußboden, die Berge unsere Wände, Flüsse und Seen unser Bad sind, dann können wir uns vielleicht unserer Bestimmung zuwenden.

Unsere Welt wird noch immer von Kriegen zerrissen. Unsere Straßen quellen vor Armut über, und die Gewalttätigkeit sprengt alle Proportionen. Menschen, die ihre Bedürfnisse nicht befriedigen können, greifen Menschen mit anderer Hautfarbe, anderer Religion, anderen Lebensgewohnheiten an. Unsere Bestimmung ist es, zu einer friedlicheren Gesellschaft zu reifen.

Wir in der Lebensmitte nähern uns jetzt diesem Ringen mit unserem Bemühen, uns so zu akzeptieren und zu lieben, wie wir sind. Suchen wir den Zugang zu uns selbst, anstatt uns gegen andere zu wenden; zeigen wir durch unser Beispiel einen Weg zu einer friedvollen Existenz.

Meine Bestimmung entspricht der Bestimmung der Welt, in der ich lebe. Ich trage meinen Teil dazu bei.

In der Jugend ist es schwer, einzusehen, daß Menschen in eingefahrenen Gleisen verharren wollen, daß niemand sie verlassen will.

Ellen Glasgow

In der Jugend konnten viele von uns die nächste Lebensphase kaum erwarten. Die Zeit wollte einfach nicht vergehen. Wir strebten danach, so schnell wie möglich die Schule zu verlassen, Lehre oder Studium zu beenden, in der Welt auf eigenen Beinen zu stehen. Nie hätten wir es uns träumen lassen, einmal in eingefahrene Gleise zu geraten und dort sogar bleiben zu wollen.

In der Lebensmitte haben die meisten von uns ihre Vorliebe für das Alte und Vertraute entdeckt. Wir kennen die Bequemlichkeit, die Gewohnheiten und sogar Abhängigkeiten. Häufig drehen wir uns im alten Trott wie im Kreis. Nur Schmerzen bewahren uns davor, mit diesem Zustand auf ewig zufrieden zu sein.

Das Klimakterium ist eine Zeit, alte Gleise zu verlassen, denn es ist eine Phase der Neuorientierung. Es ist der Moment, uns neu zu konzentrieren. Selbst wenn wir dabei ein längeres Stadium der Passivität durchlaufen, so wissen wir doch, daß sich in uns Neues regt.

Ich nehme meine Menopause zum Anlaß, eingefahrene Gleise zu verlassen.

Zuversicht ist hier zu finden, nicht in einem Schicksal, das willkürlich Wissen und irdische Dinge zuteilt, sondern in Menschen, die an sich selbst glauben. Akzeptieren Sie Ihre Gesten und Symbole? Glauben Sie das, was Sie sagen? Sind Sie von Ihrem Handeln überzeugt?

Muriel Rukeyser

Viele von uns werden von Selbstzweifeln geplagt. Wir hören uns etwas sagen und fragen uns dann, ob wir davon wirklich überzeugt sind. Vielleicht sind wir auch von unseren Worten überzeugt, unternehmen aber nichts, was unserer Einstellung entspricht. Wenn wir uns davor fürchten, fest zu unseren Überzeugungen zu stehen, frustrieren wir uns selbst und fühlen uns unvollständig.

Überprüfen wir unsere Überzeugungen, und bringen wir das Vertrauen auf, sie durch unser Handeln zu bekräftigen. Wenn wir beispielsweise unser Altern als bereichernd empfinden, dann sollten wir von diesen Gefühlen auch überzeugt sein und sie gegen entgegengesetzte Meinungen verteidigen. Lassen Sie uns unseren Überzeugungen entsprechend handeln, indem wir unsere Lebenserfahrung und -weisheit erweitern und uns die Freiheit nehmen, unsere Erfahrungen auch mitzuteilen.

Heute habe ich Vertrauen zu mir selbst; die Wahrheit liegt in meinen Überzeugungen.

16. Dezember

Ein gewisses Maß an Frustration ist eine u
Begleiterscheinung des Bemühens.

Anna

Wir sehnen uns nach einem Lebensweg ohne Stolpersteine und Rückschläge. Beim Auftauchen von Schwierigkeiten drehen wir uns mitunter um und meinen, auf dem falschen Weg zu sein. Auch wenn es Zeiten gibt, in denen eine solche Rückwendung angeraten ist, sollten wir doch in Betracht ziehen, daß ein voll ausgelebtes Leben auch Frustrationen birgt. Nicht immer öffnen sich Türen schnell und bereitwillig. Lassen Sie uns nicht vergessen, daß Frustrationen auch Beweise unseres Bemühens sind. Wenn wir ein isoliertes und zurückgezogenes Leben führen, werden wir vielleicht weniger Kritik oder Ablehnung begegnen. Allerdings bleibt uns in diesem Fall unter Umständen die Bitterkeit des ungelebten Lebens nicht erspart. Besser ist es, unserem Verlangen zu folgen und das anzustreben, was wir uns wünschen – in der Hoffnung, dabei von noch unbekannten Kräften unterstützt zu werden.

Ich sehe das Positive in der Frustration: Sie bedeutet, daß ich ein engagiertes Leben führe.

Wir könnten nie lernen, tapfer und geduldig zu sein, wenn es nur Freude in der Welt gäbe.

Helen Keller

Immer wieder präsentiert uns das Leben Gegensätze und zwingt uns dazu, mit Paradoxien auszukommen. Wenn wir beispielsweise eine große Freude erleben, werden wir sehr schnell den Impuls empfinden, so müsse es immer sein. Wir wollen nur das Gute. Wir wollen nicht mehr, daß unser Leben im Fluß bleibt, wenn das bedeutet, daß auch wieder schlechte Zeiten kommen können. Aber bedauerlicherweise zerstören wir unsere Freude, wenn wir versuchen, sie allzufest zu halten.

Durch Probleme und Schwierigkeiten lernen wir, tapfer und geduldig zu sein. Wir sind ihnen Dank für unsere Persönlichkeitsentwicklung schuldig. Sie machen uns unsere inneren Kräfte bewußt. Sie fordern uns heraus, unser Leben nicht oberflächlich zu führen, sondern in uns zu gehen.

Das Leben ist uns wichtiger, weil wir wissen, daß wir sterben werden. Nach großer Traurigkeit bewirkt Freude eine große Leichtheit in unseren Herzen. Wir sollten nicht versuchen, sie festzuhalten, sondern jeden Augenblick ihrer Anwesenheit genießen.

Ich bin dankbar für jedes Gefühl, das mich erfüllt.

Sie hatte nicht in diesem Sommer damit gerechnet (eine Frau in mittleren Jahren mit erwachsenen Kindern zu sein und nicht genug zu tun zu haben). Im nächsten Sommer vielleicht oder im Jahr darauf, aber doch nicht jetzt. Sie hatte sich auf die Zukunft eingestellt. Aber es geschah jetzt.

Doris Lessing

Viele Frauen setzen sich mit ihrem Klimakterium erst auseinander, wenn die Kinder erwachsen sind und das Haus verlassen. Doch auch jene unter uns, die keine Kinder haben, unterliegen oft der Annahme, die Menopause beginne irgendwann in der Zukunft. Unsere Lebensmitte ist eine Phase, die uns allmählich dämmert. Aber je früher wir das tun, desto bewußter werden wir ihre Vorzüge erkennen.

Wenn wir den Kopf in den Sand stecken und uns gegen die Übergänge sträuben, die die Natur von uns verlangt, verlieren wir nur den Boden unter den Füßen. Wenn wir die Natur verleugnen, müssen wir in einer Phantasiewelt leben, isoliert von der Wirklichkeit. Wenn wir versuchen, jünger zu wirken, obwohl unsere Körper altern, bewirkt das eine Aufspaltung von uns selbst, während unsere Veränderungen nach Integration verlangen. Wenn wir uns den Übergängen jedoch bereitwillig stellen, erschließen sich uns sofort neue Bereiche und die Freude an ihrer Erkundung.

Heute stelle ich mich den Veränderungen der Lebensmitte, ihren Anforderungen und ihren Vorzügen.

Innere Ruhe ist, wenn das Vergehen der Zeit unwichtig wird.

Maria Schell

Wenn wir vor uns selbst davonlaufen, will es so scheinen, als wäre nie genug Zeit da. Uns kommt es so vor, als sei uns die Zeit immer einen Schritt voraus. Wir kommen innerlich nicht zur Ruhe. Wir funktionieren wie von unsichtbaren Kräften getrieben. Ruhe und Entspannung werden zu Feinden statt zu willkommenen Freunden. Viele von uns verleben einen großen Teil ihrer Jugend auf diese Weise, hetzen beruflichen und anderen Erfolgen nach und gönnen sich kaum einen Moment der Ruhe.

In der Lebensmitte wissen viele von uns Ruhe und Gelassenheit eher zu schätzen. Wir haben noch immer Ambitionen, achten aber auf eine größere Ausgewogenheit zu anderen Werten. Wir halten inne und stellen uns Erinnerungen oder Problemen, vor denen wir bisher davongelaufen sind. Und jedesmal, wenn wir das tun, entdecken wir neue Freiheiten: Die Freude, mit uns im Einklang zu sein.

Im Stadium innerer Ruhe scheint sich die Zeit zu verlangsamen. Wir hören Dinge, denen gegenüber wir bislang taub waren, wir sehen die Brillanz der Farben, wir spüren die Substanz des Universums um und in uns.

Mit zunehmendem Alter weiß ich den Wert innerer Ruhe immer mehr zu schätzen.

Kali macht uns begreiflich, daß unsere leiblichen Mütter nicht für das verantwortlich sind, was die Natur menschlichen Lebens ist. Sie erinnert uns an unsere weibliche Erfahrung, an das Leiden unserer Mütter ebenso wie an unser eigenes.

Naomi Ruth Lowinsky

In der Jugend geben wir unseren Müttern mehr oder weniger die Schuld an unserem ganzen Elend. Wir werfen ihnen vor, uns eingeschränkt und behindert, uns mit ihrer Liebe oder der Übertragung ihrer eigenen unerfüllten Wünsche auf uns erstickt oder durch Gleichgültigkeit vernachlässigt zu haben. Viele dieser Vorwürfe sind wahrscheinlich berechtigt, und wir müssen sie überprüfen, dagegen aufbegehren und versuchen, unsere Verletzungen zu heilen. Kali, die Dunkle Göttin, ist unsere Begleiterin, wenn wir die schattigen Nischen unseres Ich erforschen.

Aber in der Mitte des Lebens setzt bei vielen von uns ein neues Bewußtsein ein, das uns hilft, diese alten Rechnungen mit unseren Müttern zu begleichen, ihnen zu verzeihen und uns ihrer menschlichen Schwächen ebenso bewußt zu werden wie unserer eigenen. Jetzt können wir ihr persönliches Leiden ermessen, ohne befürchten zu müssen, daß es uns Schaden zufügen wird. Jetzt wissen wir mehr über die menschliche Natur.

Ich trete aus dem Schatten meiner Mutter in ein neues Bewußtsein.

Was ist dies doch für eine Welt. Wo anders könnte Wasser zum Himmel aufsteigen, sich in Schneekristalle verwandeln, aus den Wolken herabschweben, sich als Milliarden von Flocken aufhäufen und die kleinen Funken von Sonnenlicht einfangen, wenn sie sich wieder in Wasser verwandeln?

Linda Hogan

Es ist schwer, deprimiert oder egozentrisch zu bleiben, wenn man sich in der Natur umsieht. Sie hat so unendlich viele Aspekte. Sie zeigt uns, wie allgegenwärtig und unausweichlich die Veränderung ist – trotz unseres Verlangens, im Gewohnten zu verharren.

So wie sich das Wasser durch den Naturkreislauf in Schnee verwandelt, verändern wir uns in der Lebensmitte. Während dieses Prozesses haben wir mitunter die Empfindung, auseinanderzubrechen. Wir fühlen uns verloren oder nutzlos, aber wir suchen in der Dunkelheit weiterhin unseren Weg. Und auf geheimnisvolle Weise – durch unsere eigenen Anstrengungen und mit der weniger spürbaren Unterstützung einer höheren Macht – kommen wir an einen Ort, an dem wir uns erneuert und bestätigt fühlen.

Heute lasse ich mich von den Beispielen der Natur leiten.

Sie berührten die Erde, und es wuchs Getreide. Sie waren zäh und voller Gesang. Meine Großmütter waren stark.

Margaret Walker

Wir haben eine lange Reihe von Vorfahren. Lassen wir uns von ihnen inspirieren und leiten.

Als unsere Eltern und Großeltern diese Welt verließen, wurden sie von ihrer irdischen Bürde befreit. Wir tragen unsere noch, und häufig hegen wir Empfindungen gegenüber unseren Eltern und Großeltern, die uns an ihre längst vergangenen Versäumnisse erinnern, aber die Tatsache außer acht lassen, daß sie jetzt rein geistig sind. Wenn wir diese Bürde einer Überprüfung unterziehen, werden wir dazu fähig sein, die Fundamente zu erkennen, die sie uns bieten.

Unsere Großmütter wechselten in ihre alten Jahre hinüber, ohne viele Worte zu verlieren. Aber wir erlebten ihre Weisheit, wir hörten ihre Lieder. Wenn wir jetzt unser Alter mit Würde und Stolz akzeptieren, ehren wir sie.

Ich erinnere mich an die Schönheit und Kraft meiner Großmütter.

Denn die Dinge werden sich mit Sicherheit von selbst regeln.

Cecil Bødker

Meistens verschlimmern wir ein Problem durch das Bemühen, es zu schnell begreifen zu wollen. Mit ein wenig Abstand können wir häufig eine Lösungsmöglichkeit erkennen oder verstehen, daß dieses Problem noch ein wenig Zeit zur Bereinigung braucht. Unsere vorklimakterischen und klimakterischen Jahre sind ein guter Zeitpunkt, mehr Geduld aufzubringen und den Dingen die Zeit zu lassen, sich von selbst zu regeln. Schließlich ist das ein Prozeß, der den Veränderungen unseres Körpers entspricht.

Eins ist ganz sicher: Wir können die Veränderungen nicht kontrollieren, die sich in unserem Körper abspielen. Zwar ist es möglich, unsere Reaktionen abzuschwächen, entweder mit einer Hormontherapie oder Heilmitteln auf Kräuterbasis, dennoch besteht kein Zweifel daran, daß sich unsere Physis verändert. Einige Frauen bekommen stündlich Hitzewallungen. Andere verlieren Haare. Wieder andere wachen mitten in der Nacht schweißüberströmt auf und können nicht wieder einschlafen. Wir sind herausgefordert, diese Veränderungen über uns ergehen zu lassen. Wir sind herausgefordert, unseren Widerstand aufzugeben und unseren Körpern zu vertrauen.

Ich vertraue meinem Körper und leiste ihm keinen Widerstand.

Welche Freiheit doch ein ungebundener Geist bringt.

Emily Dickinson

Während unseres ganzen Lebens streben wir nach Freiheit. Zuerst wollen wir so schnell wie möglich erwachsen werden, um die Freiheit der Erwachsenen genießen zu können. Dann stellen wir fest, wie viele unserer Beschränkungen selbstgemacht sind. Wir sind bemüht, den Vorstellungen unserer Familie zu entsprechen, unserer näheren Umgebung, unserer Nation, während wir gleichzeitig nach unserer Individualität suchen. Wir empfinden sowohl den Drang, uns anzupassen und dazuzugehören, als auch das Verlangen, uns zu unterscheiden und «frei» zu sein.

Im Älterwerden liegt eine gewisse Befreiung. Zwänge, die uns früher behinderten, verlieren ihre Wirksamkeit mit der Erkenntnis, daß unsere Zeit beschränkt ist und wir uns vor allem mit uns wohl fühlen müssen. Wir vergleichen uns seltener mit anderen und sind mehr darauf bedacht, mit uns selbst zufrieden zu sein.

In unseren geistigen Bindungen finden wir die größte Freiheit. Denn hier steht uns eine Stimme zur Verfügung, die uns anleitet, wenn wir ruhig genug werden, um sie zu hören. Hier haben wir eine Autorität, die aus uns selbst kommt, gegen die wir nicht aufbegehren müssen, um uns selbst zu beweisen.

Geleitet von meinem geistigen Ich trage ich das Leben wie ein lockeres Kleid.

Die Seele kann den Himmel aufreißen... und das Angesicht Gottes aufleuchten lassen.

Edna St. Vincent Millay

Weihnachten ist ein Symbol der Erneuerung, durch die Geburt seines Sohnes erneuerte Gott seinen Bund mit den Menschen. Auch wenn wir keine Christen sind, kann heute ein Tag der Freude sein, an dem wir uns unserer Seele zuwenden. Es ist ein Tag des Gebens und Nehmens, ein Tag, an dem wir unsere Herzen den Klängen und Geheimnissen des Lebens öffnen.

Wir wissen die tieferen Werte zu schätzen, zu denen wir in der Lebensmitte finden. Aufwendige, aber oberflächliche Dinge, die uns früher begeisterten, befriedigen uns nicht mehr so wie manch einfacheres Geschenk, das wir erhalten oder verteilen.

Was sich erneuert, ist das Licht in uns. Halten wir nach diesem Licht Ausschau und erkennen wir in ihm das, was uns alle miteinander verbindet.

Heute verströme ich mein Licht.

Die meisten Lebensentwürfe sind zu streng. Ich räume dem Vergnügen einen großen Spielraum ein.

Virginia Woolf

Gerade in der Lebensmitte, wenn wir uns dazu entschließen, nur noch die Felder zu beackern, die den größten Ertrag versprechen, werden wir uns der Vorzüge von Planungen bewußt. Aber jedes Planen ist nur sinnvoll, wenn es uns nicht einschränkt, und umfassend genug ist, uns voll zu beanspruchen.

Zu oft planen wir nur für die Arbeit und zu wenig für unser Vergnügen. Oder wir entwickeln zu ehrgeizige Pläne und tadeln uns dann für unsere Unfähigkeit, sie in die Realität umzusetzen. Überprüfen wir unsere Planungen. Lassen sie Raum für Vergnügungen? Sind wir bereit, sie fallenzulassen, wenn uns neue Entdeckungen eine neue Richtung weisen?

Was könnte einem möglicherweise in uns vorhandenen Hang, das Vergnügen zu gering zu schätzen, besser begegnen als eine «Planung des Vergnügens»?

Heute plane ich für mich eine große Portion Vergnügen ein.

Der Verlust der Fruchtbarkeit ist kein Verlust des Verlangens und der Erfüllung. Aber er erfordert eine Veränderung... Die Frau, die zu dieser Veränderung bereit ist, muß mit sich selbst schwanger werden. Sie muß sich selbst gebären, ihr drittes Ich, ihr Alter, unter Schmerzen und allein.

Ursula K. Le Guin

Betrachten wir die Vorstellung, uns selbst zu gebären, als erheiternd, oder erschreckt sie uns? Viele von uns haben die Wehen noch gut in Erinnerung, unter denen sie ihre Kinder zur Welt gebracht haben. Und doch vermittelt uns die Vorstellung, uns selbst zu gebären, das Gefühl, an einem Abgrund zu stehen. Dieser Weg ist völlig neu für uns. Unsere Gesellschaft honoriert ihn nicht. Wir haben nicht gehört, daß unsere Mutter ihre Ankunft am Tor zum Alter bejubelt hat.

Wir haben das Glück, zu einer Zeit in die Menopause einzutreten, in der Tabus gebrochen werden. Seit mehr als zwanzig Jahren äußern Frauen ihre Erfahrungen mit der Lebensmitte. Es ist höchste Zeit, daß wir die Menopause als Schwangerschaft begreifen, in der die Frau heranreift, die wir werden.

Gebären heißt Leben schenken; ich bin schwanger mit mir selbst.

Sprache übt unsichtbare Macht aus, wie der Mond auf die Gezeiten.

Rita Mae Brown

Die abfälligen Formulierungen, mit denen alternde Frauen beschrieben werden, haben uns tief geprägt. Wenn wir in die Menopause kommen, fühlen wir uns von unseren körperlichen Veränderungen abgestoßen. Stellen wir beispielsweise vor dem Spiegel fest, daß unser Lächeln unsere Falten noch mehr vertieft, denken wir unwillkürlich an die Formulierung «schrumplige Alte», und das läßt uns genau in dem Moment vor uns selbst zurückzucken, in dem unsere Veränderungen liebevolle Akzeptanz verlangen.

Es steht in unserer Macht, der sprachlichen Abwertung des Alterns ein Ende zu bereiten. Auch wenn wir anderen verunglimpfende Worte nicht verbieten können, ist es uns möglich, mit unserer Sprache ein Beispiel zu setzen. Wir können durch die Macht der Sprache neue Vorstellungen von alternden Frauen schaffen.

Heute kleide ich meine Erfahrungen als alternde Frau in Worte, die mich bestätigen.

Ich bin stolz darauf, achtundfünfzig und quicklebendig zu sein, verliebt sowie kreativer, ausgeglichener und potenter als je zuvor.

May Sarton

Wir treffen auf viele Frauen, die sehr zufrieden mit ihrem Alter sind, die wie May Sarton eine neue Liebe gefunden haben, neue Potenz, einen Überschuß an Kreativität und die Fähigkeit, diesen üppigen Strauß in perfekter Balance zu halten.

Für viele Frauen scheint das Klimakterium eine Zeit zu sein, in der ihre schöpferischen Fähigkeiten voll erblühen. Vielleicht floß früher viel von unserer kreativen Energie in die Mutterschaft. Vielleicht waren wir schon immer kreativ, wurden jedoch durch Selbstkritik und einen Mangel an Selbstvertrauen gehemmt. Mit den Jahren zeigt sich der Vorteil angesammelter Erfahrungen, auf denen wir Selbstvertrauen aufbauen können. Wir machen uns auch bewußt, daß unsere Tage vergehen und nicht wieder zurückgeholt werden können, daß wir mehr auf unsere Meinung als auf die von anderen hören sollten.

Ich bin zufrieden mit dem Alter, in dem ich bin.

Es ist eine erstaunliche Entdeckung, daß man für Gefühle mehr Zeit braucht als für Überlegungen... Gefühle sind offensichtlich anspruchsvoller als Gedanken.

Anna Tsetsaeyva

In einer Krise empfinden wir nur wenig. Oft will es erscheinen, als zeichneten wir die Ereignisse nur auf, um sie später abspielen zu können, wenn wir ein wenig zur Ruhe gekommen sind und unsere Gefühle durch unsere Erinnerung anregen lassen. Wenn wir Angst vor unseren Gefühlen haben, können wir vielleicht gar nicht zur Ruhe kommen. Wir geben dem Kopf so lange wie möglich Vorrang. Wir mögen große Denker sein, aber schließlich sehnen wir uns dann doch nach der Dimension des Gefühls.

Mit dem Älterwerden lernen wir den Wert unserer Empfindungen schätzen, sowohl der schmerzlichen als auch der freudigen. Wir erkennen, wie sehr sie unser Leben ausmachen. Wir leiden unter Entbehrung, wenn wir uns emotional verschließen. Nehmen wir uns über das reine Denken hinaus die Zeit für Gefühle. Hasten wir nicht so schnell durchs Leben, daß uns seine Bedeutung entgeht.

Ich lasse meinen Gefühlen die Zeit, die sie brauchen, um sich zu äußern.

Wir beginnen zu erkennen, daß die Vollendung eines bedeutenden Projekts das Recht hat, durch einen natürlichen Trauerprozeß gewürdigt zu werden. Etwas, das das Beste von uns gefordert hat, ist zu Ende. Wir werden es vermissen.

Anne Wilson Schaef

Der letzte Tag des Jahres kann ein Anlaß zu Rückschau und Besinnung darauf sein, was wir in letzter Zeit durchlebt haben.

Die Beendigung jedes Projekts oder einer Lebensphase ist wie ein kleiner Tod, ein Verlust, der nach Trauer verlangt. Häufig wollen wir sofort weiterstürmen, ohne uns die Zeit zum Trauern zu nehmen, aber vergessen wir nicht, daß das keine vertane Zeit ist. Denn Trauer hilft uns dabei, die Vergangenheit hinter uns zu lassen, und macht uns frei für die Gegenwart.

Vielleicht ist das Jahresende ein guter Zeitpunkt, in einem Tagebuch ein paar Bemerkungen darüber zu machen, in welchem Stadium unseres Übergangs wir uns gerade befinden. Oder es macht uns Freude, ein paar enge Freunde einzuladen, um mit ihnen unsere Ernte dieses Jahres zu feiern.

Ich feiere die Vollendung meiner Projekte und Veränderungen, indem ich mich ihnen stelle.